黑龙江省哲学社会科学研究规划项目（18GJC213）

黑龙江省经济社会发展重点研究课题（外语学科专项）（WY2019092-C）

俄罗斯北方海航道开发

王欢　著

中国海洋大学出版社

·青岛·

图书在版编目（CIP）数据

俄罗斯北方海航道开发 / 王欢著 . —青岛：中国
海洋大学出版社，2020. 12
ISBN 978-7-5670-2723-7

Ⅰ. ①俄… Ⅱ. ①王… Ⅲ. ①航道开发－研究－俄罗
斯 Ⅳ. ① U612. 1

中国版本图书馆 CIP 数据核字（2021）第 005702 号

出版发行	中国海洋大学出版社			
社　　址	青岛市香港东路 23 号		邮政编码	266071
出 版 人	杨立敏			
网　　址	http://pub. ouc. edu. cn			
电子信箱	wangjiqing@ouc-press. com			
订购电话	0532-82032573（传真）			
责任编辑	王积庆		电　　话	0532-85902349
印　　制	日照报业印刷有限公司			
版　　次	2021 年 4 月第 1 版			
印　　次	2021 年 4 月第 1 次印刷			
成品尺寸	170 mm×230 mm			
印　　张	11. 25			
字　　数	205 千			
印　　数	1～1000			
定　　价	35. 00 元			

发现印装质量问题，请致电0633-8221365，由印刷厂负责调换。

前言
Preface

　　俄罗斯北方海航道是北极东北航道的重要组成部分,是俄罗斯区域开发的重点方向。近年来,随着北极海冰的加速融化,北方海航道地缘经济和地缘政治意义的日益凸显,俄罗斯政府越来越重视北方海航道开发。目前,俄罗斯正在努力发挥北方海航道作为连接俄罗斯东部与西部地区海上交通要道,以及俄罗斯北极综合交通系统轴心的功能,致力于将北方海航道打造为既经济又便捷、既实惠又安全的国内和跨境海洋货物运输通道。北方海航道开发是一项综合开发活动,俄罗斯政府从制定国家战略、完善和新建基础设施、加强国际合作与交流等方面多措并举,努力推动北方海航道复兴。在新时代中俄全面战略协作伙伴关系定位之下,中俄两国领导人在加强北极合作、共同建设"冰上丝绸之路"方面达成重要共识。中俄两国共建的"冰上丝绸之路"指的就是俄罗斯北方海航道。俄罗斯北方海航道开发问题的系统研究对拓展和深化相关理论研究的领域和视野具有重要意义;为我国更加科学、自信地参与北方海航道开发,推进中俄"冰上丝绸之路"建设提供了重要决策参考。

　　本书结合区域经济学、地缘经济学和地缘政治学相关理论,运用文献分析法、归纳法、历史分析法、比较分析法、综合分析法等研究方法对俄罗斯北方海航道开发问题进行了描述性、系统性、客观性、探索性研究。通过对俄罗斯北方海航道开发动因、战略、政策、措施、特点和难点的论述,对俄罗斯北方海航道国际合作开发动因、实践和前景的分析,以及对俄罗斯北方海航道开发走势的预测,提出了各时期北方海航道开发的共同规律和北方海航道立体开发的新模式。国际合作开发北方海航道为大势所趋。北方海航道开发前景广阔,未来,俄罗斯北方海航道的经济意义与战略意义均将充分显现出来。

目录
Contents

绪 论

俄罗斯前总理梅德韦杰夫曾表示:"毫不夸张地说,北极地区对于国家发展具有重要战略意义,国家一系列长期发展任务的解决与北极开发进程密切相关。"① 俄罗斯不需要从零开始探索和开发北极,因为俄罗斯北极开发的初始阶段早已结束。俄国对北方海航道进行了基础性开发。苏联时期,俄罗斯北极地区已经建立了相对发达的交通、国防、基础设施和科研发展体系。如今,苏联在北极开发中积累的财富已经逐渐陈旧和殆尽,俄罗斯正在进行新一轮北极开发活动,将北极开发作为促进国家发展的宏伟计划并将其作为俄罗斯"东进"战略的有效补充。"新一轮俄罗斯北极开发活动主要包括:建立和完善北极开发相关法律体系、依靠大型企业对北极自然资源进行开发、开发北方海航道。"② 其中,北方海航道是连接俄罗斯东部和西部地区的海上交通要道,是俄罗斯北极地区综合交通系统的轴心,国内和跨境货物运输前景广阔,经济、安全、科研等战略意义重大,是众多俄罗斯北极开发领域中的重中之重,俄罗斯正在积极进行北方海航道综合开发活动,致力于实现北方海航道的复兴。

一、选题背景

(一)北极地区战略地位不断上升

北极地区是指北极附近北纬66°34′北极圈以内,其中包括海洋和陆地边缘地带等区域。"8个领土处于北极圈内的国家包括:俄罗斯、挪威、瑞典、芬兰、冰

---

① Кулик С. В. Арктика история и современность[J]. Научно-технические науки ведомости СПБГПУ, 2017(4):16-20.

② 肖洋. 安全与发展:俄罗斯北极战略再定位[J]. 当代世界, 2019(09):7-10.

岛、丹麦、加拿大和美国。8 国中的 5 个国家：俄罗斯、挪威、丹麦、加拿大和美国拥有北冰洋出海口。北极地区总面积约占地球面积的 8%。北极地区虽然地域面积广大，人口分布却极为稀少，地区人口约为 700 万人。"[1] 近年来，由于北极地区经济发展潜力逐渐释放，人们对北极的关注度也在不断上升。首先，北极航道优势的凸显吸引了全世界的关注。以俄罗斯北方海航道为例，自 1996 年以来，北方海航道的货物运输量开始上涨，虽然个别年份出现下降，但总体处于上涨趋势。例如，"2014 年，货运量为 398 万吨，2015 年为 543 万吨，2016 年货运量为 750 万吨，2017 年较 2016 年增长了 42.6%，为 1070 万吨，2018 年较 2017 年增长了 84.11%，为 1970 万吨，2019 年达到了 3000 万吨"[2]。此外，北极原料开采和运输技术的不断完善让人们开始以全新的视角来关注这一地区，人们相信，未来北极地区将成为世界资源的"仓库"。"美国相关研究机构统计数据显示，北极未探明资源包括 900 亿桶石油和 472.6 亿立方米天然气。北极圈内已发现 61 处石油和天然气产地，其中 43 处位于俄罗斯领土，11 处位于加拿大，6 处位于美国，1 处位于挪威。"[3] 此外，北极还是重要的非能源矿产资源基地。在阿拉斯加北部分布着世界最大的锌矿资源产地，世界规模最大的钯矿位于俄罗斯北极地区，在俄罗斯雅库特共和国西北部坐落着世界最大的稀土矿。随着技术的不断进步，国际能源长期价格的不断上涨和各国对自然资源兴趣的不断提升，未来北极地区投资额将超过 1000 亿美元，且投资将主要流向基础设施建设、航道开发和资源开采等领域。

（二）北极地区气候持续变暖

由于气候变暖，北冰洋海域通航天数越来越长，这也意味着沿北方海航道和西北航道航行的船只及货物数量将大幅增多。北方海航道是北欧和亚太地区最短的运输路线，随着进一步开发，这条路线也将成为最方便的路线。根据相关科学预测，"21 世纪末，北极地区气温将上升 10 摄氏度，这将造成北极海冰的大规模融化，而且这一过程已经开始。从 1958 年至 1997 年，北极冰盖平均厚度从 270 厘米缩减到 183 厘米。如果按照此趋势持续下去的话，到 2070 年前，北冰洋

[1] Матвеев О. В. Северный морской путь как кластер российской экономики：история и политика[J]. Исторические науки и археллогия, 2019（2）：6-12.

[2] Объём перевозок по СМП в 2018 г.увеличился в 2 раза[DB/OL]. https：//neftegaz. ru, 2019-02-20.

[3] 王新和. 推进北方海上丝绸之路 [M]. 北京：时事出版社，2017：43.

夏季将完全摆脱海冰束缚"[1]。而北极海冰的融化将使北方海航道航行活动变得更加容易。即使在海冰对北方海航道航行活动造成一定影响之下,现代化破冰船仍然能够保证北方海航道全年通航。"2015 年 12 月 15 日,美国政府赞助的一项年度国际评估报告显示,北极正在持续变暖,2015 年,北极陆地气温创下过去 115 年来的新高。2015 年冬季,北极海冰在 2 月 25 日达到最大面积,比往常提早 15 天,创下自 1979 年有卫星记录以来冬季北极海冰最小面积的记录。2014 年,中国第六次北极科学考察队队员、中国极地研究中心的雷瑞波博士认为,从 1979 年以来的监测数据来看,北极海冰整体减少趋势未变。"[2]北极气温的持续升高助推了包括航道开发在内的北极总体开发进程。北极地区战略地位的不断提升与北极海冰的加速融化和破冰技术的快速发展密切相关。北极海冰的加速融化推动了北极海洋航运的发展,包括俄罗斯北方海航道在内的北极海洋航道吸引力不断增强。

(三)北极地区国际关注度不断上升

北极资源和运输潜力的不断释放引起了世界各国的兴趣,除北极周边国家外,世界其他国家也开始广泛关注并积极参与北极开发活动,包括中国、印度、韩国、日本和新加坡在内的亚洲国家,也看到了北极在保障自身能源安全、实现贸易和运输通道多元化方面的重要机遇,开始积极参与北极国际合作开发活动。各国间展开的国际合作开发活动涵盖众多领域。各国在科学资料收集与分析、气候变化、生物多样性、保护海洋环境、治理海洋污染等北极科考领域进行积极的合作,并且此类合作前景十分广阔。未来北极将变成一个大型自然实验室,实验室中将凝聚各国学者的智慧成果。除此之外,最近一段时间,各国开始加强北极地区社会经济发展领域的合作,积极探讨保护北极原住民文化,促进少数民族地区发展合作议题。值得一提的是,俄罗斯通过跨国公司合作与各国在油气勘探与开发、发展陆海通道等领域与各国进行一系列大型项目合作。俄罗斯石油公司与包括中国石油天然集团有限公司在内的大型企业在亚马尔等特大型能源合作项目上展开着积极合作。此外,世界各国对俄罗斯北方海航道开发兴趣日渐浓厚,俄罗斯也公布了实现北方海航道基础设施现代化、建造新的破冰船,以及将北方

---

[1] Загорский А. Т. Международное сотрудничество в Арктике[J]. Международные отношения, 2015(4):10-16.

[2] 李振福. 丝绸之路北极航线战略研究 [M]. 大连:大连海事大学出版社,2016:19.

海航道打造为新的国际运输通道计划。世界各国在北极不仅有合作,同时还存在竞争和博弈。2007年8月,俄罗斯在北极点海底插上了一面钛合金俄罗斯国旗,引起了加拿大和美国等西方国家的不满,同时也引爆了北极争夺战。发展北方海航道最关键的因素是如何吸引各方投资。虽然2014—2015年乌克兰危机背景下,北极形势变得异常严峻起来,但其他地区的开发经验表明,北极地区的顺利开发一定需要良好的经济、社会和政治合作环境。这需要世界各国的持续关注,管控分歧,通力合作。俄罗斯和其他北极国家的北极战略区别在于:其他国家北极战略的目标是发展北极地区,而俄罗斯是希望在发展北极地区的同时利用北极地区的潜力促进整个国家经济的现代化。

(四)北方海航道在俄罗斯国家发展中的作用不断增强

北极地区在俄罗斯经济社会发展、保障国家安全中发挥着重要战略性作用。俄罗斯政府对开发北极地区极为重视,先后于2008年颁布了《2020年前及更远时期俄罗斯联邦北极国家政策基本原则》、2013年颁布了《2020年前俄罗斯联邦北极地区发展及国家安全保障战略》这些关于开发和振兴俄罗斯北极地区的重要文件。"俄罗斯北极地区人口约占国家总人口的1%,但却创造了俄罗斯国内生产总值的12%~15%,创造了国家1/4的出口总额。相较于其他环北极国家,俄罗斯北极地区具有较为发达的工业基础,资源开采企业附加值达到60%,与此同时,在美国的阿拉斯加和加拿大的北极地区工业附加值不超过30%。"[1]俄罗斯政府如今高度重视北方海航道复兴事业。北方海航道现代化改造工作已经被列入2030年前俄罗斯交通发展战略。2013年,北方海航道管理局在莫斯科设立,在阿尔汉格尔斯克和摩尔曼斯克分别同时设立了分局。西伯利亚河流流域、亚马尔半岛、巴伦支海大陆架部分油气资源开发带来的广阔化石资源运输前景引起了各国对北方海航道的兴趣。如今在阿尔汉格尔斯克、摩尔曼斯克、印迪加等地正在筹备建设新的港口设施。2012年,普京在联邦议会上表示,"区域航空、海港、北方海航道、贝阿铁路、西伯利亚大铁路以及其他跨境运输通道是国家基础设施发展的优先方向,我们应该充分保障国家各地区交通基础设施的全面发展"[2]。俄罗斯在后来通过的《2030年前海港发展战略》《2020年前俄罗斯联邦北极地区发

---

① Rowe Elana, Policy Aims and Political Realities in the Russian North, in Rowe Elana ed. , Russia and the North, Ottawa: University of Ottawa Press, 2009, 2.

② Журавлёв П. С. Арктическая стратегия России: оценки, вопросы и проблемы реализации [J]. Научная жизнь, 2013(2): 7-10.

展及国家安全保障战略》《2030 年前俄罗斯交通战略》等战略性文件中均对北方海航道发展问题给予了高度关注。北方海航道在俄罗斯北极开发战略中被赋予了特殊使命,主要发挥了以下几方面的功能。第一,保障俄罗斯北极地区安全作用。美国等其他北极国家在濒俄罗斯北极地区军事活动的日趋活跃对俄罗斯国家安全构成了挑战。俄罗斯必然会采取相应应对措施。在此背景之下,北方海航道的军事安全意义上升。第二,保障诺里尔斯克矿山冶金区和北冰洋沿岸西部地带居民的生活活动。北方海航道的这一功能暂时无法替代。船舶沿叶尼塞河只能季节性航行,只可以作为北方海航道的补充,但不可以替代北方海航道运输活动。第三,发挥往返于欧洲和东南亚地区跨境海洋运输通道的功能。虽然这一功能受基础设施陈旧、破冰船和港口数量不足、资金和技术缺乏等条件限制发展相对缓慢,但随着俄罗斯北极战略的实施和北极开发活动的日趋活跃,此功能未来发展前景十分广阔。第四,为北冰洋沿岸地区自然资源开发提供交通物流保障服务。这一功能的意义也在不断上升。以上所述北方海航道功能都很关键,而且相互关联。随着俄罗斯北极地区开发活动的不断发展,北方海航道的各项功能也在不断提升和发展。

(五)"冰上丝绸之路"倡议为中俄合作开发北方海航道注入新动力

"国际合作是中国维护其北极地区利益和权益的一条主要途径。"[1]当前中俄全面战略协作伙伴关系已经进入了新时代。随着北极发展优势的日益凸显,近期,中俄两国领导人从两国发展的实际出发,为两国合作发展谋划了新的方案,提出共同建设"冰上丝绸之路"的伟大合作倡议。中俄共建的"冰上丝绸之路"指的就是俄罗斯北方海航道。"冰上丝绸之路"是中俄加强北极合作、合作开发北方海航道的具体体现,倡议一经提出,便引起了国内外各界人士的持续关注和热议。"中俄两国合作共建的'冰上丝绸之路'项目是两国探索地区合作发展的新成果,是提升两国务实合作水平、深化新时代中俄全面战略协作伙伴关系的又一重大举措,是中国'一带一路'倡议与中俄北极地区合作有机结合、协同推进的重大互利合作方案,对于中俄两国,地区乃至世界交通以及贸易格局将产生重要影响。与传统国际海洋运输线路相比,'冰上丝绸之路'具有一系列优势,未来发展前景十分广阔。"[2]

① 陆俊元. 中国北极权益与政策研究 [M]. 北京:时事出版社,2016:400.
② 王欢."冰上丝绸之路"发展优势及前景分析 [J]. 边疆经济与文化,2018,(2):1-2.

在此背景下,本书选择以"俄罗斯北方海航道开发"为题具有重要的意义。

二、选题的目的与意义

本书的研究目的包括以下几点:第一,深入分析当下俄罗斯北方海航道开发的动因、战略、相关法律问题、特点、成效和局限性;第二,探究俄罗斯与其他各国合作开发北方海航道的动因、实践、挑战和前景;第三,分析中俄合作开发北方海航道,共建"冰上丝绸之路"的原因、总结其面临的机遇与挑战,提出相应策略;第四,对俄罗斯北方海航道开发走势和前景进行预测和分析,提出俄罗斯北方海航道立体开发新模式和实现途径。

本书研究的理论意义:

第一,研究俄罗斯支持北极这一个别地区、重点推进北方海航道这一个别领域发展,优先发展一系列重大项目,使其形成联动示范效应,辐射国家其他各地区、各发展领域,促进国家整体经济发展水平的进一步提升和以北方海航道开发为轴心的北极各领域综合开发与合作,进一步验证和深化了区域经济发展中的点轴理论和辐射理论。

第二,中俄围绕北方海航道各领域进行的合作是以"合作共赢"为核心的新型国际关系的具体体现。本书对于拓宽国际关系学理论研究的领域和视野、理解新型国际关系中的深层次问题、深化传统国际关系学理论、丰富国际合作与一体化等国际关系学相关理论具有重要意义。

本书研究的现实意义:

第一,对当下开发北方海航道活动获取的经验和教训进行研究,提出北方海航道立体开发新模式对我国类似区域和领域的开发活动具有一定的指导和借鉴意义。此外,俄罗斯北方海航道开发的研究成果对当下我国家政府和国内企业及相关单位参与合作开发北方海航道活动提供决策参考和科学的理论指引。

第二,新时代中俄全面战略协作伙伴关系下的中俄两国拥有广泛共同利益,政治互信不断加深,新时代背景下包括北方海航道合作在内的两国北极合作急需新的突破口。本书依据历史对现实的指导作用,为新时代中俄北方海航道合作提供可靠文献支撑,为两国北极各领域合作提供具体对策和实施路径,推动中俄北极全方位合作持续、健康、快速发展。

第三,本书从文献中挖掘中俄北极合作交流渊源,以中俄北方海航道合作为契机,促进生产要素在两国间自由流通,密切两国北极各领域合作与交流,为中俄两国关系向更高层次和水平发展注入新动力。

三、国内外研究现状

北极地区,特别是归属于俄罗斯领土的北极地区,由于其在政治、经济、航道、能源、军事、安全等方面战略地位的不断提升,逐渐成为世界各国关注的热点区域和各国专家学者的重点科研方向。截至 2020 年 4 月,以"北极开发"为关键词在中国知网可搜索到相关文献近 200 篇。俄罗斯科学引文索引数据库(Ринц)可搜索到相关文献近 17000 篇(见图 1)。再综合英文等其他语言文献分析可以看出:外国学者对北极相关问题研究的数量远远超过中国学者,中外学者对北极开发问题研究成果数量均呈上升趋势。最近 5 年,在北极地区气温持续升高和北极海冰加速融化;北极能源和北方海航道开发潜力进一步凸显;出于对国际形势变化和国内发展需求考量的俄罗斯更加注重包括北方海航道开发在内的北极地区开发;中国发布了《中国的北极政策》白皮书,提出愿在北极各领域与各方进行全方位合作的立场表述;在中俄两国开始合作开发北方海航道,共同建设"冰上丝绸之路"步伐加快的背景之下,中外学者尤其是中俄两国学者掀起了对北极地区研究的新一轮热潮。中外学者对北极研究的主要方向可归纳为:俄罗斯北方海航道开发研究、俄罗斯北极地区资源开发研究、俄罗斯与其他国家北极开发过程中的战略与方针政策研究、俄罗斯北极开发过程中的国际合作问题研究、俄罗斯北极开发过程中的军事与安全问题研究、俄罗斯北极地区开发过程中的相关法律问题研究、俄罗斯北极利益问题研究、俄罗斯北极地区开发过程中环境保护问题研究等。

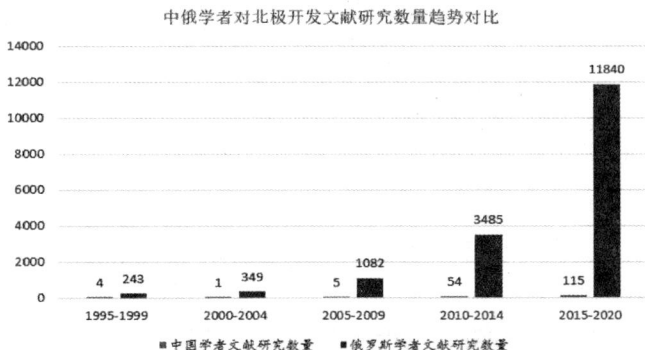

图 1　中俄学者对北极开发文献研究数量趋势对比

（一）国内研究现状

1. 俄罗斯北方海航道开发研究

中国学者主要从北方海航道的意义和价值、北方海航道的主权归属问题、争取中国北方海航道话语权问题、北方海航道对全球交通和贸易格局影响、共同开发北方海航道的国际合作问题等角度对北方海航道进行了比较全面的研究。但中国学者在研究过程中单纯强调北方海航道的价值和中国的权益，不能对中国的角色和定位做出科学分析，不能就具体的中俄合作开发北方海航道模式与路径进行深入分析，并给出合理化建议；把俄罗斯对北极其他领域开发活动同北方海航道开发割裂开来研究，未关注北方海航道综合开发活动；没有把中国的"一带一路"倡议与北方海航道开发建设充分结合起来进行研究；对最新提出的"冰上丝绸之路"倡议的研究层次不够深入和成熟，对俄罗斯北方海航道开发历史研究几乎处于空白阶段。未来，俄罗斯北方海航道开发历史梳理与研究，俄罗斯北方海航道综合开发问题，中俄合作开发北方海航道，共同建设"冰上丝绸"问题，可能成为中国北极问题研究学者工作的重点方向。

周洪钧、钱月娇（2013）撰写的文章《俄罗斯对"东北航道"水域和海峡的权利主张及争议》中肯定了东北航道未来大规模商业通航的价值和前景，认为其航运优势和巨大的商业价值会对世界海运交通格局造成较大影响，不认同东北航道相关水域为俄罗斯内水的观点，认为相关水域处于俄罗斯领海或专属经济区范围，外国船只有权按照"无害通过原则"以及公海"自由航行原则"通过东北航道相关水域。孟德宾（2015）在其博士论文《北方海航道对全球贸易格局的影响研究》中提出，相较于欧洲和北美洲国家，北方海航道显著缩短了东亚国家至欧洲和北美洲部分国家的航运距离。陆俊元（2016）在其专著《中国北极权益与政策研究》中肯定了北方海航道给中国带来的发展机遇，认为航道的开通将直接给中国带来贸易红利和新的区域经济发展区域。

2. 俄罗斯北极地区资源开发研究

中国学者对俄罗斯北极地区开发的研究更加具有现实性和倾向性，相对于其他北极开发领域问题的研究，对北极资源和北方海航道开发研究相对较多。中国学者主要从俄罗斯北极地区油气资源对俄罗斯和全球的意义和影响、北极油气资源开发前景、国际合作开发俄罗斯北极油气资源、北极油气资源开发过程中的困难及限制因素、中国应扮演的角色和作用，中俄两国北极资源合作开发等角度进行研究。中国学者对国际合作开发模式的创新、以能源领域合作带动其他北极开发领域合作问题研究较少。未来,如何创新合作模式,使各方利益最大化;以能源开发合作为切入点推动其他北极开发领域合作问题可能是中国学者关注的重点。

王晓微(2008)在其撰写的《北极石油面临多国分割?》中建议中国及早建立专门机构来维护中国北极权益,应在未来的角逐中争取到更多的主动权。钱宗旗(2015)撰写的文章《俄罗斯北极能源发展前景和中俄能源合作展望》中强调了北极地区油气资源的重要作用,认为这些资源对未来全球能源格局,能源市场和能源运输通道将产生重要影响。中俄北极能源合作是互利互惠的,两国有望通过优势互补实现各自能源安全。中国应成为北极能源开发的参与者而不单单是进口市场。王淑玲(2017)在其撰写的文章《俄罗斯北极大陆架油气资源现状及前景》中分析了俄罗斯北极大陆架地区油气资源的地位和作用,认为在俄罗斯积极参与下的新能源秩序中,大陆架油气储量的生产将有可能使俄罗斯成为世界主要能源出口国。

3. 俄罗斯与其他国家北极开发过程中的战略与方针政策研究

（1）俄罗斯北极开发战略与方针政策研究。

中国学者主要从俄罗斯北极战略与方针政策的概况、重点、目标、成效、实施前景和未来走向、影响和制约因素等方面对俄罗斯北极开发战略与方针政策进行了比较全面的分析和论述。没有通过对俄罗斯北极开发战略与方针政策的分析引出中国参与北极开发应该制定何种战略,且相关问题只停留在概况介绍上,缺少深入、科学的分析。

匡增军(2011)在其专著《俄罗斯的北极战略》中指出俄罗斯对海洋战略前瞻规划地重视,认为俄罗斯能够适时地制定国家中长期海洋战略,凸显了大陆架外部界限问题在整个海洋战略中的特殊地位和作用。陆俊元(2015)在其撰写的《近几年来俄罗斯北极战略举措分析》中着重分析了2008年以来俄罗斯为落实其北极战略所采取的主要措施以及取得的相应成效。指出俄罗斯在推行其北极战略时相对高调,不仅让国际社会听到了俄罗斯北极政策的"雷声",还让人们看到了实施其北极战略的诸多"雨点"。刘建(2017)在其撰写的《俄罗斯海洋战略的新变化》中指出了俄罗斯在日益加剧的大国海洋博弈中仍扮演着重要角色,认为为实现俄罗斯的海洋战略目标,普京政府需要深化国内改革,缓解因西方经济制裁而恶化的经济状况,外交上"东向"的同时,努力缓和同西方国家的关系,争取西方早日结束制裁,否则海洋战略实施会大打折扣。

（2）俄罗斯以外其他国家北极战略研究。

中国学者主要对北欧国家，以及加拿大和美国的北极战略进行了研究，分析了各国制定和出台北极战略和政策的实质、各国北极战略的主旨、目标、未来发展趋势，以及各国提出本国针对性北极战略的原因。不足之处在于并没有透过各国北极战略的内容分析各国不同的利益诉求，进而找到合作的契合点。

曹升升（2010）在其撰写的《加拿大的北极战略》中指出，加拿大与其他北极大国均在军事威慑和外交谈判之间采取了双轨政策，原因是加拿大在军事上相对弱小，不得不在美俄之间采取以合作为主以斗争为辅的政策。陆俊元（2011）在其撰写的《北极国家新北极政策的共同取向及对策思考》中指出了北极国家纷纷出台新北极政策的深远国际政治含义，认为，北极国家之间的竞争已由原本零碎的碰撞与摩擦转变为全面和系统的争夺，北极地缘政治竞争已进入新的发展阶段。王丹、王杰、张浩（2015）在其撰写的《环北极国家与地区的北方海航道通行政策及其发展趋势分析》中首先介绍了北方海航道问题的由来，逐一阐述了俄罗斯、加拿大、美国和欧盟在北方海航道通行问题上的政策和主张，最后分析了北方海航道通行政策的发展趋势，指出未来一段时间内法律和政治上的不确定性仍是制约北方海航道通航的一个主要问题。

4. 俄罗斯北极开发过程中国际合作问题研究

（1）俄罗斯与中国北极合作问题研究。

中国学者主要从寻求中俄两国北极利益最佳结合点、中俄北极合作对各自利益及世界的影响、"一带一路"倡议基础上寻求中俄北极合作等角度进行了研究，全面深入地分析了俄罗斯可以放心与中国在北极进行合作的原因：中国与西方的北极国家相比，北极利益诉求较弱，更无主权利益纷争，中国对俄北极的"领土"没有兴趣。不足之处在于并没有对俄罗斯一直以来对中俄北极合作态度谨慎的原因进行分析，且缺少对未来中国北极合作中变数的预测。对中俄合作开发俄罗斯北方海航道，共建"冰上丝绸之路"研究还不够深入，未提出成熟有效的合作模式和路径。

匡增军（2011）在其专著《俄罗斯的北极战略》中提出深入研究俄罗斯的北极战略的必要性，认为应寻求中俄北极利益的最佳结合点，推动中俄全面战略协作伙伴关系高水平向前发展，深化中俄北极国际合作，努力实现北极善治。柳思思（2012）在其撰写的文章《"近北极机制的提出"与中国参与北极》中指出，中国应争取对北极开发的参与权。作为近北极国家，中国应该防止部分环北极国家将其排除在参与北极的机制构建之外。孙凯、王晨光(2014)在其撰写的《国家利益视角下的中俄北极合作》中指出,"俄强中弱",俄占主导是中俄北极关系的基本格局。在此格局下,要实现自己的北极利益,中国需要与俄罗斯合作,这种合作要建立在俄罗斯北极利益得以满足或未受侵害的基础上。李振福(2016)在其撰写的《中俄如何开展北极航线合作》中指出,俄罗斯将中国视为目前参与北极航线开发合作的最佳伙伴,主要是因为与西方的北极国家相比,中国北极利益诉求较弱,更无主权利益纷争。

(2)俄罗斯与中国以外其他国家北极合作问题研究。

中国学者认为,北极的军事斗争应该处于总体可控的状态,斗而不破将是未来北极争夺的特点。

李绍哲(2011)在其撰写的《北极争端与俄罗斯的北极战略》中提出,北极国家将非北极国家排斥在外,企图独享北极经济、战略资源,北极国家试图通过双边协议解决彼此间的北极争端。海矛(2016)在其撰写的《北极竞争升级,整体可控》中提出,随着北极气温的逐渐升高,北极能源资源的开发难度将随之降低,海洋航道的利用价值将逐渐上升,未来,各国围绕北极的争夺会更加激烈,北极地区的军备竞赛将进一步升级。但总体而言,北极的军事斗争应该处于总体可控的状态,斗而不破将是未来北极竞争的特点。

5. 俄罗斯北极开发过程中的军事与安全问题研究

中国学者对这一领域关注度不高,很多观点和看法还不够深入和成熟。中国学者主要从俄罗斯加强北极地区军事存在的原因、未来发展趋势和走向等方面对北极军事与安全问题进行了研究。对俄罗斯巩固其北极的军事实力和北极资源、北方海航道开发等领域的相互作用关系,俄罗斯加强北极军事存在对中俄北极合作开发的影响将成为未来中国学者研究的主要方向。

刘财君,张有源(2012)在其撰写的《俄罗斯加强北极军力的战略背景及影响》中指出,表面看,俄罗斯加强北极地区军事存在是为了维护其在北极地区的利益,争夺北极资源开发的权益;深层次看,俄罗斯想通过北极战略规划的实施来牵制和反击来自欧洲和东北亚方向的西方战略挤压,进而掌握"三大洋"的主控权,巩固并提升其强国地位。那传林(2014)在其撰写的《俄罗斯重新开始北极军事存在》中指出,组建北极作战旅、修建军事基地、海军舰队巡航只是俄罗斯北极军事战略的一小步,未来,俄罗斯在北极地区大规模海军与空军的建设即将拉开帷幕。方明(2014)在其撰写的《北极,军事博弈不断升温》中指出,北极目前缺乏一个安全框架来约束军事化趋势,而北极周边国家均将争夺北极上升为本国的基本国策之一。

6. 俄罗斯北极地区开发过程中相关法律问题研究

中国学者主要从俄罗斯北极的立法概况,法律规制发展趋势、俄罗斯的国内法规与联合国海洋法公约的分歧及化解途径、俄罗斯对北极地区资源的权利主张与划界原则、俄罗斯对北极资源主张的法律困境、北方海航道适用法律问题、俄罗斯北极政策的未来走向等角度对北极地区开发过程中相关法律问题进行了研究。缺少对俄罗斯国内北极法律和国际法对中国参与北极开发的影响,以及俄罗斯国内法与国际法规冲突对中俄北极合作开发地影响方面的研究。

白佳玉(2012)在其撰写的《北方海航道利用的国际法问题探究》中指出,北方海航道利用中应充分遵守《联合国海洋法公约》及国际海事组织为维护海洋环境安全、船员安全及航行安全制定的条约和软法性指南。白佳玉、李翔(2014)在其撰写的《俄罗斯和加拿大北方海航道法律规制述评》中归纳了俄罗斯、加拿大有关北方海航道的立法概况,分析了两国法律规制与《联合国海洋法公约》的衔接和冲突,探讨了两国北极战略影响下的法律规制发展趋势。以俄罗斯、加拿大法律规制和政策发展剖析为基础,探讨了我国在近期和远期在北极地区可进行的航线选择。

7. 俄罗斯北极地区开发过程中环境保护问题研究

中国学者对北极环境保护问题研究的较少,并未对环境变化与资源和航道开发等领域相互关系进行深入研究。

林雪丹(2013)在其撰写的《俄罗斯期待保护性开发北极》中指出,如何在开发北极这块处女地的同时不破坏生态环境成为人类面临的严峻挑战。杨剑(2014)在其专著《北极治理新论》中提出,在开发难以避免的前提下,寻求资源开发与环境治理、生态保护并举的绿色开发之路,可以为全球环境治理提供新的经验。

8. 俄罗斯北极利益问题研究

国家利益决定了俄罗斯北极政策的主要目标、主要任务和战略重点,中国学者对俄罗斯北极地区利益需求研究的较少。

钱宗旗(2014)在其撰写的《俄罗斯:加快维护北极新利益步伐》中指出,俄罗斯希望通过开发北极资源和建立航道运输走廊,带动北部和东部落后地区的经济发展,提高地区竞争力,并增强北部边防机构应对各种挑战和威胁的能力,确保北极地区经济带崛起时俄罗斯的战略利益。车德福(2016)在其专著《经略北极:大国新战场》中提出,国家利益决定了俄罗斯北极政策的主要目标、主要任务和战略重点。为了实现国家利益,俄联邦北极地区的国家权力机关和民间组织都必须严格按照俄联邦的法律和有关的国际公约开展活动。

(二)国外研究现状

1. 俄罗斯北方海航道开发研究

随着北极海冰的不断融化,北方海航道通航天数的逐渐增加,以及世界传统海洋航线的日渐饱和,俄罗斯北极地区运输通道特别是北冰洋的北方海航道越来越受到外国学者地关注,重视程度目前已经不亚于对北极资源开发地研究。外国学者主要从北方海航道开发的原因、背景及现状、俄罗斯破冰船技术和设备的发展、与传统国际海洋航道相比北方海航道蕴藏的潜力、优势及未来发展前景、北方海航道开发对俄罗斯地区以及国际贸易及海洋运输格局的意义和影响,北极通道开发过程中的可能存在的限制因素、风险及问题、世界各国对北极通道的关注和兴趣的提升与矛盾分歧等方面进行了比较全面的论述。但缺少对俄罗斯北极地区完整系统水陆运输通道网络地构建、北方海航道沿线基础设施及相关配套服务水平提升、相关专业人才培养、除运输功能外其他功能开发等方面地研究,对北方海航道开发的前景过于自信或悲观,对开展国际合作问题观点相对保守等问题。未来,对北方海航道与传统国际海洋路线科学的对比与分析、北方海航道综合功能的充分发挥、北方海航道归属权问题、外国船只通行制度问题、北方海航道开发与建设的国际合作、把北方海航道开发与中国提出的"一带一路"倡议对接,特别是最近中俄两国提出的共建"冰上丝绸之路"等问题可能成为外国学者关注的重点。

克莱斯·莱克·拉格纳(Claes Lykke Ragner)(2012)在其撰写的《21世纪——东北航道的转折点?》分析了包括北方海航道在内的整个东北航道的国际航运问题,对其从商业、政治和海事等方面进行了评估。卡萨特金(Р.Г.Касаткин)(2008)在其撰写的文章《北方海航道在北极交通体系中的作用》中提出,随着北极大陆架油气资源地持续开发,北方海航道的重要性也在不断增强。所以,在未来几年当中,发展北方海航道应该成为国家的首要任务。21世纪,恢复并发展北方海航道问题对俄罗斯来说具有特殊意义。尼古拉耶娃(А.Б.Николаева)(2011)在其撰写的文章《北方海航道:问题与前景》中提出,由于存在一系列风险因素,北方海航道作为国际交通线路在国际交通体系中还属于后备路线,但正是在这一后备路线中蕴含着发展俄罗斯北极地区与国际合作的巨大潜力。布奇（О.В.Буч）（2013）在其撰写的文章《北极交通物流线路发展》中分析了北方海航道发展现状,对2020年前的发展前景进行了预测,举出了影响其竞争力提升的一些问题,并提出创建并完善新北极运输路线的主要制约因素是北方海航道沿岸落后的基础设施。北极发展战略的提出会使交通物流体系地建设和发展更加系统化和制度化。梅德韦杰娃（Л.М.Медведева）、拉夫连奇耶夫（А.В.Лаврентьев）（2014）在其撰写的《北方海航道开发经验与发展前景》中提出,北方海航道开发过程中存在技术和生产落后、投资限制、劳动力不足等诸多问题。这些问题地解决需要合理的联合国家和企业的力量,充分学习国际经验。在投资、建设交通设施、资源开采和环保等领域开展同国际公司合作,在与国际公司建立伙伴关系的同时维护自身的利益。波德斯维托娃（Т.В.Подсветова）（2014）在其撰写的《北极经济中的交通因素》中提出,俄罗斯作为拥有北冰洋出海口国家,不能没有北极地区发达的交通系统。如果开发得当,北极交通服务也能够像北极油气资源一样给俄罗斯带来巨大的收益。马卡洛夫（И.А.Макаров）（2015）在其著作《Поворот на восток》中提出,世界各国对北极兴趣的增长给俄罗斯带来了实际的机会,同时也带来一定的挑战。基卡斯（К.Н.Киккас）（2015）在其撰写的文章《国际交通走廊与北极》中提出,由于气候变暖,北冰洋海域通航天数越来越长,这也意味着沿北方海航道和西北航道航行的船只及货物数量将大幅增多。北方海航道是北欧和亚太地区最短的运输路线,随着进一步开发,这条路线也将成为最优惠的路线。维列捷尼科夫（Н.П.Веретенкова）,戈拉先科（Л.В.Гращенко）,耶夫戈拉弗娃（Л.Е.Евгрофова）（2016）在其撰写的《北方海航道发展的现实与前景》中提出,当前,政府采取的措施不足以北方海航道获得有效发展。政府必须加大资金投入力度,没有资金的支持,基础设施、渔业、物流等行业就无法得到发展,更无法捍卫国家利益。

2.俄罗斯北极地区资源开发研究

北极资源开发研究是北极开发研究中最热门的方向。外国学者充分认识到北极地区油气资源开发对各国发展的重要作用,从全球和俄罗斯油气资源开发和使用的背景及形势、现阶段俄罗斯北极油气资源开发和运输现状、俄罗斯北极资源开发潜力和前景、俄罗斯北极地区油气资源开发对地方和国家经济社会发展的促进作用、俄罗斯北极地区油气资源开发面临的风险和问题等角度进行了比较全面的研究。但对能源开发和运输通道建设的相互作用、通过北极资源开发和航道运输走廊的建立,带动北部和东部落后地区的经济发展,提高地区竞争力、油气等化石能源以外的资源开发、传统产地和北极地区产地油气资源开发的关系和层次重点等方面研究得不够充分,同时,对北极资源开发的国际合作问题观点相对保守。随着传统油气等资源产地的地位的削弱和俄罗斯经济形势造成的资金技术缺乏,未来北极资源开发的国际合作问题、开发战略以及油气资源开发与运输通道建设关系问题很可能成为外国学者的重点研究方向。

　　罗杰·霍华德(Roger Haward)(2015)在其撰写的《北极淘金热:未来自然资源的新一轮竞赛》中指出了北极自然资源开发的重要性,以及因开发和利用这些资源引发的激烈竞争。伊斯托明(А.В.Истомин)(2007)在其撰写的文章《俄罗斯西北极大陆架化石资源:开发问题与前景》中提出,俄罗斯北极地区的资源潜力为这一地区积极的资源开发活动和投资吸引力的提高创造了前提。科兹明科(С.Козьменко)(2012)在其撰写的《俄罗斯北极地区自然利用的经济和海洋活动战略》中提出,应积极应用联邦北极地区相关法律并在这一基础上保障北极地缘政治优势和国家利益。戈鲁哈廖娃(Е.К.Глухарёва)(2012)在其撰写的《俄罗斯西北极地区油气资源开发运输前景》中提出,西北极地区化石资源是这一地区工业发展的基础,有效利用这一资源优势能够保障这一地区长期稳定发展,未来几十年中这一地区将在石油天然气开采、跨区域交通基础设施和北极交通走廊建设中发挥关键作用。莫恰洛夫(Р.А.Мочалов)(2013)在其撰写的文章《俄罗斯北极及远东海域大陆架资源开发的特点和关键问题》中介绍了俄罗斯北极及远东海域大陆架区域油气资源开发现状,分析了这一地区油气资源开发的技术特点。提出,北极地区资源开发为俄罗斯其他经济领域发展注入了新动力,保障了俄罗斯 21 世纪的能源安全。鲍洛金(К.А.Бородин)(2014)在其博士论文《北极大陆架石油开发的经济评价》中提出,随着一些传统的油气产地资源的枯竭,北极地区油气资源角色不断上升,需依据综合开发原则开发新的北极油气产地。马卡洛夫(И.А.Макаров)(2015)在其著作《转向东方》中提出,近几年,北极油气开发存在一些障碍,其中包括国际市场石油价格下跌和西方制裁下俄罗斯利用西方技术和资金受限。玛斯捷潘诺夫(А.М.Мастепанов)(2014)在其撰写的文章《需不需要急着开发北极的化石资源》中分析了开发北极大陆架化石资源所面临的风险和由此产生的一系列经济问题,提出,俄罗斯可以在相当长一段时间内不用急着开发北极大陆架化石资源,因为存于陆地的很多传统及非传统能源还未得到全面开发,所以应谨慎对待北极能源开发问题。古里耶夫(И.А.Гулиев),鲁扎科娃(В.И.Рузокова)(2015)在其撰写的文章《北极化石资源对俄罗斯能源安全的意义》中提出,作为一个大型能源出口国的俄罗斯来说,能源安全体现在其满足内需和保障出口两方面,而北极化石资源在这两项任务中发挥着关键作用。

3. 俄罗斯与其他国家北极开发过程中的战略与方针政策研究

（1）俄罗斯北极开发战略与方针政策研究。

外国学者对俄罗斯国家和各级政府对北极地区开发和发展制定的战略、政策和方针的内容、目的、重点、成效及存在的问题和不足之处进行了分析,通过对相关战略和方针政策内容来分析俄罗斯的北极国家立场、利益诉求和未来政策的走向。外国学者研究的不足之处在于对俄罗斯北极战略与其他国家战略对比不够充分。未来,通过俄罗斯与其他国家北极战略以及方针政策对比研究寻找异同点和规律,分析各国不同的利益诉求,进而预测和分析各国北极问题上分歧、博弈或合作的可能性将是外国学者研究的重点方向。

埃拉娜·威尔逊·罗(Elana Wilson Rowe)(2014)撰写的《俄罗斯与北极》中分析了俄罗斯北极战略与政策的影响因素,以及面临的机遇与挑战,认为未来俄罗斯将在北极国际政治中继续发挥关键作用。茹科夫斯基(В.М.Жуковский)(2010)在其撰写的《俄罗斯北极方针》中指出,北极地区各国政治经济利益交织。俄罗斯希望在北极问题上与有关国家达成妥协。北极问题可以根据相关法律通过和平谈判的方式得以解决。塔米斯基(А.М.Тамицкий)(2012)在其撰写的《现阶段俄罗斯北极国家政策》中提出,俄罗斯现行北极政策由于缺乏长远性和战略性而不能充分符合俄罗斯北极的国家利益。谢林(В.С.Селин),巴什玛科娃(Е.П.Башмакова)(2013)在其撰写的《俄罗斯北极战略》中指出,俄罗斯和其他北极国家的北极战略区别在于:其他国家北极战略的目标是发展北极地区,而俄罗斯是希望在发展北极地区的同时利用北极地区的潜力促进整个国家经济的现代化。日里佐夫(С.С.Жильцов)(2015)在其撰写的《俄罗斯北极政策演变》中指出,北极化石资源开发中存在的困难不会降低北极对于俄罗斯的政治意义。俄罗斯应注意与其他北极国家缔结北极合作协议,加强在北极理事会框架内的合作,在相互尊重主权和合法权益基础上建立平等的政治关系。茹科夫(М.А.Жуков)(2016)在其撰写的《俄罗斯北极国家政策的主要方向》中指出,未来俄罗斯国家北极政策的主要方向应该是采取灵活的措施来提高北极地区同俄其他地区竞争中的优势,这些措施不应违反市场原则,要符合发达国家发展实践。

（2）俄罗斯以外其他国家北极战略研究。

外国学者重点对欧洲国家,亚洲的中、日、韩,北美洲的美国和加拿大的北极战略进行了分析。外国学者一般从本国家安全和经济利益角度出发,分析其他国家可能给本国带来的机遇、威胁和挑战,分析各国联合或博弈的可能性等问题。其不足之处在于研究角度过于狭窄和单一。

肯尼斯·科茨(Kenneth Coates)(2011)在其撰写的《北极前沿:在北极地区保卫加拿大》中指出,在过去的几个世纪中,加拿大忽视了其北极地区,加拿大的北极战略应对 21 世纪北极地区的政治、经济和环境问题予以关注。科内舍夫(В.Н.Конышев)、谢尔库宁(А.А.Сегрунин)(2011)在其撰写的《北美国家和俄罗斯北极战略》中提出,虽然加拿大不断强化在北极的军备,同时与美国和北约关系紧密,但能够在一些重要问题上与俄罗斯成为重要伙伴。而美国因在一些问题上绕开国际组织和国际法要求,所以俄美北极关系还很复杂。科内舍夫(В.Н.Конышев)、谢尔库宁(А.А.Сергунин)(2012)在其撰写的《东亚国家的北极战略》中提出,从对俄罗斯的国家安全角度出发,中、日、韩三个东亚国家的北极战略对俄具有矛盾的特点。一方面,会为俄罗斯在北极的经济和军事战略利益带来损失;另一方面,东亚国家的资金和技术对俄罗斯北极开发却是有益的。鲁宾斯基(Ю.И.Рубинский)(2013)在其撰写的《法国北极战略》中提出,从俄罗斯国家利益角度讲,法国北极战略包括积极和消极两个方面,消极方面是其试图通过国际法解决北极问题,获取北极资源,积极方面希望通过对话发展同俄罗斯的合作。亚历山大洛夫(А.Б.Александров)(2013)在其撰写的《欧盟北极战略》中提出,在实施北极战略过程中欧盟表达出与所有北极国家合作的意愿,是北极地区有重要影响力的政治力量。纳玛科诺夫(Н.М.Намаконов)、茹尔别伊(Е.В.Журбей)(2014)在其撰写的《加拿大北极对外政策:问题、挑战与威胁》中提出,北极大陆架问题将会逐年紧张,参与北极财富竞赛者数量也一定会不断扩大,加拿大也会不断加大投入来发展这一地区,防止某些其希望获得的土地落入美国或其他欧洲国家之手。切尼斯基赫(Н.А.Ченских)(2015)在其撰写的《美国的北极能源战略》中提出,现在国家安全和经济发展依然是美国最重要的利益,国际舞台上的政治变革、科技发展和各国合作的加强为美国带来了一些机遇同时也带来一些问题。拉库金娜(М.Л.Лагутина)(2016)在其撰写的《意大利北极战略》中提出,意大利北极政策的主要目标是巩固其在北极理事会中和整个北极地区的地位,积极参与北极地区双边和多边合作。俄意两国拥有共同的经济利益,两国应在新的北极地缘政治经济形势下寻找新的更具前景的合作领域。玛吉雅克(Л.А.Матияк)(2016)在其撰写的《中国北极谋略》中提出,俄罗斯是中国的战略伙伴也是拥有重大北极利益的国家。研究中国北极政策符合在国际法框架下建设友好国际关系的任务。

4. 俄罗斯北极开发过程中国际合作问题研究

（1）俄罗斯与中国北极合作问题研究。

外国学者重点对中俄两国在北方海航道和北极能源开发领域相关合作问题进行了研究，观点并不统一。一些学者认为，中俄两国应加强在北极地区的合作，但这种合作要有分寸，俄罗斯应适时的利用中国的经济和科技实力优势来共同开发北极地区。另一种观点认为，中国参与开发北极除经济目的外还另有所图，把中国视为俄罗斯北极利益的威胁，认为中俄加强北极合作会对其他国家北极利益造成威胁，指责中国把北极问题扩大为国际问题，认为中国作为非北极国家不应参与北极事务，没有相应话语权，不支持中国加入北极理事会。因此，我们认为部分外国学者观点过于片面，研究角度过于保守，论述中并没有充分结合和考虑中俄两国各领域已经形成的良好合作关系和高度的政治互信，没能够充分结合国际形势和中俄两国发展的实际需求因素。未来，随着中俄两国政府合作共建"冰上丝绸之路"倡议的提出，如何利用中国"一带一路"倡议的契机来开发北极，如何将北极资源和北方海航道开发战略更好地与中国的相关发展战略对接，如何把北极地区合作培育并转化为带动其他各领域合作的新动能可能是外国学者的重点研究方向。

古里科夫（Л.В.Куликов）（2010）在其撰写的《俄罗斯北极战略及北方海航道中的中俄关系》中指出，中俄在一系列国际问题上持相近立场，但在对待美国和北约上的优先方向是不同的，中国认为北极问题不是地区问题而是国际问题这一立场对俄罗斯是一种威胁。科内舍夫（В.Н.Конышев）、谢尔库宁（А.А.Сергунин）（2012）在其撰写的《北极自然资源开发：为了未来的中俄合作之路》中指出，中国拥有巨大的财经和科技发展潜力，这对俄罗斯的北极开发非常有益。俄罗斯在北极开发中与中国合作时要有选择性的利用中国的这些潜力，制定微调节机制，一定要有分寸。雅戈雅（В.С.Ягья）、哈尔拉姆彼耶娃（Н.К.Харлампьева）、拉古金娜（М.Л.Лагутина）（2015）在其撰写的《北极——中国对外政策的新区域》中指出，初始阶段，中国会把北极科考作为提升自己软实力的重要工具，未来中国可能会把俄罗斯北方海路纳入到 21 世纪"海上丝绸之路"经济带战略中去。扎戈尔斯基（А.Загорский）（2015）在其撰写的《中俄北极分歧是真是假》中指出，中俄在北极问题上的立场差别并不是一种无法解决的深层矛盾。这种矛盾可以在俄罗斯承认非北极国家也享有联合国海洋法规定的相关权利和相关利益基础上得以解决。

（2）俄罗斯与中国以外其他国家北极合作问题研究。

就像在对待与中国合作问题上一样,外国学者重视北极合作开发问题的研究,但观点并不统一。虽然一些学者认为北极的竞争因素要比合作因素更大,资源竞争最终一定会导致冲突,但主流观点支持国际合作开发俄罗斯北极地区,认为长期的经济利益大于短期的政治利益,把俄罗斯北极地区视为各国友好合作的平台,并且分析了国际合作开发的领域和重点、途径和方式。

波达普廖金(А.О.Потоплёкин)(2012)在其撰写的《俄罗斯与其他环北极国家合作潜力》中提出,目前,北极的竞争因素要比合作因素更多一些。大陆架外部边界划分、北方航道通行权等问题给俄罗斯带来不少压力。应突出北极理事会的作用,抵御一些北极国家的对抗方针。托尔斯托古拉科夫(И.А.Толстокулаков)(2013)在其撰写的《北极——俄韩合作的新机遇》中提出,在维护自身地缘政治利益的同时,俄罗斯不应错失与韩国合作,应从韩国获取北极开发的资金和技术。哥萨克夫(М.А.Казаков)、雷斯采夫(М.С.Лысцев)(2014)在其撰写的《俄罗斯和芬兰在北极的国家利益及合作前景》中提出,俄罗斯北极边境地区行政主体已经成为俄罗斯同包括芬兰在内的外国伙伴合作的重要"工具",俄罗斯和芬兰的合作不仅对两个国家非常重要,对俄罗斯北极地区长期发展战略来说也非常重要。马卡洛夫(И.А.Макаров)(2015)在其著作《转向东方》中提出,从战略视角来看,北极国家长期的经济利益已经超过了短期的政治利益,因此,北极五国注定会进行建设性合作。扎戈尔斯基(А.Загорский)(2016)在其撰写的《北极国际合作》中提出,北极军事威胁相对较低,不需要对军事基础设施投入过多费用。北极将成为地区国家间积极合作的平台,这种合作将进一步巩固地区、国家间互信并改善其关系。戈特里亚尔(В.Котляр)(2016)在其撰写的《北极——和平发展还是充满矛盾的地区》中提出,现在还没有根据表明北极资源竞赛会必然导致冲突,事实上也不用去为了这些资源去竞争,因为93%的资源处于专属经济区范围内,而这些地区的开采权利是明确的。

5. 俄罗斯北极开发过程中的军事与安全问题研究

北极地区的战略意义很大一方面体现在北极地区军事安全重要性方面。相比于中国学者,外国学者在关注北极经济意义的同时,对北极开发过程中的军事与安全问题进行了更为全面地研究。外国学者从北极地区军事安全形势和未来发展趋势、北极地区在国家军事安全中的地位和作用、北极地区爆发冲突和安全问题的可能性、如何巩固俄罗斯在北极地区军事安全地位等角度进行了研究。主流观点认为,俄罗斯北极地区安全威胁具有增长性特点,但现代军事安全形势的发展说明:大规模军事冲突发生的可能性非常低,一些矛盾可以在国际法框架内解决。其不足之处在于研究角度缺乏创新,外国学者对北极生态和技术灾难可能带来的安全问题研究较少,加强北极地区行政主体经济实力与巩固俄罗斯北极军事安全地位的关系研究较少。未来,外国学者可能会对各国北极军事合作,环境问题对北极安全影响、北极行政主体经济社会发展与安全问题关系等问题进行重点研究。

盖尔·奥舍连科(Gail Osherenko)(2015)在《北极时代:热冲突与冷现实》中分析了北极地区出现军事、政治冲突的可能性,探讨了解决路径、非政府组织的作用以及国际合作的可能性等问题。赫拉姆契辛(А.А.Храмчихин)(2011)在其撰写的《北极军事政治形势及发生冲突的可能性》中提出,虽然气候环境变化和经济利益使得北极国家间产生军事冲突在理论上变得可能,但在可以预见的未来一些年中,这种可能性是非常小的,而避免和预防这种冲突的最重要因素是俄罗斯巩固其在北极和全球的军事力量。奥列尼伊科娃(В.В.Олейникова)、别洛夫(П.Г.Белов)(2012)在其撰写的《气候变化对俄罗斯北极安全影响研究》中提出,由于北极海域海冰面积的逐渐缩减,外国军事舰艇将更加频繁出现在北方海域,这些舰艇将不仅装备各种进攻性武器,而且会拦截俄罗斯瞄向美国经过北极上空的导弹。米哈伊洛夫(Д.А.Михайлов)(2013)在其撰写的《关于保障北极地区综合安全的一些问题》中提出,创造条件保障北极居民生活安全、预防生态和技术灾难等紧急情况是国家的重要任务,需要国家和地方层面各级机构协调解决。布雷契科夫(А.С.Брычков)、尼克诺拉夫(Г.А.Никоноров)(2014)在其撰写的《北极在俄罗斯国家和军事安全中的作用》中提出,北极正逐渐成为保障俄罗斯国家和军事安全的优先项目。赫拉姆契辛(А.А.Храмчихин)(2014)在其撰写的《北极军事政治形势及其未来发展》中提出,巩固并保持北极地区的军事安全需要大量的时间和资金,目前,地区发展形势可以让俄罗斯不用特别着急,但也不容拖延解决这一问题。未来几年,北极地区发生军事冲突的可能性几乎为零,俄罗斯甚至可以与一些在军事上不与其对抗,经济上不与其竞争而单纯希望获取资源的国家进行军事合作,而合作的优先目标是印度和韩国。伊万诺夫(Г.В.Иванов)(2015)在其撰写的《俄罗斯北极国家安全:问题与解决方法》中提出,俄罗斯北极地区安全威胁具有增长性特点,但现代军事安全形势的发展说明:大规模军事冲突发生的可能性非常低,一些矛盾可以在国际法框架内解决。赫拉姆契辛

（А.А.Храмчихин）（2015）在其撰写的《乌克兰危机对北极军事政治和经济形势的影响》中提出，乌克兰危机降低了北极地区军事紧张程度，因为北约军力分散到了其他方向。俄罗斯北极军事力量的布局会扩大俄罗斯北极地缘经济的影响力，巩固其在北极的经济存在。克拉苏里娜（О.Ю.Красулина）（2016）在其撰写的《俄罗斯北极的潜在安全威胁》中提出，北极国际化趋势的不断增强不符合俄罗斯的国家利益。俄罗斯在北极各领域所做的努力会改善其地区社会经济地位，依靠其在出口能力、交通运力和科技等领域的进步而获得经济发展上的良好效果。

6. 俄罗斯北极地区开发过程中相关法律问题研究

俄罗斯除了依靠发展经济和提升军事实力等手段巩固其在北极地区地位之外，也一直致力于通过国际、国内法律和协商谈判等手段解决领土争端及利益分歧等问题。外国学者将北极相关问题同相关法学知识结合对俄罗斯北极大陆架技术论证与国际法适用性问题、加强并完善俄罗斯北极立法和相关国际法地运用、现有与北极相关法律中存在的问题、如何利用法律手段保障俄罗斯的北极利益等问题进行了研究。其不足之处在于对如何细化本国法律内容、制定北极地区地方法规、如何解决不同国家涉北极法律中的矛盾、如何利用本国法律保证俄罗斯北极利益等方面研究较少。未来，外国学者可能会重点对国际、国内法律和国际组织调解的关系，各国在涉北极法律领域的交流与合作、全面修改和细化俄罗斯北极法律等问题进行研究。

西瓦科夫（Д.О.Сиваков）（2009）在其撰写的《法律与北极：现存问题》中提出，俄罗斯在促进北极相关活动领域发展，法律调节方面远远落后于其他北极国家，但北极生态问题不是俄罗斯一家的过错。波波夫（В.А.Попов）（2010）在其撰写的《俄罗斯海洋政策：现状与法律保障问题》中提出，应尽快结束北方海航道相关法律草案的制定工作，法律草案中应包括环保、保护国家在北极地区的经济、科学和国防利益。菲利莫诺夫（Ю.В.Филимонов）（2014）在其撰写的《北极经济合作的国际法特点》中提出，北极国际经济合作在保护相关国家主权权利的同时，应顾及其他国家在北极地区的利益。卡托林（И.В.Каторин）（2016）在其撰写的《俄罗斯北极地区制度化特点》中提出，俄罗斯北极地区相关法律的出台为这一地区社会经济的发展提供了法律基础，但这些法律还只是一个轮廓，有些法律还有待进一步细化。

7. 俄罗斯北极地区开发过程中环境保护问题研究

俄罗斯北极地区所处的地理位置特殊,气候和环境因素对北极开发具有重要影响。外国学者主要从北极环境保护、北极污染的全球影响和国际合作治理、气候变化对北方海航道和资源开发等领域的影响、国际组织在北极环境保护领域的作用等角度对北极环境问题进行研究。对气候变暖对北极开发的利弊影响分析等方面研究较少。

汉斯·梅尔托夫特(Hans Meltofte)(2016)在《气候变化中的北极生态动力》中对气候变化如何影响北极生态系统,北极生态系统如何有内在反馈机制等问题进行了研究。瓦西里耶夫(В.В.Васильев)、谢林(В.С.Селин)、吉列先科(Е.Б.Терещенко)(2009)在其撰写的《北极气候变化的社会经济影响》中提出,随着气候变暖,冰盖变薄减少,通航期会越来越长,这为水上交通提供了新的机遇,对亚欧之间的贸易来说具有战略意义。杰琳尼娜(Л.И.Зеленина)、费基古什娃(С.И.Федькушова)(2014)在其撰写的《北极生态与人的健康》中提出,了解人与气候之间的相互联系是保护北极地区人们健康的基础。降低气候变化对人类产生的消极影响的首要任务是采取国际合作、科学研究、建立气候变化评价体系等措施。马卡洛夫(И.А.Макаров)(2015)在其著作《Поворот на восток》中提出,北极生态系统的独一无二特点使得任何本地区污染都会造成跨国家间的影响。马卡洛夫(И.А.Макаров)、斯捷潘诺夫(И.А.Степанов)(2015)在其撰写的《俄罗斯北极经济发展的生态因素》中提出,要使北极成为国家经济发展和北极主权维护的驱动器,必须保护北极独一无二的生态体系,返还其应有的地位和作用。芭先科(Л.В.Пащенко)(2017)在其撰写的《北极理事会在保障北极地区安全中扮演的角色》中提出,地区组织在维护北极地区生态安全中扮演着重要角色,北极理事会是一个在北极环保领域北极国家间开展的一个多边合作的有效论坛。

8. 俄罗斯北极利益问题研究

外国学者主要从俄罗斯北极利益的构成、实现俄罗斯北极利益的路径、俄罗斯北极利益的特点等角度对俄罗斯北极利益问题进行了研究。

卡林尼科夫(В.Т.Калинников)(2010)在其撰写的《北方和北极:俄罗斯战略利益区》中提出,虽然北极地区对于俄罗斯和整个世界具有重要意义,但由于复杂的社会经济形势,缺少科学性和体系性的联邦政策和欠缺考虑的地方社会经济政策,北极地区成了"问题地区"。科内舍夫(В.Н.Конышев)、谢尔古宁(А.А.Сергунин)(2011)在其撰写的《俄罗斯北极的国家利益:神话与现实》中提出,俄罗斯北极利益具有非局势性而是长期性特点,不仅需要整个国家而且需要全社会的关注。有必要对这些利益进行全民定期讨论,并对其法律基础进行修改使其准确化。谢林(В.С.Селин),乌里琴科(М.В.Ульченко)(2012)在其撰写的《俄罗斯北极国家利益与经济安全》中提出,北极地缘政治经济形势具有复杂化、矛盾化趋势。维护俄罗斯国家利益需要长期不懈地巩固其在这一地区的地位。科尼德拉托夫(Н.А.Когдратов)(2014)在其撰写的《北极开发:俄罗斯的战略利益》中提出,最有效的解决北极地区稳定发展的方法就是各国间学习彼此关键领域的知识和经验,在国际法原则的基础上解决争端。波卡切夫(В.Ф.Багачев)、维列杰尼科夫(Н.П.Веретенников)、索科洛夫(П.В.Соколов)(2015)在其撰写的《俄罗斯北极发展的地区利益》中提出,今天,俄罗斯作为领土最大、资源储量最为丰富的北极大国可以通过国际合作的方式在资金缺乏、技术落后的条件下开展大规模的北极开发活动。鲁伊卡(И.Р.Руйга)、尤芭诺娃(Т.В.Зюбанова)(2016)在其撰写的《俄罗斯北极开发的战略利益》中指出了开展国际合作,交流经验对于发展俄罗斯北极地区的重要性。

(三)综合述评

中外学者对俄罗斯北极地区开发的研究数量已经颇具规模,研究层次已经比较深入,研究方向已经比较全面,研究内容已经比较丰富,且主要集中在以下几个方面:俄罗斯北方海航道开发研究、俄罗斯北极地区资源开发研究、俄罗斯与其他国家北极开发过程中的战略与方针政策研究、俄罗斯北极开发过程中的国际合作问题研究、俄罗斯北极开发过程中的军事与安全问题研究、俄罗斯北极地区开发过程中的相关法律问题研究、俄罗斯北极利益问题研究、俄罗斯北极地区开发过程中环境保护问题研究等。前人研究成果为本书研究的开展提供了思路和方法借鉴。站在巨人的肩膀上,受前人研究成果启发的同时,我们也充分认识到,随着国际和中俄国内形势的不断发展变化,俄罗斯北极地区开发问题相关研究领域还有值得进一步深入挖掘和研究的方面。例如:第一,总体来看,在俄罗斯北极地区开发众多研究领域当中,资源开发、北极战略等传统研究领域所占比例最大。而在现实中,随着北极气候的持续变暖,北极海冰加速融化,传统国际海洋航线日渐饱和,北方海航道运输和经济潜力的逐渐释放,军事、安全等战略意义的不断提升、中俄共建"冰上丝绸之路"等国际开发合作呼声高涨且逐渐进入实践阶段,有必要对俄罗斯北方海航道开发问题展开深入系统研究。第二,国内外关于俄罗斯北极地区各领域开发地研究往往相互割裂,彼此互无联系,我们认为,虽然北方海航道开发优势明显,但开发过程还面临自然条件恶劣、基础设施落后、西方国家的担忧和抵制等诸多困难和方方面面的挑战和问题,这决定了北方海航道开发必定是一项综合开发活动,俄罗斯政府需要从战略和政策制定、改造和新建基础设施、扩大经航道运输的资源开发、更新航行技术和设备、加强国际合作与交流等方面多措并举来推动北方海航道复兴,所以需要将俄罗斯对北方海航道开发采取的多种举措均纳入以北方海航道开发为轴心的北极综合开发问题中去系统化研究。第三,以往对俄罗斯同其他国家北方海航道开发过程中的国际合作问题研究仅止于概况介绍,应从俄罗斯与其他国家合作中发掘那些能够服务中俄开发北方海航道的共同规律,以及各种好经验和好模式。第四,以往学者对俄罗斯北方海航道开发研究并未充分服务现实,我们认为,应将中俄开发北方海航道合作同中国"一带一路"倡议结合,对中俄共建"冰上丝绸之路"相关问题进行深入挖掘,服务两国当下合作现实大局。第五,有待将俄罗斯北方海航道开发实践与相关专业理论知识相结合,找到相关开发和合作实践的理论解释和出处,增强其系统性和科学性。第六,有待进一步梳理俄罗斯北方海航道开发过程所涉相关国际和国内法律问题,从法律层面对相关分歧和争议,以及俄罗斯采取的应对措施进行分析与解读。

由此,本书在中外学者对俄罗斯北极地区开发既有研究的基础上,对以下问题展开深入挖掘和研究:对俄罗斯北方海航道开发所涉理论的基础分析;对俄罗斯北方海航道开发的现实选择进行研究,分析当下俄罗斯北方海航道开发动因、战略、法律问题、实践、特点、成绩与局限性等问题;对俄罗斯北方海航道国际合作开发问题,特别是中俄共建"冰上丝绸之路"问题进行研究;对俄罗斯北方海航道开发前景进行预测;对俄罗斯北方海航道未来开发潜力进行分析;提出俄罗斯北方海航道立体开发新模式和实现途径。

四、本书的研究方法与结构

(一)研究方法

本书运用文献分析法、归纳法、历史分析法、比较分析法、统计法等研究方法对俄罗斯北方海航道开发相关问题展开研究。

文献分析法指的是搜集、鉴别、整理文献,并通过对文献地研究形成对事实的科学认识的方法。本书研究过程中需大量收集与俄罗斯北方海航道开发相关的文献资料,主要包括档案文献、具有代表性的著作、教材与论文集以及刊载于国内外权威期刊的论文,对其进行细致的分类、归纳与分析。

归纳法指的是从大量个别事例中获得较具概括性的规则。这种方法主要是对收集到的既有资料,加以提炼分析,最后得出一个概括性的结论的研究方法。俄罗斯北方海航道开发是一项综合性开发活动,存在众多交织在一起的具体问题,涉及众多国际关系主体,运用归纳方法进行研究有利于对复杂问题进行剥丝抽茧的提炼和总结。

历史分析法指的是运用发展、变化的观点分析客观事物和社会现象的一种分析方法。也就是通过有关研究对象对历史资料进行科学的分析,说明它在历史上是怎样发生的,又是怎样发展到现在状况的。本书通过对俄罗斯北方海航道开发历史脉络的整理与分析,探寻俄罗斯北方海航道开发的历史渊源,总结其特点与规律,形成对当下北方海航道开发指导和评价的历史依据。

比较分析法是指对两个或两个以上的事物或现象加以对比,以找出它们之间的相似性与差异性的一种分析方法。本书将俄罗斯各历史时期北方海航道开发历史与当下俄罗斯北方海航道开发现实进行对比;将俄罗斯与其他国家北方海航道开发合作与中俄北方海航道开发合作进行深入对比,比较其差异性,分析其原因,探寻普遍规律。

统计法指的是运用相关统计数据来描绘社会经济现象的状况和变化,认识社会经济规律的研究方法。本书研究中将采用统计方法,利用相关数据指标为俄罗斯北方海航道开发过程中相关问题分析提供数据支撑和量化参考依据。

（二）本书结构

本书的结构安排共分为以下四章。

第一章,理论基础与相关概念。结合实践对俄罗斯北方海航道开发过程中所涉及的区域经济学理论、地缘经济学理论、地缘政治学理论进行详细论述与分析,对俄罗斯北方海航道开发实践进行理论解释,对相关理论进行实证分析,将理论和实践紧密结合。对研究中涉及的核心概念进行界定,准确把握研究对象。

第二章,俄罗斯北方海航道开发的现实选择。对当代俄罗斯北方海航道重点性开发活动的动因、战略、法律问题、政策、具体举措、特点、成绩和局限性进行论述。

第三章,俄罗斯北方海航道开发的国际合作。对俄罗斯利用国际合作开发北方海航道的动因、俄罗斯与环北极、亚洲国家合作,以及中俄共建"冰上丝绸之路"问题进行了研究,对俄罗斯北方海航道国际合作的特点、挑战与前景进行了分析与预测。

第四章,俄罗斯北方海航道开发走势分析。对俄罗斯北方海航道开发前景进行预测,对俄罗斯北方海航道未来开发潜力进行分析,提出俄罗斯北方海航道立体开发新模式和实现途径。

五、本书的创新点与不足之处

本书探索性的创新有以下几点:第一,提出北方海航道立体开发新模式。结合相关专业理论,参照北方海航道开发历史经验,基于北方海航道开发现实,提出以重点项目为牵引,以基础设施为支撑,以吸引外资为手段,以国际合作为途径,形成以点布局,以轴串联的北方海航道立体开发新模式。第二,对北方海航道开发活动进行了系统性研究。以往学界对俄罗斯北方海航道开发活动的研究通常只针对某一单个历史阶段或单个领域,研究内容相对片面且缺乏系统性。我们对俄罗斯时期完整的北方海航道开发活动进行了全面而系统地研究。第三,对北方海航道开发相关问题的具体途径进行了研究,提出俄罗斯北方海航道开发,以及中俄共建"冰上丝绸之路"的具体途径和方案。

本书研究尚需要不断完善之处:第一,由于笔者知识结构、科研水平和相关研究经验不足,本书在章节设计、理论阐释和方法运用等方面还不甚完善,需要在未来科研工作中不断进步和提升;第二,笔者语言能力有限,对英文和俄文以外的第三方文献材料涉猎相对较少,这在一定程度上限制了本书研究的客观性和全面性。

第一章　理论基础与相关概念

理论产生的最终目的是为了更好地指导实践,科学的理论能够对实践活动进行有效指导。实践是理论的来源,高效的实践活动也一定体现了科学的理论。北方海航道开发活动需要科学的专业理论作为支撑,北方海航道的成功开发也必定体现了科学的专业理论。俄罗斯北方海航道开发研究中必然会涉及大量核心概念,对核心概念的界定有助于我们更加清晰和准确地把握研究对象,筑牢研究基础。

第一节　理论基础

本节从不同层面和角度,结合俄罗斯北方海航道开发实践对俄罗斯北方海航道开发过程中所涉及的相关专业理论进行了详细论述和分析,对俄罗斯北方海航道开发实践进行了理论解释,对相关理论进行了实证分析。

一、点轴理论

"北方海航道把西伯利亚地区最重要的河道干线、陆路干线、空路干线和管道运输干线联合成统一的交通运输网络,是整个俄罗斯北极地区交通系统的轴心。"[1] 北方海航道为俄罗斯北极沿岸地区各行政主体,以及具体城市提供了便捷的运输通道,为运输各地资源,推动经济发展发挥了重要作用,这充分体现了

---

[1]　Колосов П. Ф. Надёжные помощники в освоении Арктики [J]. Наука в России, 2014（5）：14-16.

区域经济学中的点轴理论。北方海航道对俄罗斯的运输系统具有特殊作用,它是连接许多北极地区和俄罗斯其他地区的主要运输动脉。解决俄罗斯北极地区战略问题和地区经济社会综合发展问题的重要因素之一,是建立统一的地区交通体系,这一体系包括北方海航道、综合的河海交通工具、航空、管道、铁路、公路以及港口、通讯等沿岸基础设施。北极交通基础设施的发展和现代化是俄罗斯联邦北极政策的优先方向。而北方海航道是北极综合交通系统发展的关键一环。除了北方海航道自身水域之外,俄罗斯广阔的北极沿岸地区以及北德维纳河、伯朝拉河、鄂毕河、叶尼塞河、勒拿河、因迪吉尔河,以及科雷马河也濒临或注入北方海航道所在海域。这些河流线路也构成了连接北部海洋航道的统一水路交通系统。以北方海航道为轴心的北极综合交通系统为北极地区各城市和居民点提供了便利的交通运输服务,推动了生产要素的流通,促进了以轴串联起来的各点的共同发展。

点轴理论是我国著名学者陈大道于 1984 年最早提出。"点轴理论中的'点'指各级居民点和中心城市,而'轴'指的是由交通、通讯干线和能源、水源通道连接起来的'基础设施束';点轴理论中的'轴'对附近区域有较强的经济吸引力和凝聚力。轴线上所聚集的社会经济设施通过产品、信息、人员、技术等对附近区域具有扩散作用。扩散的物质和非物质要素作用于附近区域,与区域生产力要素结合起来形成新的生产力,进而推动社会经济向前发展。点轴理论是增长极理论的进一步延伸。因为,从区域经济发展的过程角度来看,经济中心总是首先集中于少数条件较好的区位,成斑点状分布。此种经济中心既可以称之为区域增长极,也是点轴理论中的点。随着经济的不断发展,经济中心会不断增加,各点之间,由于生产要素交换需要交通线路以及动力和水源供应线等,相互连接起来就构成了轴线。"[①]此种轴线首先服务于区域增长极,轴线一旦形成,对产业、人口也会形成吸引力,吸引人口和产业向轴线的两侧集聚,形成新的增长点。点轴之间相互贯通便形成了点轴系统。

二、比较优势理论

北方海航道沿岸北极大陆架,以及其连接的西伯利地区和远东地区资源极其丰富。"今天,北极的石油产量占全球的 10%,天然气占 25%。同时,北极所有的石油和天然气有 80% 集中在俄罗斯北部(大部分位于喀拉海和巴伦支海

---

① 点轴理论 [DB/OL]https://baike.baidu.com/item/ 点轴理论 /422145?fr=aladdin, 2020-03-12.

的大陆架上),据科学家的粗略估计,北极地区探明储量的矿产资源总价值为 1.5 至 2 万亿美元。总的来说,北极地下矿物资源价值超过 30 万亿美元,其中三分 之二为能源原料。北方海航道将河道连接成一个共同的交通网络,该交通网络 穿越俄罗斯 70% 的领土。"① "来自俄罗斯 55 个主体的 650 家企业的约 3 万名轮 班工人参与了亚马尔液化天然气的生产,液化和供应项目。"② 从比较优势角度来 看,北方海航道所在北极地区同集中大量工业企业、经济发展水平较高的欧洲地 带相比并不具备绝对优势。但相较于北极以外其他发达地区,北极地区拥有自 然资源,特别是能源资源丰富,水路交通发达的优势,这就是北方海航道所处地 区在地域分工中的相对优势。北方海航道所处的北极地区与其他传统发达地区 可通过优势互补,实现互利,促进俄罗斯国家区域协同发展。同理,俄罗斯相比 于欧洲和一些亚洲国家,经济和科技实力较为落后,但俄罗斯自然资源丰富,各 国间也可以利用各自比较优势,通过互利合作,实现共同发展。

"地域分工理论是科学地认识区域结构变动的理论基础。地域分工理论主要 包含绝对优势理论、比较优势理论,以及要素禀赋理论等,这其中比较优势理论 是其核心内容。绝对优势理论源自于英国古典经济学家亚当·斯密的地域分工理 论。按照绝对优势理论,没有任何绝对优势产品的地区无法从贸易中获利。然而, 现实当中的地域分工与贸易并非如此。比较优势理论源自于英国古典经济学家 卫·李嘉图的国际分工论。他对亚当·斯密的理论进行的发展和完善,通过对两 个国家在单一生产要素上差异的分析,从理论上证明了比较优势的存在及贸易 的互利性,为比较优势理论奠定了基础。"③

三、辐射理论

北方海航道是俄罗斯在北极地区的重要交通运输通道。它穿越北冰洋诸海: 巴伦支海、喀拉海、拉普捷夫海、东西伯利亚海、楚科奇海和白令海峡,连接俄罗 斯欧洲地带和俄罗斯远东港口,同时作为跨境运输通道将欧洲地区各国和亚太 地区各国联系到一起。俄罗斯北方海航道的开发,以及以北方海航道为轴心的

---

① Писаревская Д. Д. Этапы освоения русской Арктики:политики-экономические аспекты[J]. История, 2016(2):18-20.

② Тараканов М. А. Инновации в нормативно-правовом обеспечении Северного морского пути[J]. Инновационное развитие, 2019(2):15-20.

③ 高洪深. 区域经济学 [M]. 北京:中国人民大学出版社,2013:215.

整个北极地区交通网络的铺展会实现俄罗斯北极地区各行政主体、各城市和居民点、俄罗斯北极地区和北极以外其他地区、亚太地区各国和欧洲地区各国的互联互通。落后地区和发达地区间通过辐射效应,生产要素会相互流动,落后地区经济将得以发展,各地发展差距将逐步缩小。北方海航道所处的俄罗斯北极地区自然环境恶劣,现代化和经济发展水平较俄罗斯其他地区相对落后,属于区域经济学中的低梯度地区。辐射理论认为,任何辐射都是双向的,在双向辐射中,经济发展和现代化水平高低不同的两个区域可以合理分工,实现优势互补,总体上提高经济运行效率和现代化建设速度。除此之外,通过点、线和面辐射把任何一个城市或地区纳入更大辐射体系中,并且和其他辐射网络组成多重相互作用和影响关系,这是落后地区摆脱落后的外在条件,又是先进地区进一步发展的有利条件。

"区域经济学中的辐射理论是指经济发展水平和现代化程度相对较高地区与经济发展水平和现代化程度相对较低地区进行技术、人才、资本等的流动及思维方式、思想观念、生活习惯等方面的传播。通过传播和流动来进一步提高经济资源配置效率。以现代化思想观念、思维方式和生活习惯来代替与现代化相悖的旧习惯势力。辐射的媒介是交通条件、信息传播手段及人员流动等。我们把经济发展和现代化水平相对较高地区称作辐射源。经济辐射的具体特点就包括双向辐射,缩小差距。经济辐射中发达国家(地区或城市)与落后国家(地区或城市)存在相互辐射。前者向后者传递先进科学技术、资本和管理经验等,后者向前者提供自然资源、人才和市场等。因为前者向后者传递了先进生产资源,通过接触能缩小两者经济发展水平上的差距。"[1]

四、国际合作与一体化理论

北方海航道综合开发活动将航道开发、资源开发、港口基础设施建设、设备和技术更新等北极各开发领域,将俄罗斯北极和次北极内部各城市和行政主体联系起来,将俄罗斯北极地区和国家其他地区,将欧洲各国和亚洲各国,将欧洲市场和亚太市场联系到一起,推动了国家内部统一市场、国家间经济一体化和国际经济一体化的进程。国际合作开发北方海航道是实现北方海航道有效开发与发展的重要途径。北方海航道开发过程中存在技术和生产落后、投资限制等诸多

---

① 高洪深. 区域经济学 [M]. 北京:中国人民大学出版社,2013:143.

问题。这些问题的解决需要合理的联合国家和企业的力量,充分学习国际经验。在投资、建设交通设施、资源开采和环保等领域开展同世界各国以及国际公司合作,在与相关国家和国际公司建立伙伴关系的同时维护自身的利益。北方海航道的顺利开发需要来自外部的先进技术和资金,需要借鉴其他国家的相关经验,需要吸引国外企业利用北方海航道和参与能源开发项目。仅凭俄罗斯一家之力,很难在短时间内取得巨大成绩,俄罗斯需要更进一步向相关国家敞开北方海航道国际合作大门。这也是国际经济一体化趋势发展的要求。国际经济一体化是指,在一定地区范围内各成员国间实行的合作,消除贸易、投资等生产要素的流通障碍,而对成员国外国家实行贸易保护主义。其目的是通过规模经济,在区域内进行国际新分工,调整产业结构,促进资本、技术、劳动力等生产要素的流动,从而提升成员国经济实力及国际竞争力,实现规模效益,促进经济一体化纵深发展,在动态中增扩成员国数量。国际区域经济一体化的目的就是建立区域统一市场,利用市场机制来带动区域经济发展。地缘经济的组织形式之一就是国家之间的经济合作关系。

"除了战争、政治分裂和冲突之外,国际关系理论也关注合作、一体化与和平。当行为体为了回应或预期其他行为体的偏好而调整自身行为时,合作就可能产生。国家可以在明确的或默认的讨价还价过程中商讨合作。合作也可能是强弱行为体之间相互关系的结果。"[1]20 世纪 90 年代以来,随着各国之间经济相互依存程度显著加强,经济全球化、区域经济一体化成为当今全球经济发展主题。各国拥有共同利益也有相互冲突和排斥的一面。而一体化的任务就是要扩大共同利益,让不同的利益向共同的方向转化。对冲突利益进行疏导,使其不妨碍共同利益的实现。

五、海权论

在北方海航道有望成为充满发展活力的俄罗斯国内和国际运输通道背景下,确定其法律地位问题目前正变得越来越重要且具有现实性。在特殊的气候和水文因素影响下,北方海航道的特征是:没有一条统一且固定的航线,沿纬度线只保持了总体方向(东—西或西—东),每年(通常在一次航行期间)的路线会移动相当大的距离。国际社会对于将北方海航道作为国际公共航行水域,根据"无

---

[1] 詹姆斯·多尔蒂,小罗伯特·普法尔茨格拉夫. 争论中的国际关系理论 [M]. 阎学通,等,译. 世界知识出版社,2018:535.

害通过原则",以及公海"自由航行原则"使用北方海航道的看法从未中断,俄罗斯从加强立法、巩固其北极军事存在等方面采取诸多措施强化对这一海洋航道的控制权。此外,俄罗斯希望在国际法准则和双边协议基础上,将200海里以外大陆架的外部边界尽量向外延伸,争取获得最大面积的外部大陆架,扩大对大陆架丰富资源的掌控。从北极点海底宣誓主权的插旗事件到论证罗蒙诺索夫海岭和门捷列夫海岭与联合国大陆架界限委员会所做的交涉,俄罗斯在解决俄罗斯北极地区外大陆架边界划定问题方面正在努力行动。

"马汉提出了一系列近代海权理论思想。通过对海洋历史的分析和解读,特别是以大英帝国、法兰西帝国对海外殖民地掠夺历史的剖析,体悟出海洋对一个国家崛起的决定性作用。"[1]他提出制海权的概念为,"一个国家控制航海活动的能力",推崇英国海上冒险家雷利和英国政治家培根关于谁控制了海洋谁就能控制世界贸易,谁控制了世界贸易谁就能控制世界财富进而控制世界的论述。他认识到海上商业对国家财富积累及其实力增加的深远影响,认为应该以海军力量优势有效控制海洋,特别是控制世界上具有战略意义的、举足轻重的航道和海峡,"海上力量能向拥有这支力量的国家提供的巨大好处是对交通线的控制,具有世界范围的海上力量就能获得对全球交通线的控制",即夺得制海权就会成为世界海洋大国,同时控制海上霸权。

第二节　相关概念

一、北方海航道

"北方海航道"这一概念"最早出现于1932年12月17日的苏联人民委员会的一份文件中"[2]。此文件将"北方海航道"确定为东北航道的一个独立部分。《百科词典》中将"北方海航道"定义为:"苏联在北极的主要海上航线,位于北冰洋海域中,连接欧洲和远东港口,长度为5600千米(从喀拉海峡到普罗维杰尼亚湾)。"[3]冷战时期,由于苏联政府对外国船只关闭航道,以及气候和地理条件恶劣

---

① 刘峥. 中国地缘政治的战略选项[M]. 北京:人民出版社,2014:51.

② 王泽林. 北极航道法律地位研究[M]. 上海:上海交通大学出版社,2014:9.

③ Николаева А. Б. Правовой статус Северного морского пути[J]. Инновационное развитие, 2019(2):15-17.

等原因,此航道没有得到国际社会的关注,"北方海航道"这一概念也没有得到广泛的传播。冷战结束后,随着航道对国家发展助推作用的不断提升,"北方海航道"这一概念开始得到频繁使用。在现实中,北方海航道经常被与北极东北航道混淆,关于北方海航道的界限问题,不同学者的观点也并不相同。

2013 年以前,俄罗斯对北方海航道的范围定义模糊不清。英国伦敦大学教授巴特勒认为,北方海航道是从列宁格勒(今圣彼得堡)到符拉迪沃斯托克(海参崴)的海上航行通道,供苏联商船航行。从一定意义上讲,它是一条国内航行线路,主要是用来为远东和西伯利亚北部地区提供经济供给。挪威南森研究院研究员符斯腾认为,北方海航道是一条俄罗斯国内航线,它受到俄罗斯法律的完全控制,它从西端的新地群岛向东延伸到白令海峡。俄罗斯北极专家伊万诺夫和乌沙科夫认为,北方海航道是沿着苏联的北冰洋海岸,穿越包括喀拉海、拉普捷夫海、东西伯利亚海、楚科奇海的一系列航运线,它的位置取决于苏联专属经济区、领水以及内陆水的冰情。北方海航道西部的起点位于进入新地岛海峡的西部入口和热拉尼亚角的北部,东端位于白令海峡。北方海航道北部界限与苏联专属经济区界限相同,航道总长度大约为 2200 ~ 2900 海里。俄罗斯学者科洛德金和沃洛索夫则认为,北方海航道不像其他大多数陆地和海洋航线,它没有固定路线。它保持着一个大致方向,但其纬度航线在不同年份甚至在同一航季也可能会发生巨大变化。另外,它可能沿新地岛和北地群岛外缘航行,绕开了与苏联陆地领土之间的海峡。总而言之,北方海航道可以认为是连接俄罗斯西北海域与白令海峡的航线,是东北航道的重要组成部分。在 1991 年俄罗斯政府实施的《北方海航道海路航行章程》中正式提出了北方海航道的官方解释:"北方海航道是位于苏联内海、领海(水)或者毗连苏联北方沿岸专属经济区内的基本国内海运线,包括适合冰区领航船舶航行的航道,西部起点是新地岛海峡的西部各个入口和热拉尼亚角向北的经线,东端到白令海峡中的北纬 66° 和西经 168°58′37″ 的经线。""此定义与苏联时期的定义基本一致,都把他视为了'国家内部航线'。根据此规定,北方海航道位于俄罗斯北极水域,与传统概念相同,北方海航道由一系列不同航道组成,主要由冰情决定,因此北方海航道并不固定,可能在内水、领海、专属经济区甚至公海中。"[①] 但无论俄罗斯学界和政界如何定义"北方海航道",国际公认的是:第一,不同于其他大多数航道,北方海航道没有固定航道,它由多条不同航道组成,根据冰情变化而发生变化。第二,东北航道的定义及其起点和终

---

① 郭培清 . 北极航道的国际问题研究 [M]. 北京:海洋出版社,2009:13.

点尚无定论,但它是连接大西洋和太平洋的海上通道,其长度超过北方海航道,北方海航道是东北航道的组成部分。在"北极海运评估"报告中指出,东北航道是一条西起冰岛,经欧亚大陆北方沿海,穿过白令海峡,连接东北亚的航线。北方海航道西起喀拉海峡,东到白令海峡,长度约为 2551 海里。北方海航道只是东北航道的一部分。俄罗斯最新修订的俄罗斯联邦《商业航运法》对"北方海航道"的界限做出了规定,此法明确界定了航道水域范围由俄罗斯内水、领海毗连区和专属经济区构成,明确排除了北方海航道航行制度对公海的适用,东西北部界限均得到明确。

综合相关信息,我们可以确定:俄罗斯所指的北方海航道水域是毗邻俄罗斯联邦北部海岸的水域,由其内水、领海、毗连区和专属经济区组成,东起白令海海域的俄美海洋分界线以及杰日尼奥夫角所处的纬度线,西至热拉尼亚角至新地岛群岛的直线经度线,新地岛东海岸线,以及马托奇金海峡、喀拉海峡和尤格尔海峡的西部边线。我们认为,"北方海航道"仅限于表达俄方立场或观点,在脱离俄罗斯内部使用时需称其为"俄罗斯北方海航道"更为准确。

二、冰上丝绸之路

"冰上丝绸之路"的"冰"指的是北冰洋,"冰上"就是通过北冰洋向欧洲和北美开辟的北极航道。"'冰上丝绸之路'是'冰'与'丝绸之路'两个概念的融合体,是中国'一带一路'倡议的自然延伸,中俄共建的'冰上丝绸之路'是'一带一路'倡议与中俄北极合作有机结合、协同推进的重大互利合作方案。"[①]

广义的"冰上丝绸之路"包括东北航道、西北航道和中央航道等北极的所有航道。2018 年 1 月中国国务院新闻办公室发表的《中国的北极政策》白皮书中指出,中国愿依托北极航道的开发利用,与各方共建"冰上丝绸之路",这里所指的"冰上丝绸之路"是包括东北航道、西北航道等在内的所有北极航道。

狭义的"冰上丝绸之路"是指中俄两国合作开发的俄罗斯北方海航道(东北航道的最关键部分)。2015 年,在中俄总理第 20 次会晤联合公报中就有合作开发"冰上丝绸之路"的想法,当时的表述是"加强北方海航道开发利用合作,开展北极航运研究"。在第 21 次联合会晤公报中提出了"对联合开发北方海航道运输潜力的前景进行研究"。经过了两年的酝酿、磋商和协调,在 2017 年明确提出

---

① 王欢. 俄罗斯各界热议"冰上丝绸之路建设"——发挥互补优势 合作应对挑战 [N]. 中国社会科学报,2018(2).

了中俄共建"冰上丝绸之路"的合作思路和合作方案。在 2017 年 5 月 14 日开幕的"一带一路"国际合作高峰论坛上，俄罗斯总统普京明确表达了与中国加强北极航道合作的愿望，他希望把北极航道同"一带一路"连接起来，与中国共建和共同利用北极航道。同年 5 月 27 日，外交部部长王毅与俄罗斯外长拉夫罗夫在莫斯科举行会谈，会谈后的记者会上王毅表示，中方欢迎并支持俄罗斯提出的共建"冰上丝绸之路"想法，希望中俄双方与其他愿意参与的国家一道努力去开辟这条冰上的"丝绸之路"。2017 年 7 月 4 日，国家主席习近平在莫斯科会见时任俄罗斯总理梅德韦杰夫，两国领导人对开展北极航道合作、共同打造"冰上丝绸之路"达成了共识。同年 11 月，在北京会见梅德韦杰夫时，习近平主席再次表示要共同开展北极航道开发和利用合作，打造"冰上丝绸之路"，这就意味着中俄共建"冰上丝绸之路"的谋划已上升为国家级发展战略。

三、北极航道

"北极航道"是穿过北冰洋，连接大西洋和太平洋的海上通道。这一概念最早可追溯到 15—17 世纪的大航海时代。由于当时西班牙和葡萄牙垄断了绕过拉美洲南端和非洲的航道，西欧和北欧的探险家及商人们希望在北大西洋寻找一条能够穿越北冰洋到达东方国家的新航道。根据地理区位的不同，北极航道分为东北航道、西北航道和穿极航道。"东北航道起始于北欧，向东经过巴伦支海、喀拉海、拉普捷夫海、东西伯利亚海、楚科奇海，延续至白令海峡，它是连接东北亚与西欧最短的海上航线，途经瑞典、冰岛、芬兰、俄罗斯等国家。西北航道是一条经过北冰洋的航线，它沿北美北部海岸，经加拿大北极群岛中的水道，连接大西洋和太平洋的航道。"[①] "在北极航道中除了传统的东北航道和西北航道外，随着北极冰川的加速消融，预计到 2050 年前后，北极第三条航道将可航行，也就是直接穿过北极点的航道，可称其为'穿极航道'或'中央航道'"[②]。

四、俄罗斯北极地区

俄罗斯 1998 年的《俄罗斯联邦北极地区法案》规定了俄罗斯联邦北极地区的概念和构成。俄罗斯北极地区是处于俄罗斯领土和司法管辖范围内的北极地

---

① 李振福. 丝绸之路北极航线战略研究 [M]. 大连：大连海事大学出版社，2016：12.
② 王泽林. 北极航道法律地位研究 [M]. 上海：上海交通大学出版社，2014：3.

区,此法案旨在保障俄罗斯北极地缘政治利益。

俄罗斯当代两本重要文件当中指出了俄罗斯北极地区的构成及其近期、中期和长期发展方向。这两个文件分别是《2020年前及更远时期俄罗斯联邦北极国家政策基本原则》和《2020年前俄罗斯联邦北极地区发展及国家安全保障战略》。根据这两项文件的规定,"俄罗斯北极地区包括摩尔曼斯克州、楚科奇自治区、雅库特共和国北半部、卡累利阿共和国濒临白海的三个区(洛乌赫斯基区、科姆斯基区和白海区)、阿尔汉格尔斯克州的一些行政单位(阿尔汉格尔斯克市、北德文斯克市、新德文斯克市、奥涅加区、滨海区、梅津区和地区所有岛屿)、科米共和国的沃尔库塔、亚马尔一涅涅茨自治区、克拉斯诺亚尔斯克边疆区的诺里斯克市、伊加尔卡市和泰梅尔区。除此之外,俄罗斯联邦北极地区还包括北冰洋俄罗斯沿岸北部地区到北极点已经被发现以及可能被发现的土地和岛屿以及俄罗斯贴近北极地区的领水、领海、专属经济区、大陆架。根据这两项文件的叙述,俄罗斯在北极地区拥有领土900万平方千米,生活着250万居民,构成了俄罗斯人口总数的2%和整个北极人口的40%。俄罗斯国内生产总值的12%～15%出自这一地区,俄罗斯出口总额的五分之一也出自这一地区"[1]。

五、北极地区

北极地区是指北极附近北纬66°34′北极圈以内,其中包括海洋和陆地边缘地带等的区域。"'北极地区'介于亚、欧和北美三个大洲之间,包括北冰洋、边缘陆地海岸带以及岛屿,其中心为'北极点',面积约为2100万平方千米,占地球表面积的6%。其陆地面积大约为800万平方千米,分别属于北冰洋周边的八个国家,这些国家分别是美国、加拿大、俄罗斯、挪威、丹麦、芬兰、瑞典和冰岛,这些国家通常被称为北极国家或者北极八国。北极地区的冬季最低气温可达到零下50℃,夏季的平均气温最高只有10℃左右,太阳高度角不超过23.5°。"[2]

在俄罗斯"北极"常被等同于"北方""极北地区"。1950年《苏联大百科词典》把北极地区确定为"地球以北极圈为界限、濒临北极点的极地区域",现在北极地区的界限经常被认为是最暖月份7月份10摄氏度等温线。也有一些地理学

---

① Этапы освоения русской Арктики:политико-экономические аспекты[DB/OL]. https://school-science. ru, 2018-02-20.

② Матвеев О. В. Северный морской путь как кластер российской экономики:история и политика[J]. Исторические науки и археллогия, 2019(2):6-12.

家认为北极地区界限应该是年平均气温 0 摄氏度等温线。这一界限大约与森林带的北部界限和冻土带的起始界限相吻合。在某些地方这一界限比北极圈更北些,有些地方更南些。在上述北极地区界限之下,"北极"被区分为"北极"和"次北极",其界限为一年中最暖月份 5 摄氏度等温线。北极地区面积为 270 万平方千米[①]。

1962 年《苏联百科词典》、1989 年《苏联百科词典》、2003 年《大俄罗斯词典》中提出,"北极源于希腊语'arcticos(北方)',它是地球北部极地区域,包括亚欧大陆和北美边界,几乎所有北冰洋各岛屿(挪威沿岸岛屿除外),大西洋和太平洋的一些沿岸地区,南部边界和冻土带边界相接。北极地区总面积为 270 万平方千米。有时北极界限和北极圈的南部界限(北纬 66°33′)相接,此时北极地区面积为210 万平方千米"[②]。

本章小结

本章主要结合北方海航道综合开发实践对点轴理论、比较优势理论、国际合作与一体化等理论进行了论证和分析,为开发活动梳理了理论内核,为相关理论在北方海航道开发实践中的体现找到了具体实证。本章研究为接下来对历史以及当下北方海航道开发实践活动研究工作提供了理论依据和铺垫。此外,我们对文中涉及的"俄罗斯北方海航道""冰上丝绸之路""北极航道"等核心概念进行了清晰的界定,准确把握了研究对象,为系统展开研究工作打下"概念"基础。

① Николаева А. Б. Правовой статус Северного морского пути[J]. Инновационное развитие, 2019(2).

② Кулик С. В. М. В. Арктика история и современность[J]. Научно-технические науки ведомости СПБГПУ, 2017(4).

第二章　俄罗斯北方海航道开发的现实选择

俄罗斯北方海航道开发的重点选择就是依托关键领域重点项目的实施对北方海航道进行重点性开发。短期来看,俄罗斯开发和发展北方海航道的主要目的并不是把北方海航道在短期内打造为苏伊士运河等传统海洋航线的替代航线,而更多的是在服务本国运输的同时,逐渐发展北方海航道的跨境运输功能,为俄罗斯北方地区寻找走向世界的突破口。长期来看,俄罗斯计划将北方海航道作为全年通航的国家海运干线,将其打造为重要的、具有全球意义和规模的贸易航线,使其在服务成本、安全性及质量方面与传统贸易航线形成竞争,使其成为未来国际运输大动脉,这是俄罗斯对未来北方海航道发展的基本定位。在此定位之下,俄罗斯采取多种措施,努力推动北方海航道综合开发,致力于实现北方海航道复兴。

第一节　俄罗斯北方海航道开发动因

北方海航道是连接俄罗斯东部和西部地区的海上交通要道,国内和跨境货物运输前景广阔,经济、安全、科研等战略意义重大,是众多俄罗斯北极开发领域中的重中之重。当下俄罗斯政府对北方海航道综合开发活动所采取的一系列措施主要出于以下几方面原因。

一、强化北方海航道的北极综合交通系统的轴心作用

"北方海航道是俄罗斯在北极地区的重要交通运输通道。它穿越北冰洋诸海:巴伦支海、喀拉海、拉普捷夫海、东西伯利亚海、楚科奇海和白令海峡,连接欧

洲和俄罗斯远东港口。"[①]北方海航道穿越整个俄罗斯北部海域沿岸,是连接西欧和俄罗斯远东地区的最短海上航线。"沿北方海航道从圣彼得堡至符拉迪沃斯托克的距离是14280千米,而经苏伊士运河的海上航线是23000千米,绕南非好望角的距离是24900千米。"[②]与此同时,由于整个航程不受海盗袭扰,北方海航道还被认为是最安全的海上航线。

北方海航道对俄罗斯的运输系统具有特殊作用。它是连接许多北极地区和俄罗斯其他地区的主要运输动脉。解决俄罗斯北极地区战略问题和地区经济社会综合发展问题的重要因素之一是建立统一的地区交通体系,这一体系包括北方海航道、综合的河海交通工具、航空、管道、铁路、公路以及港口、通讯等沿岸基础设施。北极交通基础设施的发展和现代化是俄罗斯联邦北极政策的优先方向。而北方海航道是北极综合交通体系发展的关键一环。除了北方海航道自身水域之外,俄罗斯广阔的北极沿岸地区以及北德维纳河、伯朝拉河、鄂毕河、叶尼塞河、勒拿河、因迪吉尔河以及科雷马河也濒临或注入北方海航道所在海域。这些河流线路也构成了连接北部海洋航道的统一水路交通系统。北方海航道为缺少联邦级别公路和铁路设施的北极地区的对外货物交流提供了出口。伯朝拉河、鄂毕河、叶尼塞河、哈坦加河、勒拿河、柯雷马河等河流是北方海航道的重要分支线路,北极货物可以经这些线路被转运到北方海航道主干线路上再运往俄罗斯其他地区。这些自然馈赠的水上交通线路不仅为国内交通和货物发展提供了契机,而且在跨境货物运输方面具有巨大优势。

"北方海航道是俄罗斯北极地区重要的、绝大部分地段唯一的货物运输交通走廊。"[③]只有具备发达的物流设施的情况下,才可以进行大规模的北极资源开发,保障北极各个区域经济社会发展。俄罗斯联邦总统普京曾在国情咨文中强调,"巩固科学、交通、航行和军事基础设施对于保障俄罗斯北极地区利益具有重要意义。要将北方海航道打造为全球的、具有竞争力的交通系统,其应该在俄罗斯北极和远东地区发展中发挥重要的战略性作用"[④]。随着俄罗斯政府对恢复和发展北方海航道注意力的提高,以及经北方海航道货物运输量的逐渐上升,近年

① Николаева А. Б. Северный морской путь:проблемы и перспективы[J]. Языки славянской культуры,2011(2):10.

② 李振福,丁超君. 中俄共建北方海航道研究 [J]. 俄罗斯学刊,2018(06):10-12.

③ 李浩梅. 北极航运的多层治理 [M]. 北京:海洋出版社,2017:40.

④ Куватов В. И. Потенциал Северного морского пути Арктическрй зоны России. Факторы и стратегия развития[J]. Науковедение,2014(6):12-16.

来,北方海航道的使用频率也在不断上升。

北方海航道服务着北极地区和西伯利亚地区大型河流港口,保障着港口能源、设备、粮食、林木和矿产资源的运输。根据俄罗斯联邦《内海、领海和专属经济区》法规定,北方海航道属于俄罗斯北极地区历史形成的统一的交通运输体系。它是俄罗斯北极地区经济综合发展基础设施中最重要的组成部分,是联系国家西部地区和远东地区的重要纽带。北方海航道把西伯利亚地区最重要的河道干线、陆路干线、空路干线和管道运输干线联合成统一的交通运输网络。

二、发挥北方海航道对俄罗斯北极资源的运输作用

俄罗斯北极地区一些大型油气项目的开启,特别是亚马尔项目,能够保障未来 5 至 10 年内北方海航道的货运需求。"俄罗斯交通部和北方海航道管理局数据统计显示,自 1996 年以来,北方海航道的货物运输量逐渐上涨,虽然个别年份出现下降,但总体处于上涨趋势。"[1](见图 2)例如,"2014 年货运量为 398 万吨;2015 年为 543 万吨;2016 年北方海航道货物运输量为 750 万吨;2017 年较 2016 年增长 42.6% 为 1070 万吨;2018 年较 2017 年增长 84.11% 为 1970 万吨;2019 年达到 3000 万吨"[2]。有专家表示,"对未来几年北方海航道货物运输量的准确预测很困难,但考虑到当前俄罗斯对复兴北方海航道、开发北极地区的重视,到 2020 和 2030 年,北方海航道货运量分别达到 3500 万和 6500 万吨是可以实现的"[3]。

现在还没有根据表明北极资源竞赛会必然导致冲突。事实上,也不用去为了这些资源去竞争,因为 93% 的资源处于专属经济区范围内,而这些地区的开采权利是明确的。俄罗斯北极地区的资源潜力为这一地区积极的资源开发活动和投资吸引力的提高创造了前提。随着北极大陆架油气资源的持续开发,北方海航道的重要性也在不断上升。石油、天然气、煤炭等化石资源是当今世界最重要的能源资源,没有这些能源,世界任何国家都无法正常发展。近些年来,通过对俄罗斯北极地区主要能源开采基地的分析可以做出以下结论:石油、天然气等地表

① Буч О. В. Развитие транспотртно-логистических маршрутов в Апктике[J]. Логистика, 2013. С. 32.

② Объём перевозок по СМП в 2018 г.увеличился в 2 раза[DB/OL]. https://neftegaz. ru, 2019-02-20.

③ Диденко И. И. Оценка уровня освоения Арктики арктическими странами [J]. Глобалистика, 2016(5):7-10.

资源在可以预见的未来一定会被开采殆尽。未来,化石资源的开采将主要集中到大陆架部分。从这一角度来看,俄罗斯具有相当大的优势,因为俄罗斯拥有世界上最漫长的大陆架。"大陆架对于俄罗斯具有重要的战略和经济意义"[①]。建立和完善俄罗斯大陆架部分油气资源产地的相关配套设施已经成为俄罗斯的重要任务。"根据俄罗斯联邦政府制定的《2030年前俄罗斯联邦大陆架化石资源开采方案》,俄罗斯大陆架天然气开采量将达到每年1700亿立方米,石油将达到每年1000万吨。"[②]相关统计显示,俄罗斯联邦北极地区蕴藏着几百万吨的石油和几十亿立方米天然气。俄罗斯大型油气企业纷纷向外界宣布了自己的油气资源开发计划方案。相比于新建管道设施来运输油气资源,海上运输具有诸多优势,北极亚马尔液化天然气等大项目的实施,又为北方海航道的运输能力提出了新要求。在这一过程中航道开发和资源开发相互促进,共同发展。

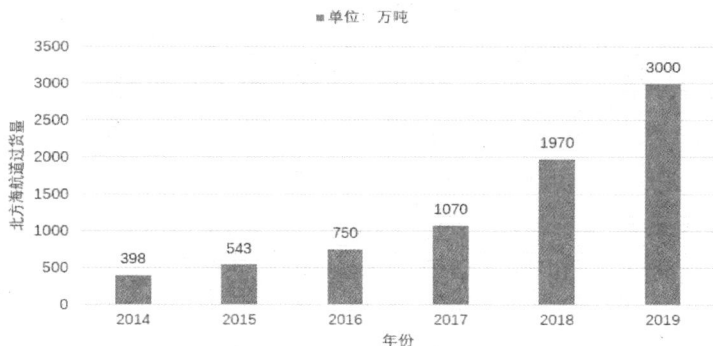

图2　北方海航道过货量

海上交通在保障北极地区居民生活、企业正常运行和地区经济发展中发挥着重要作用。北方海航道的特殊经济意义和作用是由一系列因素决定的:临近北冰洋沿岸地区全年运行的地上交通基础设施缺乏和落后,北方海航道对北极地区河流和陆地地区铁路设施的衔接作用等。此外,北方海航道的经济意义还体现在对地区资源的运输和欧亚跨境运输等方面。"北极大陆架上发现了61个大型油气矿床,其中43个位于俄罗斯境内。在海上指定区域内发现的油气储量的分布情况如下:巴伦支海49%,喀拉海35%,鄂霍次克海15%,不到1%位于其

---

① 匡增军. 俄罗斯的北极战略 [M]. 社会科学文献出版社,2017:20.

② Конышев В. Н. Освоение природных ресурсов Арктики:пути сотрудничества России с Китаем в интересах будущего[J]. Приоритеты России, 2012(2):12.

他海域。北极地区拥有俄罗斯四分之一的石油储量和二分之一的天然气储量。有优质的煤炭、铁、锰、金、镍、铜等储备。"①俄罗斯的一些大型公司已经实施了一些矿产资源开采项目:亚马尔液化天然气项目是一个进行天然气开采、液化和供应的综合项目。"2017年12月,亚马尔项目第一条生产线投产。第三条生产线于2018年底启动。每年的产能高达1740万吨。在工作高峰期,该现场有多达3.6万人工作;俄罗斯天然气工业股份公司于2017年在北极推出了首个北极抗冰固定平台普里拉兹洛姆项目,每年的石油产量约为500万吨。卢克石油公司通过将其现有的瓦兰杰伊油库从12米的深度移至17米的深度,将其产能提高至每年1300万吨。"②

"北极几乎拥有所有类型的自然资源。根据美国地质调查局统计,该地区的潜在石油储量为900亿桶,天然气为47.3万亿立方米,凝析气440亿桶。根据统计,北极国家中俄罗斯的化石资源储量最为庞大。在它已经拥有并声称拥有主权的地区中,有超过2.5亿桶石油,相当于北极所有储量的60.1%。毗邻俄罗斯领土的北极大陆架可能会成为21世纪俄罗斯和世界市场的主要化石原料来源。俄罗斯北极大陆架占地620万平方千米,其中600万平方千米范围内正在勘探石油和天然气,其中400万平方千米是最具前景的部分。"③"北极地区包含了俄罗斯很大一部分的黄金储备(40%),铬和锰(90%),铂金属(47%),初级钻石(100%),煤、镍、锑、钴、锡、钨、汞、磷灰石(50%),金云母(60%~90%)。据统计,这里的煤炭预测总量至少为7800亿吨。俄罗斯北极地区的矿产资源总价值超过30万亿美元。其中三分之二是能源资源。探明储量的总价值为1.5万~2万亿美元。"④最近15年来,北极地区关注度不断上升的主要原因是出于经济利益考虑。随着资源开采和运输技术的不断提高,国际市场能源价格的节节攀升,让国际社会开始以全新视角来审视这一地区,认为北极地区未来可能成为世界主要能源储藏基地。随着技术的进步以及能源价格上涨的长期趋势,包括俄罗斯在内的所有

---

① 王新和. 推进北方海上丝绸之路 [M]. 时事出版社, 2017:43.

② Матвеев О. В. Северный морской путь как кластер российской экономики:история и политика[J]. Исторические науки и археллогия, 2019(2):6-12.

③ Сафин С. Г. Актуальная книга о природных ресурсах и проблемах освоения нефтяных месторождений западной части арктического шельфа[J]. Критика и библиография, 2016 (6):16.

④ Конышев В. Н. Освоение природных ресурсов Арктики:пути сотрудничества России с Китаем в интересах будущего[J]. Приоритеты России, 2012(2):18.

国家对自然资源的兴趣不断上升,未来 10 年,北极地区总投资额将超过 1000 亿美元,投资的主要去向就包括北极航道和基础设施开发活动。北极地区公路和铁路等陆路交通工具不发达,管道和航空运输成本过高,以北方海航道为轴心的北极综合交通体系在对北极地区丰富资源的运输方面发挥着重要作用。北方海航道正在源源不断地将俄罗斯北极地区丰富的资源运输到国内外市场,正在成为俄罗斯北极资源优势转换为经济优势的重要运输通道。俄罗斯作为拥有北冰洋出海口国家,不能没有北极地区发达的交通系统。如果开发得当,北极交通服务也能够像北极油气资源一样给俄罗斯带来巨大的收益。

三、挖掘北方海航道国际跨境远洋运输潜力

北极已经变成了世界上的关键地区。在北极地区,气候变暖趋势逐渐增强,海上交通路线逐渐被开辟打通,矿产资源勘探、加工和运输条件逐渐改善。越来越多的国家希望通过国际合作的方式开发北极,这些国家认为必须发挥北极的价值、赢得北极利益,其中包括航道利用和资源开发。随着气候变暖,冰盖变薄减少,北方海航道通航期会越来越长,这为北极水上交通提供了新的机遇,对亚欧之间的贸易来说具有战略意义。在北方海航道成为国际跨境远洋运输路线后,俄罗斯可以依靠向世界各国船只收取的航道使用以及破冰领航费用,增加其财政收入,发展其国家经济。由于存在一系列风险因素,北方海航道作为国际交通线路在国际交通体系中还属于后备路线,但正是在这一后备路线中蕴含着发展俄罗斯北极地区与国际合作的巨大潜力。"在全球经济一体化的大背景下,依靠海上运输的国际货物贸易尤其是洲际间的货物贸易占总贸易量的比重越来越大,主要国际航线包括亚欧航线(途径苏伊士运河)、亚洲—拉美航线、亚洲—澳洲航线、亚洲—中东航线、欧洲—北美航线以及亚洲—北美航线。"[①] "2013 年,北方海航道跨境货物运输量到了顶峰。有 71 艘船舶过境,其中,有 25 艘为外国船只,货物运输量为 126 万吨。2013 年 9 月 10 日,中国中远集团公司的'永盛'号货轮从中国大连港到达荷兰鹿特丹,这是中国首艘通过北方海航道前往欧洲的商业航船。与通过苏伊士运河的传统路线相比,航行时间减少了两周。"[②] "2015 年,中远'永盛'号继 2013 年单向航行后,经过 55 天、近 2 万海里的航行,成功往

① 白佳玉. 船舶北极航行法律问题研究 [M]. 北京:人民出版社,2016:51.

② Куватов В. И. Потенциал Северного морского пути Арктическрй зоны России. Факторы и стратегия развития[J]. Науковедение,2014(6):12-16.

返北极东北航线,于 10 月 3 日抵靠天津港,创造了中国商船首次经北极东北航线从欧洲到中国的纪录。"①2013 年 10 月,在亚太经济合作组织(APEC)成员国峰会上,普京曾提议与会各国领导人参与发展西伯利亚铁路和北方海航道。中国、日本、韩国、马来西亚、新加坡、印度尼西亚代表对亚洲和欧洲之间通过北方海航道的跨境运输发展充满兴趣。在全球化背景下,对于跨国公司而言,利用北极连接北美和欧亚大陆的最短海上线路十分重要。"随着海冰融化,穿越北极纬度的海路将使欧洲与远东之间的航路长度减少 40%。沿北方海航道从圣彼得堡到符拉迪沃斯托克的距离为 14280 千米,经南非好望角的距离为 24900 千米。如果海冰融化速度继续加快,北方海航道有望成为全球重要的运输走廊,从而大大减少欧洲与亚太地区之间的运输距离。沿北方海航道从汉堡到横滨仅 6600 海里,而通过苏伊士运河 11400 英里(1 英里约为 1.61 千米)。目前,北方海航道水域的夏季无冰期已经超过 30 天。上海港到欧洲西部、北海、波罗的海等港口的航程比传统航道航程缩短 25% ~ 55% 的距离。"② 相比于传统海上航道,北方海航道作为国际海上运输通道具有如下发展优势:第一,北方海航道大大缩短了亚洲和欧洲之间的海运航程,为亚洲国家远洋贸易路径的选择带来更多空间,船主可以根据货种、货量的实际情况选择更为合适的运输路线。这也必将分散传统海运航道的货物数量,缓解原有航道及港口的船舶拥堵及运力压力。第二,北方海航道具备大型抗冰货船通航的潜力。未来,随着冰级船舶建造技术的不断提升,世界大型抗冰货船的数量将稳步增加,它也必将在国际航运界承运大宗货物方面占据重要地位。在北方海航道通航条件得到大力提升后,利用此航道既避免了海上运输船舶被迫绕航的情况,节省了航运时间与成本,又能实现规模经济,提高运输效率和经济效益。第三,北极地区总体政治环境稳定,敏感度低,并且,航道附近区域气候恶劣,海盗活动少,有利于船舶规避高敏感水域风险。因此,可以节省大量船舶保险费、护航费等,从而降低船舶运营成本。第四,北方海航道沿线国家较少且多为欧美国家,其经济发达,政治环境稳定,不易发生直接军事冲突,并且海上治安情况良好,能有效抑制海盗和海上恐怖主义活动的发生,利于营造较为安全的国际通航环境。

---

① 李振福. 丝绸之路北极航线战略研究 [M]. 大连:大连海事大学出版社,2016:1.

② Медведева Л. М. Северный морской путь:опыи освоения и перспективы развития[J]. Ойкумена, 2014(4):12-15.

四、巩固北方海航道对俄罗斯国家安全的屏障作用

21世纪全球化背景下,北极战略安全意义逐渐上升。"随着世界格局和形势的不断变化,北极经济和军事战略作用大大增强。"[①]北极正在成为世界主要国家及其盟友竞争的"馅饼",成为领土、资源和军事政治游戏的试验场。在争夺北极地区所有权的斗争中,政治和法律纠纷不断加剧,北极具有重要的军事战略意义。北极在弹道导弹应用、导弹防御系统和战略威慑系统发射方面具有便利的地理位置,这对国家安全至关重要。在全球变暖的情况下,北极海冰加速融化,海军部队在一年的大部分时间内都能够在北极行动。

俄罗斯在北极的地缘政治地位是独一无二的。俄罗斯北极领土占整个北极陆地的一半。俄罗斯海洋濒临北极地区80%的大陆架。俄罗斯北极地区是整个北极地区开发程度最高的。目前,俄罗斯国民生产总值的五分之一和出口总额的四分之一来自北极地区。北方海航道所在区域是保护俄罗斯北极和整个国家安全的重要屏障。北方海航道所在区域的地缘政治和战略重要性体现在确保俄罗斯的军事和经济安全上。这是由于该区域的地理位置、其广阔的地域面积、大量自然资源及其开采和加工能力以及这一地区建立的军事基础设施决定的。北方海航道在控制北极地区的海洋,空中和太空方面,在遏制北大西洋公约组织和美国在俄罗斯的地缘政治空间中的军事和政治挤压方面,具有重要作用,是重要的屏障和缓冲地带。大多数俄罗斯武装部队都位于北部地区,包括北方舰队和太平洋舰队的一部分——海军战略联合编队,这支部队是相关地区执行海洋军事政策任务的基础力量。俄罗斯2万多千米的海洋边界线穿过这些大洋和大海,其保护工作是由俄罗斯联邦安全局边防局负责的。"北极岛屿上的军事设施,边境哨所,极地水文气象站和哨所,科学站和考察队,对国家安全具有重要意义。"[②]北方海航道的防御意义还取决于这样一个事实,即,在现代条件下,只有通过北方海航道所在的北极海域,俄罗斯才能进入世界海洋的通道,并且为舰队的潜艇行动提供安全通道。北方海航道区域的主要防御任务是对航道进行有效的保护,特别是在外国船只通过该航道的强度增加时。许多国家,尤其是挪威,长期以来一直在寻求将北方海航道转变为不受俄罗斯控制的国际运输路线。俄罗斯认

① 丛晓男. 俄罗斯北方海航道发展战略演进:从单边管控到国际合作 [J]. 欧亚经济,2019(04):9-14.

② 邓贝西,张侠. 试析北极安全态势发展与安全机制构建 [J]. 太平洋学报,2016(12):5-8.

为,这没有考虑到北方海航道穿过内陆海水,领海和俄罗斯联邦行使其主权的俄罗斯联邦经济区的事实。同时,俄罗斯联邦《2020年前海洋学说》中规定,北极地区国家海洋政策的基础是为俄罗斯的北方舰队、北方海航道领土以及北大西洋的活动创造条件。许多国家试图为自己的目的利用《海洋法公约》文本中的某些矛盾部分。丹麦政府宣布,该国的北极领土从该国的海岸开始,一直到北极点。该国政府组织考察队,收集证据来证明罗蒙诺索夫的水下山脊是格陵兰岛的延伸,并将其与北极点相连。俄罗斯联邦多年来一直在收集证据,证明罗蒙诺索夫海岭穿过北冰洋底部是俄罗斯大陆架板块的延伸。如果联合国海洋法委员会认可这一证据,则将对北极地区的边界进行审查。在这种对世界未开发财富的新分配中,俄罗斯可以成为北冰洋所有碳氢化合物储量三分之二的所有者,从而获利匪浅。迄今为止,联合国大陆架界限委员会已收到冰岛、加拿大、瑞典、挪威、芬兰和丹麦的申请,以及法国、爱尔兰,西班牙和英国的联合申请。全球变暖和北极冰层的活跃融化加剧了这种情况,这使得大陆架资源储备更加容易获得。因此,美国也加入了争取大陆架的斗争。

俄罗斯认为其在北极地区军事存在的扩大也可以服务于北方海航道的开发与发展。苏联时期很多路线的开辟主要出于军事目的,为此建立的基础设施至今仍具有军、民双重作用。俄罗斯认为其北极地区安全威胁具有增长性特点,虽然现代军事安全形势的发展说明:大规模军事冲突发生的可能性非常低,一些矛盾可以在国际法框架内解决。俄罗斯正在恢复自己在北极的军事潜力,在后苏联时期经历大规模损失之后,俄罗斯北极军事潜力是不足的。这不仅是一个地缘政治问题,而且涉及国家安全和战略平衡。在北极方向,俄罗斯防范导弹进攻、海上和空中打击能力相对薄弱。俄罗斯北部边界应对新的混合型军事干涉的能力较弱。拥有广阔无人地域和漫长物流链条的北极地区为战争提供了理想环境。"俄罗斯考虑到本国主要天然气开采集中在亚马尔半岛地区,而天然气资源又构成了俄罗斯能源体系的基础,对这一地区的基础设施打击会对国家能源行业造成灾难性后果。"[1] 因此,未来俄罗斯将不断加强在这一地区的防务能力,建立北极局势综合监控体系,不断巩固国家在这一地区的军事存在,这也将成为未来一段时间内俄罗斯在北极地区的主要军事和安全政策。

---

① 卢泽元. 俄罗斯北极战略研究 [D]. 黑龙江大学,2014.

第二节 俄罗斯北方海航道开发战略

北方海航道是保障俄罗斯北极地区经济社会发展的重要决定性因素之一，是俄罗斯国家安全的重要屏障，加强了俄罗斯在北极地区的地缘政治存在，是整个国家交通基础设施的重要环节。为了实现北方海航道科学、有序、高效地开发，俄罗斯国家层面和区域层面纷纷制定了直接或间接涉及北方海航道开发与发展的战略文件，为北方海航道各领域开发活动提供了政策依据。

一、俄罗斯国家北方海航道开发战略

北方海航道地全面快速发展能够保障俄罗斯北方地区经济发展的多元化、创造新的就业岗位、保持北极地区生产力的持续提高。"系统化的发展北方海航道离不开统一的国家和地方交通管理体系；涉北方海航道开发的相关商业组织和相关活动监督、协调和管理机构地建立。同时，又需要统一的法律、制度和行政体系。这些机构、法律、政策和制度共同构成了俄罗斯北方海航道开发战略。"[①] 2012年，俄罗斯通过了《关于北方海航道水域商业航行国家管理部分个别立法活动的修正案》的132号联邦法律，法律中确定了一系列北方海航道发展措施，其中包括：创立联邦国家官方机构——北方海航道管理局。此机构的主要任务是组织北方海航道水域航行活动。北方海航道管理局的主要工作目标包括：保障船舶航行安全、保护海洋环境免受船舶航行造成的污染。需要指出的是，此机构所拥有的权利没有让其成为北方海航道发展的唯一管理者，我们可以举出巴拿马运河管理局的例子进行对比。巴拿马运河管理局的权利包括保障运河的使用、行政、管理和运河现代化改造，以及宪法所允许的其他业务。而北方海航道管理局在决策上往往需要依据国家相关战略和专项计划文件。

"北方海航道发展的优先方向体现在《2020年前俄罗斯联邦北极地区发展及国家安全保障战略》以及俄罗斯联邦各行政主体社会经济发展战略中。"[②] 根据《2020年前俄罗斯联邦北极地区发展及国家安全保障战略》的规定，俄罗斯联邦北极地区经济社会综合发展的方向之一是实现北极交通基础设施系统发展和

---

① Журавлёв П. С. Арктическая стратегия России: оценки, вопросы и проблемы реализации [J]. Научная жизнь, 2013（2）: 7-10.
② 杨剑. 北极治理新论 [M]. 北京: 时事出版社, 2014: 174.

现代化,其中包括:北极大陆架开发区域交通基础设施的完善,提升北方海航道货物运输数量和结构优化,完善俄罗斯联邦在北方海航道水域船舶航行国家管理方面的法律法规,完善俄罗斯联邦北极地区组织管理机构结构,保障船舶航行安全,实现港口现代化,建造新的港口生产综合体,保障北极地区货物的补给和运出,建立现代化的信息通讯基础设施。发展北方海航道基础设施以及破冰船队、解决北极地区以及欧亚跨境交通保障任务被列入《2020 年前俄罗斯联邦北极地区发展及国家安全保障战略》落实工作的第二阶段(2020 年前)。《2020 年前俄罗斯联邦北极地区发展及国家安全保障战略》落实工作依据的关键文件是《2020 年前俄罗斯联邦北极地区经济社会发展国家方案》。《2020 年前俄罗斯联邦北极地区发展及国家安全保障战略》中涉及的北方海航道发展的国家政策优先方向包括:实现俄罗斯同北极沿岸国家在海洋划界领域的积极合作,同其他北极沿岸国家一同努力构建统一区域搜救体系,包括协调救援力量和利用跨境空中力量进行灾难预防和处置、利用北方海航道进行国际航行、完善国家社会经济发展管理体系、发展俄罗斯联邦北极地区资源基地、实现北极交通基础设施发展和现代化、促进北极地区渔业综合体发展。

在俄罗斯国家 2012 至 2020 年《环境保护》国家发展方案框架下,俄罗斯在进行不同类型海洋活动(北方海航道航行、捕鱼、国防)的同时,也安排了海洋环境综合研究活动。俄罗斯联邦《2013—2030 年船舶建设发展》国家方案确定了一些举措,主要目的是为促进在俄罗斯生产面向国内市场的科学密集型高技术民用海洋技术产品创造条件。建造和更新破冰船队伍、建造新港口、实现港口基础设施现代化是《2030 年前俄罗斯交通战略》优先发展方向之一。在此战略的子方案《海洋与河流交通》中,包含一些保障河运交通、水利工程建设、船舶航行搜救保障、北方海航道航行水测保障的内容。

"根据俄罗斯联邦 2015、2016 和 2017 年专项投资方案,2015 年至 2017 年国家曾计划组织 20 多项与北方海航道沿线港口基础设施项目建设和改造活动相关活动,总投资额达 300 亿卢布。根据计划,2020 年前北方海航道货物运输量将超过 6370 万吨。2020 年,北方海航道技术装备水平将扩大到 40.5%。联邦专项计划《2010—2020 俄罗斯交通体系发展》规定了一些关于北方海航道航行水测保障、发展包括阿尔汉格尔斯克、摩尔曼斯克和萨别塔在内的大型海港的工作安排。"①

① Загорский А. Т. Международное сотрудничество в Арктике[J]. Международные отношения, 2015(4):16-18.

"苏联解体后,俄罗斯通过了一系列涉及北极地区发展的文件。"①首批文件包括 1992 年 1 月 18 日由俄罗斯联邦政府批准的《北方地区社会经济发展方案》和同时批准的《北方地区社会经济发展方案和各地区划分为北极及其等同地区的标准》。而后,俄罗斯联邦政府责令国家北方地区经济社会发展委员会会同其他相关机构,在各相关行政主体和社会组织参与下制定了《新经济条件下的北方》法令内容。《各地区划分为北极及其等同地区的标准》作为此法令的附件后来为北极地区施行财政政策、划定工资标准、税收和相关优惠政策的制定奠定了重要基础。附件中准确表述了各地区划分为北极及其等同地区的标准。在上述"方案"和"法令"中确定了国家对北极地区的税收保护政策,包括对各级地方管理机构给予必要财政支持等一系列优惠条件,但上述文件中的许多内容在现今已经失去了现实作用。

还有一系列涉及国家对北极地区发展的文件通过于 20 世纪 90 年代末和 21 世纪初。这些文件包括 1998 年 9 月 18 日通过的《2020 年前俄罗斯联邦国家北极政策原则》、2000 年 3 月 7 日通过的《北方地区社会经济发展国家支持方案》和 2008 年 3 月 7 日通过的《2020 年前及更远时期俄罗斯联邦北极地区国家政策基本原则》。以上通过文件的共同特点是没有对更早时期通过文件落实情况的总结,没有对更早时期文件落实中的积极方面和所犯错误进行分析。可是,2008 年俄罗斯联邦总统签署通过的《2020 年前及更远时期俄罗斯联邦北极地区国家政策基本原则》清晰表明了一个事实:"北极地区具有自己的特色和特点,与国家其他地区存在较大区别,所以北极地区是国家政策特殊对待对象。"这些文件中体现的俄罗斯在北极的国家利益主要包括:利用北方海航道这一俄罗斯联邦北极统一的交通路线,发展北极这一重要战略资源基地,发展北极这一国家合作与和平的区域。在这些文件中苏联时期遗留下来的北极开发任务得以确定,出现了关于发展信息和创新技术、开展国际合作等新内容。

"2013 年 2 月 8 日,由俄罗斯联邦总统签署通过的《2020 年前俄罗斯联邦北极地区发展及国家安全保障战略》是专门针对解决俄罗斯北极地区问题的最重要战略文件之一。"②此战略中确定的北极发展的重要优先方向之一就是,"建设必要的基础设施,为发展北方海航道创造必要条件"。为落实此战略,2014 年 4 月 21 日,俄罗斯联邦政府批准了《2020 年前俄罗斯联邦北极地区发展及国家安

---

① 赵宁宁.当前俄罗斯北方海航道的开发政策评析[J].理论月刊,2016(08):8-10.
② 陆俊元.近几年来俄罗斯北极战略举措分析[J].极地研究,2015(03):4-7.

全保障战略》国家方案。该方案确定了加强北极立法,巩固俄罗斯对北方海航道主权权利的内容。此外,它为北极地区定期统计观察奠定了基础。2014 年 5 月 2 日,俄罗斯联邦总统签署 296 号《俄罗斯联邦北极地区陆地地域》的总统令,总统令确定了俄罗斯联邦全部或部分被列入北极地区的行政主体名单。

为解决机构间和地区间协作任务、提高国家管理效率以及落实俄罗斯联邦北极地区发展战略,2015 年 2 月 3 日,俄罗斯联邦总统签署第 50 号总统令,根据总统令,俄罗斯建立了负责国家北极政策的专门机构——国家北极发展委员会,该委员会从 2015 年 4 月起开始运作。俄罗斯总统普京于 2019 年 2 月 26 日签署总统令,决定成立远东与北极发展部,旨在提高国家对北极发展的管理效率。在此之后,政府根据新名称进一步明确了远东与北极发展部的职能、确定了新的编制、进行了一系列文件更新工作。

二、俄罗斯区域北方海航道开发战略

《2020 年前西北联邦区社会经济发展战略》中规定,本地区交通综合发展的优先方向之一是协调发展所有类型交通设施和终端仓储设施。这些终端仓储设施主要服务于一些大型枢纽城市,例如:圣彼得堡、摩尔曼斯克、伏尔加格勒、阿尔汉格尔斯克、加里宁格勒。其主要措施包括:在《摩尔曼斯克交通枢纽综合发展》项目框架下对转运煤炭、集装箱、石油和石油产品港口的建设和现代化改造,摩尔曼斯克港渡轮和游轮客运码头的设计和建造,在别洛莫尔斯克建造海港发展北方海航道和北极港口基础设施,建设和改造阿尔汉格尔斯克港口基础设施,建设港口后方基础设施,包括集装箱码头,海关仓库和物流中心。

"《2020 年前西伯利亚社会经济发展战略》中提出的西伯利亚水路交通发展前景与北方海航道的进一步开发以及北极港口基础设施的建设密切相关。"[①]《2025 年前远东和外贝加尔地区经济社会发展战略》中所提及的北方海航道发展的战略目标为:为北极能源开发提供交通保障、为向北方地区运输的重点社会物资提供交通保障、发展有潜力的大规模地区跨境运输项目。

"北方海航道沿岸俄罗斯联邦各行政主体经济社会发展战略中不同程度指出了发展此交通走廊的优先方向。"[②]摩尔曼斯克州 2020 年前和 2050 年前经济

---

① 李立凡. 俄罗斯战略视野下的北方海航道开发 [J]. 世界经济与政治论坛,2015(06):7-12.

② Перспективы развития Северного морского пути и инфраструктура Арктической зоны [EB/OL]. https://moluch.ru, 2017-11-15.

社会发展战略中明确指出了北方海航道作为地区发展重要战略驱动和国际交通走廊的重要作用。作为对传统的欧洲和北美产品销售市场的补充,北方海航道水域航运的快速发展将为该区域企业开放最具活力的亚太地区市场。因此,关键任务之一是在摩尔曼斯克交通枢纽的基础之上建立并发展北方海航道航行的服务保障项目。"此任务的解决将把摩尔曼斯克州港口和终端货物加工量从 2012 年的 2816 万吨扩大到 2025 年的 7000 万吨。2020 年前,俄罗斯交通部、'俄罗斯海港' 联邦联合公司、俄罗斯国家原子能公司支持下的北方海航道基础设施的优先投资项目总投资额将达到 2800 亿卢布。"①

在《2030 年前阿尔汉格尔斯克州经济社会发展战略》中,服务于 4 个北极海域出口的阿尔汉格尔斯克州的地理位置被认为是其重要竞争优势,而阿尔汉格尔斯克海港作为战略交通枢纽能够实现货物出口到国外市场和跨境货物运输。地区交通基础设施发展的优先方向为:阿尔汉格尔斯克海港深水区建设、水域和货运站改造、通往阿尔汉格尔斯克海港的运河改造项目。

《2030 年前涅涅茨自治区经济社会发展战略》清晰地确定了此自治区所处地域为俄罗斯联邦北极地区不可分割的一部分。该地区发展的主要任务和目标包括:为开发海洋矿产资源和水中生物资源开发和应用新型工艺及技术,为北极环境下作业提供必要的基础设施保障,依靠国家对破冰船、灾难救援、其他辅助船舶建造和基础设施建设的支持来保障北方海航道货物运输,建立保障船舶航行安全的监督体系,加强船舶繁忙地区交通流管控。涅涅茨自治区矿产资源开采领域的一些优先项目也与北方海航道的积极开发密切相关,其中包括印迪加地区的石油加工综合体项目和巴伦支海沿岸天然气化工综合体项目。涅涅茨自治区被看作是海上平台操作的方便 "跳跃区" 和北方海航道船舶航行的通讯中心。

《2020 年前克拉斯诺亚尔斯克边疆区经济社会发展战略》方案重视发展和保护北方海航道,提出 "叶尼塞—北方海航道" 交通体系,保障北极地区及其大陆架油气资源的积极开发。因此,作为北方海航道船舶安全航行的重要保障和北方海航道发展的重要支撑基地,狄克松港口的开发被赋予了重要意义。根据 2020 年前雅库特共和国生产力、交通和能源发展路线图要求,北方海航道基础设施发展首先与海港和河港的吞吐能力,勒拿河、克雷姆河轮船队伍的现代化改造密切相关。"2007 年至 2020 年间水路交通投资将达到 100 亿卢布,投资方向包括为

---

① 迪登科 И. И. Оценка уровня освоения Арктики арктическими странами [J]. Глобалистика, 2016(5):7-10.

水路交通装配总载重量为 56000 至 64000 吨的河海两用船只的投资、建设、改造和更新内运客货船只的投资以及对航道建设的投资。"① 在《2025 年前堪察加边疆区经济社会发展战略》中，海洋经济活动被确定为地区发展的 4 个优先方向之一，在此框架下的相关任务与北方海航道基础设施建设密切相关，具体包括：制定港口基础设施发展方案、制定地区船舶维修综合体发展方案。国家发展方案《2014 至 2025 年堪察加边疆区交通体系发展》下的子方案《水路交通发展》成为落实这些优先战略方向的重要工具。其主要任务包括：建设现代化货物和客货两用船只，更新水路交通基础设施等。边疆区对此子项目投资总额为 7 亿卢布。

"俄罗斯相关专家认为，必须建立北方海航道的统一管理机构，由此机构来负责落实国家机构和商业组织的相关活动（或者扩大北方海航道管理局的相关职能）。"② 需要制定发展北方海航道的综合发展战略和落实此战略的国家发展方案，此方案应该包括 2025 至 2030 年前的长期任务、目标和落实阶段。从中期来看，实施北方海航道积极开发活动的前提之一是前联邦政府梅德韦杰夫总理批准的《北方海航道综合发展方案》，此方案主要目的是落实相关投资项目、提升跨境货物运输量。

第三节　俄罗斯北方海航道法律问题

北方海航道的主权归属和使用需要相关国际和俄罗斯国内法律作为依据和支撑。强化国内立法、协调俄罗斯国内法律与国际法律间的关系以增加本国法律的权威性，加强对国际法律的研究和解读、在涉及相同法律利益问题上与相关国家展开合作以实现共同获利，是俄罗斯北方海航道综合开发措施中的重要环节。

一、俄罗斯北方海航道国家立法的国际法基础

北方海航道是俄罗斯北极沿岸的海洋航道，其方向、起点和终点在俄罗斯法律中均有规定。北方海航道起始于新地岛和俄罗斯陆地边缘的海湾，终止于白令

---

① Диденко И. И. Оценка уровня освоения Арктики арктическими странами [J]. Глобалистика, 2016（5）：7-8.

② Куватов В. И. Потенциал Северного морского пути Арктическрй зоны России. Факторы и стратегия развития[J]. Науковедение, 2014（6）：12-14.

海峡,是西欧穿越北冰洋进入太平洋的东北航道的一部分。在俄罗斯现行法律中,北方海航道被确定为国家交通运输线路。俄罗斯认为,这是极其公平的表述,因为北方海航道是由俄罗斯航海家开辟,航道开辟的目的就是作为一条连接俄罗斯北极地区少数原住民和国家工业中心地区居民的纽带。"俄罗斯主张北方海航道为国家历史性内水水域,外国船舶进出这些地区须经过管理当局许可批准,并遵守俄方国内法的管制。"① 俄罗斯认为,这条航道在实践当中已经应用了 100 多年,为促进俄罗斯经济发展,保障民生发挥了重要作用。北方海航道首先是一条俄罗斯国内交通路线,但是在一定条件之下,遵守俄罗斯相关航行法规的外国船只也完全有机会使用此条航道。

俄罗斯对北方海航道进行国家立法管理的国际法基础是:第一,历史性权力。第二,1982 年联合国海洋法公约第 234 条规定(俄罗斯是联合国海洋法公约缔约方)。"1982 年的联合国《海洋法公约》是适用于包括北极海域在内的地球所有海域内人类活动的基础性框架协议。"② 相比于通行法律,1982 年联合国海洋法公约第 234 条赋予沿岸国家采取更加严格的保护本国冰区海洋环境的权利。"《联合国海洋法公约》第 234 条规定的'冰封区域'一词的意义并非特别清楚。"③ 这里的冰封区域应该是处于沿岸国家专属经济区范围内的冰封区域。这里说的冰封区域是气候条件特别严酷,一年中大部分时间被冰层覆盖的,给船舶航行安全造成较大危险,海洋环境污染会对生态平衡造成严重危害的地区。可以看出,公约第 234 条对冰封区域设定了两个主要标准:第一,冰封区域应位于专属经济区内;第二,一年中大部分时间被冰层覆盖。

联合国海洋法公约赋予沿岸国家实施国内法规的权利,不仅涉及船舶投放和航行实践,而且适用于关于外国船只的设计、改造、装备等其他各种问题。虽然沿岸国家未被完全赋予封闭区域、禁止外国船只航行的权利,但沿岸国可以根据气象或某种天气条件对外国船只进行监督,在一定时间内禁止其在某条航线航行。这些规则的施行应基于已有的真实可信的科学数据,并且不能带有歧视性特点。公约第 234 条还被称为"加拿大条款",因为在苏联的支持下,加拿大倡议将此条款加入联合国海洋法公约内容。在联合国海洋法第三次大会上,加拿大提出:"北极是一个特殊区域,由于生态脆弱,北极地区需要特殊的生态安全措施。"

① 李浩梅. 北极航运的多层治理 [M]. 北京:海洋出版社,2017:40.
② Michael Buers, International Law and the Arctic, Cambridge:Cambridge Univesity Press, 2013.
③ 王泽林. 北极航道法律地位研究 [M]. 上海:上海交通大学出版社,2013:271.

与此同时,公约第 234 条不仅适用于北极地区,而且适用于世界所有符合"两个标准"大洋的冰封区域。1982 年联合国海洋法公约未包含专门适用北极地区的规则,其中的"冰封区域"也不取决于其处于哪个地区,这说明沿岸国家在这方面被赋予的权利比在专属经济区中被赋予的权利还要广泛。

俄罗斯和加拿大正是利用沿岸国家 234 条赋予的权利,实行了较通行国际规则更为严格的国内规则。俄罗斯相关专家认为:"一方面,俄罗斯希望外国商业船只利用北方海航道;另一方面,又希望外国船只保护航行区域的生态安全。北极条件下,任何事故、泄漏、倾覆都会造成严重的悲剧性后果。因为,在北极条件下,任何灾难的处置都会异常困难,且灾难产生的后果往往会持续很多年。"

"在俄罗斯,关于北方海航道,除了一些法律规定之外,《北方海航道航行规则》是确定北方海航道航行秩序的基础文件。"[1] 包括 1998 年《俄罗斯联邦内水、领海及毗连区法》在内的俄罗斯国内法律以及上述北方海航道航行规则,均基于国际法依据以及各国早已默认的俄罗斯关于北方海航道航行的国内管理方法。

根据俄罗斯联邦《商业航运法》第五条规定,北方海航道水域是毗邻俄罗斯联邦北部海岸的水域,包含俄罗斯内水,领海及毗连区域和俄罗斯联邦专属经济区,东部与平行于白令海峡杰日尼奥夫角的俄美海区分割线相接,西部与新地群岛附近的热拉尼亚角纬线、新地岛海岸线东端和马托奇金海峡、卡拉海峡、尤格尔海峡相接。

"北方海航道水域船舶航行的组织工作由依据于 1999 年 4 月 30 日的《俄罗斯联邦商业航行法》的联邦法第 3 条第 5.1 款,根据俄罗斯政府 2013 年 3 月 15 日颁布法令建立的联邦国家官方机构北方海航道管理局负责。"[2] 北方海航道管理局的工作职责主要是保障航行安全,保护海洋环境免受船舶污染。以此为目标,北方海航道管理局为船舶航行制定推荐路线,根据水文地理、冰情和航行环境利用北方海航道破冰船队船只提供领航服务。船舶负责人首先向北方海航道管理局递交关于获取北方海航道水域航行许可的申请。管理局在船舶符合相关航行安全、海洋环境污染防控规定,俄罗斯联邦国际条约和俄罗斯国内立法情况下,向申请者颁发航行许可。个别情况下,根据法律规定,相关船只应提交相关保险、污染损失民事责任财产保障证明文件。

---

① 张丽. 北方海航道法律地位研究 [D]. 西南政法大学, 2018.

② Николаева А. Б. Правовой статус Северного морского пути[J]. Инновационное развитие, 2019(2):15-17.

"因为 1982 年联合国海洋法公约第 234 条只给予沿岸国在一年中大多数时间(超过 6 个月)冰封区域的特殊权利。"① 因此,从科学角度会产生一种担忧,随着北极海冰的融化,此规则将不适用于北方海航道水域。在此种情况下,俄罗斯相关专家认为,应该参照加拿大在西北航道法律地位方面的相关立场。关于全球气候变暖的相关预测让加拿大开始明确自己的立场,他们认为:主权与海冰是否存在无关,而应该基于历史性权利。加拿大对外界传递的信息是:加拿大不会遵守关于冰层的司法鉴定思想,而是认为北极海冰的融化不会对其北极主权造成影响。另外,加拿大也引用了公约第 192 条内容,内容规定:"沿岸国家有保护海洋环境的职责。"加拿大将此条款内容解释为赋予沿岸国在环境保护领域,包括加拿大北极群岛海冰融化水域实行本国法律的权利。俄罗斯相关专家认为:"北方海航道国家法律治理的特殊地位的保障不取决于航道具体水域是否处于 200 海里范围内。"

俄罗斯相关专家认为:"包括中国在内的亚洲国家对北方海航道航行保障问题也非常感兴趣。问题不仅在于北方海航道相较于其他传统欧洲至亚洲的海洋路线距离短一倍,而在于中国等亚洲国家经南部海洋路线需穿过诸如马六甲海峡等狭窄的海湾,这些海湾是在美国海军军舰的控制之下,这是中国同行们所顾忌的。在中国等国家船只使用北方海航道水域频次日益上升的背景之下,可以考虑以 10 至 15 年为租期,向这些国家出租部分用于提供存储、维修服务的相关附属或工业项目。"

随着世界各国对北方海航道使用方面的兴趣不断上升,俄罗斯认为必须在相关法律中着重强调几个方面:"第一,北方海航道是俄罗斯国家交通路线。在遵守俄罗斯相关航行法律情况下外国船只有权使用北方海航道。第二,俄罗斯制定北方海航道通航秩序的国际法基础是:第一,历史性权利;第二,较国际通行法律,1982 年联合国《海洋法公约》第 234 条赋予沿岸国家在保护冰封区域海洋环境方面采取更加严格国内法规的权利;第三,基于沿岸国家在保护北极海洋环境方面的历史性权利和特殊利益诉求,北方海航道国内法律治理的特殊地位即使在海冰融化时间超过一年中大多数时间情况下也应该得到保障。"②

---

① Николаева А. Б. Правовой статус Северного морского пути[J]. Инновационное развитие, 2019（2）：16.

② 熊鸣子,颜汉 . 论北方海航道的法律地位 [J]. 知识经济, 2014（07）：10-12.

二、俄罗斯北方海航道的法律地位

北极对于俄罗斯以及世界当下和未来发展具有重要战略意义,这一点已得到普遍共识和全面认识。北极的战略意义既包括北极国家的国防利益,也包括北极海域最丰富的自然资源储备,其中化石资源尤为重要。由俄罗斯努力开发和控制的国家运输通道—北方海航道的法律地位是俄罗斯北极法律地位的重要组成部分,其在俄罗斯北极地区和整个国家的经济生活中发挥着极其重要的作用。对于俄罗斯而言,北方海航道是该国北极地区极具发展前景的货物运输动脉,是俄罗斯联邦北极地区最重要的交通基础设施,连接欧洲北部,西伯利亚北部和俄罗斯远东地区,并确保北极地区与该国发达地区的经济融合。"北方海航道位于俄罗斯北部海岸相邻的海域以及北冰洋南部的俄罗斯北极专属经济区之内,专属经济区在俄罗斯联邦海岸和各岛的最北端向北延伸 200 海里内。"[①] 在特殊的气候和水文因素影响下,北方海航道具有以下特征:它没有一条统一且固定的航线,它沿纬度线只保持了总体方向(东—西或西—东),每年(通常在一次航行期间)的路线会移动相当大的距离。然而,在任何情况下,这条航道的绝大部分都位于俄罗斯的专属经济区内,在其领海或是俄罗斯内水区域,横贯于俄罗斯主权或管辖范围内的空间区域中。北方海航道有望成为充满发展活力的国际运输通道。从这个角度来看,确定其法律地位问题目前正变得越来越重要且具有现实性。

"俄罗斯联邦政府基本上继承了苏联关于北方海航道的立场和立法。"[②] 苏联时期,北方海航道的法律地位是毋庸置疑的,它是一条内陆运输路线。苏联解体后,北方海航道的地位发生改变,因为,1997 年俄罗斯联邦批准了 1982 年 12 月 10 日在蒙特哥湾签署的联合国《海洋法公约》和 1994 年 7 月 23 日达成的关于实施联合国《海洋法公约》第十一部分的协议。俄罗斯专家卢金曾指出,俄罗斯通过了关于批准联合国《海洋法公约》和实施联合国《海洋法公约》第十一部分的协定的第 30 号联邦法律后,实际上已经自动放弃了根据 1926 年 4 月 15 日苏联中央选举委员会主席团法令在北极的特殊所有权,同时失去了其北极地区 170 万平方千米的主权。因为根据 1982 年联合国《海洋法公约》规定,"在专属经济

---

① Николаева А. Б. Правовой статус Северного морского пути[J]. Инновационное развитие, 2019(2):15.

② 王泽林. 北极航道法律地位研究 [M]. 上海:上海交通大学出版社,2013:46.

区内,所有沿岸国家以及拥有出海口国家均享有……航行和飞越自由,海底电缆和管道的铺设以及从国际法角度来看其他合法的自由与这种自由有关的海洋利用……"。因此,俄罗斯已经失去了完全控制北方海航道的权利,但是俄罗斯依然在行使这项权利,这是为什么呢?

首先,俄罗斯认为,俄罗斯联邦很可能凭借首先发现原则建立对北方海航道和北极领土的主权。俄罗斯在 11 世纪开始研究和发展北极。当时,俄罗斯水手们开始在北冰洋航行。在 12 至 13 世纪,俄罗斯发现了瓦伊加奇岛和新地岛,并在 15 世纪末期发现了斯瓦尔巴群岛和熊岛。在 18 世纪,俄罗斯对整个北冰洋西伯利亚沿岸一直到大巴拉诺夫角进行了调查研究,将其绘入地图中。北方海航道在北极开发中发挥了重要作用。自 19 世纪 20 年代以来,北极地区已经开展了积极的天文和大地测量工作以及自然地理和水文研究。有专家指出,从法律上讲,俄罗斯在北极地区的贡献首先在于发现和开发了许多北极地域空间,并且根据当时的国际法,首先发现原则是赋予俄罗斯国家主权权力的充分基础。此外,俄罗斯已有多个世纪的历史,不仅在北极行使了自己的权力,而且还通过其国家立法使它们正式化,这并没有引起来自外国或国际法律理论的任何特定反对意见。

其次,俄罗斯认为,有必要注意以下几个方面,这些方面可以证明俄罗斯联邦在这条路线管理方面的政策。"北方海航道是统一的运输线路,其中一部分在俄罗斯联邦领水范围内全年延伸。"[①] 这表明,在任何情况下,未经俄罗斯对通过其主权领土的同意,外国船只将无法通过整个北方海航道。未经北极沿海国同意,以提供其领土供外国船只航行,为其提供通讯服务,在发生自然灾害时进行营救,在必要时采取环境措施并采取其他必要行动来保障外国船只安全使用北方海航道,非北极国家将无法在该地区开展活动。北方海航道是单一的交通路线,其法律制度应视其通过地区而定。相关专家表示,船只无法保证在某一航段不踏足北方海航道,没有破冰的领航员和冰上勘察,船舶无法正常航行。正是这些因素构成了俄罗斯对北方海航道的特殊权利。俄罗斯认为,北冰洋海洋地区的主要地理、气候和政治法律特点是,即使在海冰融化的条件下,在这些极度恶劣的极地地区运输、捕鱼和其他经济活动也是危险的。非北极国家只能在其相应的北极沿海国家的同意下,才能依靠其沿海基础设施、其通信技术手段,应对紧急情况,搜救人员和货物,消除海洋污染的影响等。因此,北方海航道法律的连续性和统一性,以及其所通过的地区特点都可以证明俄罗斯对世界上其他国

---

① 马得懿. 北极航道法律秩序的海洋叙事 [J]. 社会科学战线,2018(08):8-14.

家使用它的控制权的可能性,从而确定了其"北极的领导角色"。

再次,北极是地球最北端地区,其水域经常受到冻结。这使俄罗斯联邦能够适用上述《联合国海洋法公约》第234条,其中规定:"沿海国有权采取和执行非歧视性法律和法规,以防止,减少和控制内陆冰冰封区域的船舶对海洋环境的污染。专属经济区在一年中的大部分时间里,特别恶劣的气候条件和覆盖这些地区的冰层构成障碍或对运输的威胁增加,海洋环境受到污染,可能会严重损害生态平衡或不可逆转地破坏生态平衡。"在世界海洋学说和实践中,将"冰封区域"直接理解为整个北极地区的观点已经相当普遍。因此,沿岸国可以在受冰层覆盖地区的专属经济区范围内应用国家法律,以确保这些地区的环境安全。俄罗斯专家认为,"尽管俄罗斯没有控制整个北方海航道的权利,但是,根据权宜之计,一贯性,生产力和安全性原则,这种控制是必要的"①。目前,明确北极海洋地区的法律制度是不可避免的,也是必要的。在北方海航道上限制运输的活动被认为是旨在保护海洋环境和确保国际环境安全的行动。北方海航道冰雪覆地区的运输肯定会对环境造成不利的影响,并导致环境状况恶化。基于此论点,并考虑到北方海航道是一条单一的运输路线这一事实,其中一部分不间断地在俄罗斯联邦境内通过,俄罗斯将本条适用于整个北方海航道。

基于以上所述,俄罗斯认为,应从3个方面来确定北方海航道的法律地位。第一,从历史的角度承认北方海航道是其在北极的国家交通线路。第二,不可能将北方海航道分成任何单独的部分,破坏其作为统一运输通道的完整性。第三,该地区北极国家具有特殊法律权利和义务。俄罗斯国家运输通道的连续性和统一性,以及其所通过地区的特点,都证明了北方海航道的法律地位以及俄罗斯对其使用进行控制的可能性。有必要进一步发展北极地区的国际合作。未来,随着俄罗斯国家立法的发展,北极国家的做法应遵循"大幅度加强最广泛区域合作的发展趋势,耐心地通过基于国际法的谈判寻求相互接受的解决方案的道路"。考虑到俄罗斯和北极地区其他国家的国家利益,这是和平有效利用北方海航道、北极资源和空间的关键。

---

① Тараканов М. А. Инновации в нормативно-правовом обеспечении Северного морского пути[J]. Инновационное развитие, 2019(2):15-20.

第四节　俄罗斯北方海航道开发实践

北方海航道是连接俄罗斯东部和西部地区的海上交通要道,是俄罗斯北极地区综合交通体系的轴心,国内和跨境货物运输前景广阔,经济、安全、科研等战略意义重大,是众多俄罗斯北极开发领域中的重中之重。近年来,随着北极海冰的加速融化,北方海航道各方面意义的逐渐凸显,俄罗斯政府越来越重视对北方海航道地开发。虽然北方海航道开发优势明显,但开发过程也面临自然条件恶劣、基础设施落后、西方国家的担忧和抵制等诸多困难,这也决定了北方海航道开发必定是一项综合开发活动,俄罗斯政府从制定战略与法律、改造和新建基础设施、扩大经航道运输的资源开发、更新航行技术和设备、加强国际合作与交流等方面全面谋划,多措并举,努力推动北方海航道的复兴,使其助力整个北极地区和俄罗斯国家发展。

一、俄罗斯北方海航道开发简述

20世纪90年代,俄罗斯国家在解决北部地区社会和环境问题方面态度消极,使城市和定居点人口失去国家支持。除了内部问题之外,90年代,俄罗斯在北极地区的国家影响力的减弱也引发了外部问题。许多世界大国,不仅仅是北极大国,开始对前苏联领土提出要求,寻求改变北极现有的边界和关系,扩大其经济和政治存在,寻求北方海航道使用国际化等。俄罗斯必须对这种情况作出充分的反应,并加强其在北极的地位。但直到21世纪初,俄罗斯北极地区有关的国内和外交政策才开始发生真正的质变。这种转变不仅涉及恢复俄罗斯联邦在该地区的战略地位,也涉及北方的社会经济发展。国家强化了其规则制定活动,积极制定专门的法律来解决各种北极问题。然而,俄罗斯北极地区还没有成为国家政策高度关注的主要对象,虽然其地缘政治地位和历史发展的特殊性需要这样去做。

"随着苏联的解体,大部分苏联在北极开发方面取得的成绩和突破逐渐消失或被遗忘。自由主义的经济改革、国有资产的股份制改造、集体经济的消除从根本上改变了北极地区居民的生活条件,人口开始大量流失。"[1]俄罗斯在短短几年时间里失去了几十年里形成的,善于在北极地区工作的专业人才队伍。很多工人居住的村镇、小型城市和包括海港、机场、公路在内的基础设施被荒废。在国

---

① Серикова У. С. История освоения Арктики[J]. История науки и техники, 2016(4):8-16.

家军事力量改革过程中,许多驻北极部队被迁出,北方舰队和北极航空人员的数量大幅缩减。服务性基础设施的人员数量大幅缩减。众多高层次专业人才和专门培训用于极北部地区军事服务的人员被解雇。

"从 1992 年开始,俄罗斯政府通过多项文件和法令,目的是发展俄罗斯联邦北极地区。"① 可是 20 世纪 90 年代通过的决定没有一个获得足额的财政支持并在既定时间内完成,且执行过程未得到有效监督。而且这些具有建议性的、缺乏针对性的文件执行起来也非常困难。

近些年来,俄罗斯为争取北冰洋的控制权,特别是对其大陆架的所有权方面给予了足够重视。北极大国纷纷对贴近北方海航道的北极大陆架提出主权要求,提出相关军事存在计划。在不断加剧的国际竞争、国际能源价格下跌以及西方国家反俄制裁的背景之下,俄罗斯不得不重新审视自己的北极政策,开始重新回归北极。几乎同一时间,传出关于俄罗斯将在北方海航道回归北极军事存在的第一步。俄罗斯在 20 年中没有提及北极战略意义后,开始恢复北极地区的机场网络,宣布在新西伯利亚诸岛恢复建设军事基地。时任俄罗斯国防部副部长的阿尔卡基·巴辛将军表示:"我们来到那里,或者更准确地说是我们永远回到了那里,因为那里自古以来就是俄罗斯的土地。"

2013 年,在俄罗斯近北极圈地区,举行了冷战以来最大规模的名为"北极挑战"的军事演习。俄罗斯不仅知道如何处理北极事务,而且相比于其他国家,俄罗斯从苏联手中获取的经验能够帮助其捍卫自己的北极利益。2015 年,美国媒体充满担忧地表示,美国在破冰船领域已经落后于俄罗斯,他们称:"俄罗斯拥有四十艘破冰船,而美国只有两三艘。"美国北极研究院院长表示,"俄罗斯和美国均拥有自己的北极发展战略,在此框架之下,破冰船是实现北极利益的重要条件。俄罗斯在北极竞争中准备的更加充分,除了 40 艘现役破冰船外,还在建 6 艘,并计划再建两艘大型破冰船"。"根据 2008 年美国地质局统计数据,在北极地区储藏着 4130 亿桶石油或者世界传统化石资源的 22%。"② 相关专家表示,北极地区的化石资源储量可能会更高,占世界能源储量的四分之一,80% 的北极油气资源位于北极离岸区,主要集中在 500 米深度。

---

① 郭培清,曹圆. 俄罗斯联邦北极政策的基本原则分析 [J]. 中国海洋大学学报(社会科学版),2016(02):10-12.

② Медведева Л. М. Северный морской путь:опыи освоения и перспективы развития[J]. Ойкумена,2014(4):12-15.

俄罗斯北极地区是一片特殊地域,是一个独特的生态系统,拥有令人惊叹的野生动植物、清洁的饮用水储备、便捷的海洋航道和丰富的化石资源。"俄罗斯的极地领土面积为 300 万平方千米,占俄罗斯联邦整个领土的 18%,今天,俄罗斯公民居住的北极面积还不到 2%,俄罗斯的未来取决于北极领土的发展,但如果没有北方海航道的开发就不会有北极的发展。"[①]从 2000 年初到现在,俄罗斯摆脱了 20 世纪 90 年代的危机。在俄罗斯人们越来越意识到需要一项新的北方政策,即"重返北极"。苏联时期,所谓的北极"三角"占地约 700 万平方千米,不包括北极圈以北地区。苏联解体后,俄罗斯成为北极国家。"沿北极圈纬度的北极空间长度为 7250 千米,俄罗斯北冰洋和白令海边缘海的海岸 10400 千米,占俄罗斯所有边缘海长度的 68%。"[②]自 2000 年初以来,俄罗斯开始寻找一种合适的模式来管理高纬度地区的开发,以及合理利用北方海航道。俄罗斯联邦政府 2000 年 3 月 7 日第 198 号《关于国家对北部经济和社会发展的支持方案》中规定,运输系统是该国北部地区可持续发展的主要条件之一,并且,随着北极经济的发展其作用将日益增强。2000 年,国家为北方海航道设定了短期、中期和长期发展任务。首先,短期是西部航段的恢复。中期任务是将北方海航道沿线的货物运输量恢复到 20 世纪 80 年代后期水平。长期任务是将北方海航道从国内运输通道转变为跨大洲的国际运输通道,确保北方海航道实现自负盈亏。2010 年,俄罗斯联邦政府确定了北方海航道发展的时间点:2010—2015 年恢复北方海航道的西部航段,2016—2020 年恢复北方海航道的东部航段。俄罗斯专家认为,北方海航道和沿岸基础设施开发的延误不仅可能造成经济损失,而且还会失去对俄罗斯北极地区很大一部分空间的控制,造成无法量化的损失。"《2020 年前及更远时期俄罗斯联邦北极国家政策基本原则》中概述了该地区实施国家政策的三个阶段。"[③]第一阶段(2008—2010 年),应准备材料以证明俄罗斯联邦北极地区的外部边界的合理性,并制定发展俄罗斯北极的国家计划。第二阶段(2011—2015 年),任务是根据该地区的矿产资源基础和水生生物资源的发展来重构俄罗斯北极地区的经济结构,应确保创建和开发北方海航道的基础设施和通信管理系统,以解决欧亚过境问题。第三阶段(2016—2020 年),预计俄罗斯联邦北极地区将转变

① 王欢."冰上丝绸之路"发展优势及前景分析 [J].边疆经济与文化,2018(2):1-2.
② 孙迁杰,马建光.论北极地缘政治博弈中俄罗斯的威慑战略 [J].上海交通大学学报(哲学社会科学版),2017(01):10-14.
③ 赵隆.北极治理范式研究 [M].北京:时事出版社,2014:74.

为俄罗斯领先的战略资源基地。首先,此任务的解决进度取决于将极地和次极地区整合到西伯利亚和俄罗斯的统一经济区域中的程度。因此,政府规定,在河流的定居点(叶尼塞河,鄂毕河,勒拿河,下通古斯卡,卡坦加)和沿海以及喀拉海和拉普捷夫海的岛屿上建立现代化基础设施,制定了恢复破冰船队的计划,并计划改造整个北方海航道沿线港口。20 世纪 60 年代中期以来,俄罗斯联邦的 8 个北极行政主体中亚马尔·涅涅茨自治区发展最快,俄罗斯努力在此建立了世界上最大的液化天然气生产中心。如果不进一步发展运输业,尤其是恢复北方海航道,就不可能实现石油和天然气加工技术发展带来的亚马尔石油和天然气生产多样化。苏联对北极进行集中管理的模式已被证明是有效的——苏联成了世界领先的北极大国。俄罗斯联邦对北极关注的减弱是一个明显的错误,需要纠正。"俄罗斯需要继续发展苏联在北极的成就,需要不断加强在北极地区的存在,采取综合开发手段和措施来发展以北方海航道为轴心的北极综合交通体系。"①

二、俄罗斯北方海航道开发政策

(一)维护主权

近些年来,俄罗斯为争取北冰洋的控制权,特别是对其大陆架的所有权方面给予了足够重视。北极大国纷纷对贴近北方海航道的北极大陆架提出主权要求,提出相关军事存在计划。在不断加剧的国际竞争、国际能源价格下跌以及西方国家反俄制裁的背景之下,俄罗斯不得不重新审视自己的北极政策,开始重新回归北极。"2007 年夏季,俄罗斯两艘深水探测器'和平一号'和'和平二号'首次抵达北极海底,并在海底插上了俄罗斯国旗,同时采集了海底样本,用来证明俄罗斯坚持的罗蒙诺索夫海岭是欧亚大陆架的自然延伸,而非丹麦等国所坚持的格陵兰岛的一部分。"② 这是俄罗斯在北极竞争棋局中迈出的重要一步。此后,俄罗斯政府一直在积极进行相关考察和研究工作,以向相关国际组织证明俄罗斯对相关争议区域所拥有的主权和开发权利。

---

① Гайноченко Т. М. Северный морской путь как элемент межконтинентальных коммуникаций:угрозы и возможности [J]. Экономика, 2014. С. 24:12-16.

② 密晨曦. 北方海航道治理的法律问题研究 [D]. 大连海事大学, 2016.

（二）发展基础设施

"完善的基础设施是保障俄罗斯北方海航道正常运行的前提条件。"[①] 近年来,俄罗斯在提供货物装运、港口服务等物流中心功能的港口建设以及保障北方海航道航行的安全性和可靠性的气象观测站、海洋地理和卫星服务、应急服务基地网络、机场等设施建设方面做出了巨大努力。萨贝塔国际港口建设项目是北方海航道发展的重要转折点和资源丰富的亚马尔半岛及鄂毕湾发展的里程碑。该港口旨在运输亚马尔项目液化天然气,并确保全年通过北方海航道航行。除了建设新的北极萨别塔港口之外,俄罗斯还建立了新的港口(运输和物流)综合体和航运码头瓦兰杰伊、印迪加、佩琴加和哈拉萨韦。沿海航行的港口系统正在恢复,包括岛屿领土——新地岛群岛、法兰士约瑟夫地群岛、新西伯利亚群岛、弗兰格尔岛等。俄罗斯北部基础设施发展的另一个重要项目是建设世界上最北部的浮动核能发电厂——"罗蒙诺索夫院士"发电厂。在不久的将来,独特的浮动电源装置将交付给佩韦克。为了开发北方海航道,俄罗斯还向其他基础设施项目进行了投资。例如,在萨贝塔港口建设"乌特列尼伊"海运码头,用于液化天然气和凝析气的转运等。

（三）发展破冰船队伍

"没有破冰的支撑,俄罗斯北方海航道的发展根本不可能顺利实现。"[②] 随着核动力破冰船数量的增加,外国货运公司对俄罗斯可能无法及时提供破冰服务的担忧将会消除。目前,俄罗斯是世界上拥有最大规模破冰船队伍的国家。俄罗斯也是世界上唯一拥有核动力破冰船队伍的国家。这些破冰船除了为北方海航道水域船舶在冰封水域和港口提供破冰领航服务外,还为高纬度地区科研考察活动、北方海航道和非北极海洋水域灾难救援、前往北极中央区域岛屿和群岛的邮轮提供服务保障。"目前,北方海航道上现役核动力破冰船数量为 7 艘,柴油电力破冰船 9 艘。核动力破冰船的主要意义在于使北方海航道实现全年通航。俄罗斯现有破冰船不足以支撑北方海航道货物通过量的实质性增长。根据相关预测,单是保障杜金卡至摩尔曼斯克间的航行就需要 10 艘破冰船。随着货运量的增长,对破冰船的需求也会上涨。由于北极冰区条件复杂,破冰护航存在一定

---

① 孟德宾.北方海航道对全球贸易格局的影响研究［D］.上海社会科学院,2015.
② 陈君,王立国.俄罗斯破冰船队建设与北极地区开发:现状与挑战［J］.通化师范学院学报,2018（03）:20.

复杂性,除现有破冰船外,俄罗斯额外海需要 10 至 12 艘破冰船。"①

(四)保障航行安全

"航行安全保障问题是俄罗斯北方海航道综合开发活动的重要一环。"②2015年,法律中确定了违反相关海域船舶航行安全要求应付责任。降低俄罗斯北极地区国家安全威胁,保障其战略稳定性任务已经被列入新版俄罗斯海洋学说。俄罗斯通过日常监测船只的位置,并为他们提供有关冰情、导航和沿整个路线的水文气象情况的必要信息,保障了船只在北方海航道上航行的安全性。

(五)扩大资源开发

"俄罗斯北方海航道的命运在很大程度上取决于该地区矿产资源的开发。"③北极地区是俄罗斯的战略资源基地。"整个北极地区超过 60% 的石油和天然气资源都位于俄罗斯依据国际法已经拥有或要求拥有的领土之内。根据相关统计,这里拥有 3750 亿桶石油。相比之下,沙特阿拉伯的储量为 2610 亿桶。"④俄罗斯的一些大型公司已经实施了一些矿产资源开采项目:亚马尔液化天然气项目是一个进行天然气开采、液化和供应的综合项目。"2017 年 12 月,亚马尔项目第一条生产线投产。第三条生产线于 2018 年底启动。每年的产能高达 1740 万吨。在工作高峰期,该项目现场有多达 3.6 万人工作;俄罗斯天然气工业股份公司于 2017 年在北极推出了首个北极抗冰固定平台普里拉兹洛姆项目,每年的石油产量约为 500 万吨。卢克石油公司通过将其现有的瓦兰杰伊油库从 12 米的深度移至 17 米的深度,将其产能提高至每年 1300 万吨。"⑤

(六)加强立法

《俄罗斯联邦海洋学说》中指出,应该为北方海航道这一具有国际使用能力

---

① Ледокольный флот России[DB/OL]. https://www. politforums. net/internal/1531741110. html, 2019-02-20.

② 刘益迎. 北极航线经济性及海上突发事件应急响应复杂网络研究 [D]. 大连海事大学, 2016.

③ 李连祺. 俄罗斯北极资源开发政策的新框架 [J]. 东北亚论坛, 2012(04):6-8.

④ Буч О. В. Развитие транспотртно-логистических маршрутов в Апктике[J]. Логистика, 2013. С. 32.

⑤ Матвеев О. В. Северный морской путь как кластер российской экономики:история и политика[J]. Исторические науки и археллогия, 2019(2):10.

的俄罗斯国家交通线路、航行服务质量和安全角度能够对传统海洋路线构成竞争的海洋航线的发展创造条件。"除此之外,关于北方海航道的使用保障问题,以及为此建设相关基础设施等问题也在一系列俄罗斯国家文件:《2020 年前俄罗斯联邦北极地区发展及国家安全保障战略》《2020 年前俄罗斯交通战略》《俄罗斯联邦海洋学说》中有所体现。"①

（七）开展国际合作

"在当前全球性风险逐渐增多、化石资源等自然资源利用方面的不确定性上升背景之下,北极地区的稳定发展要依靠不同管理层面的合作。"② 例如,国家政府间、地方管理机构间、商业和非商业组织间以及公民社会等组织。需要联合各方力量来共同讨论北极发展问题、北极原住民生活问题、航道利用问题、资源开发等问题。俄罗斯北方海航道开发过程中存在技术和生产落后、投资限制、劳动力不足等诸多问题。这些问题的解决需要合理的联合国家和企业的力量,充分学习国际经验。在投资、建设交通设施、资源开采和环保等领域开展同世界各国以及国际公司合作,在与国际公司建立伙伴关系的同时维护自身的利益。

（八）保护环境

"2012 年以来,俄罗斯自然资源部已经开始着手消除过去对环境造成的破坏。从自然生态系统保护角度最脆弱的俄罗斯北极地区已成为'试点'项目。在过去几年里,成千上万吨的废物已经从北极岛屿中移走。"③ 在俄罗斯北极地区正在实施的一个重要的国际环境项目,修复一个大型辐射危险设施——前安德列夫湾沿海基地(摩尔曼斯克地区)。来自俄罗斯和西欧国家的数百名专家参与了此项目。这一领域的工作将显著提高辐射安全性,改善北极地区的环境状况。俄罗斯旨在保护北极地区环境的一个重要工作领域是建立受特别保护的自然保护区(以下简称保护区)。俄罗斯通过建立保护区的方式对珍稀和濒危动物种群保护,如拉普捷夫海象、鲸鱼、鲟鱼和北极熊。俄罗斯保护区网络计划在 2024 年之前大幅扩展。在这方面,有必要将海洋区域也纳入相关保护区范围。

---

① 钱宗旗. 俄罗斯北极战略与"冰上丝绸之路"[M]. 北京:时事出版社,2017:119.
② 李建民. 浅析中俄北极合作:框架背景、利益、政策与机遇[J]. 欧亚经济,2019（04）:14-16.
③ 钱宗旗. 俄罗斯北极战略与"冰上丝绸之路"[M]. 北京:时事出版社,2017:128.

三、俄罗斯北方海航道开发措施

(一)建设基础设施

北方海航道开发与沿岸港口等基础设施体系密切相关。"北冰洋沿岸港口的主要功能是提供货物装运、港口服务等物流中心功能。"[①] 如今,能够发挥此作用的是萨贝塔、摩尔曼斯克、坎达拉克沙、阿尔汉格尔斯克和杜金卡。所有其他港口均季节性使用,接收货物后向河流转运。货物接收单位往往分散在海洋沿岸的广阔空间内,特别是北极地区的内部地区。这些地区往往与俄罗斯人员密集的公路网联系不密切,没有通向铁路的通道。因此,主要接收货物的港口分布在北极地区注入海洋的河口地带。除个别河流外,所有北部地区河流航道均不深,码头附近河水较浅的水流无法供大宗货物运输船舶通过。除了上述几个海港之外,所有其他海港均季节性使用,在短暂的两三个月的航行期内这些港口均服务于自己腹地地区的陆路运输。为促进北方海航道的开发活动的有效性,2014年俄罗斯进行了海港管理体系的改革,创立了"滨海边疆区和北极东部地区海港管理局""北极西部地区管理局"。目前,西部地区港口主要由摩尔曼斯克管理,东部地区港口由符拉迪沃斯托克管理。当前这一机构改革的效果还没有充分显现出来。

北冰洋沿岸西部地区和东部地区的开发战略具有原则性差别。西部地区的快速发展主要得益于临近出海口和大陆架油气产地的地理优势。东部地区开发活动受货运量少的制约发展缓慢。这种发展上的差别也正体现了北方海航道东段和西段货物运输量的差别。资料显示,北方海航道大多数海港的货运量和水平均不高。现在,北方海航道沿线上的大多数港口都需要进行大修,重建和疏浚才能接收现代船只,需要配备现代紧急救援设备,还必须开发导航、通信、环境控制和安全监控系统。北极港口的综合建设和更新将有利于北方海航道的系统发展。因为基础设施开发将提供导航、水文服务、建筑材料、设备、紧急和救援措施、货物存放地点、人员以及船舶维修等其他机会。实际上,这将解决所有尚未使北方海航道成为高利润运输走廊的基础设施问题。北方海航道基础设施需要世界一流港口。

萨贝塔国际港口建设项目是北方海航道发展的转折点和资源丰富的亚马尔

---

① Литвин Ю. Ю. Направления развития Северного Морского пути и инвестирования в инфраструктуру арктических портов[J]. Региональная экономика, 2014(1):20-23.

半岛及鄂毕湾发展的里程碑,该港口旨在运输亚马尔项目液化天然气,并确保全年通过北方海航道航行。萨贝塔港口的建造证明了在北极纬度条件下建造复杂的工业设施的可能性。"2017 年,第一批液化天然气运往萨贝塔港口。在 2017 年港口投入使用之后,货物流增长了 280%。使用北方海航道从亚马尔半岛和吉丹半岛运送液化天然气可以显著(14 天至 22 天)缩短交货时间。例如,通往韩国的北方海航道东部路线需要 18 天,而绕过欧洲、穿过地中海和苏伊士运河(经过印度)的海路则需要 32 天。"[1] 要让北方海航道稳定的发挥作用必须提高北极沿岸海港的工作效率。当前,几乎在整个北方海航道沿线都在进行旧港口恢复、改造和新港口设施的建设活动。这些工作的强化首先与自然资源的开采和新的资源产地的开发,以及北极地区综合社会经济发展、居民生活物资保障、极地地区国防和国家安全项目任务相关。摩尔曼斯克、哈坦加、蒂克西、佩韦克、杜金卡、迪克森和其他一些北极港口正在进行现代化改造。除了建设新的北极港口萨别塔之外,还创建了新的港口(运输和物流)综合体和航运码头瓦兰杰伊、印迪加、佩琴加和哈拉萨韦。沿海航行的港口点系统正在恢复,包括岛屿领土——新地岛群岛、法兰士约瑟夫地群岛、新西伯利亚群岛、弗兰格尔岛等。"如今,北方海航道的过货量为每年 2500 万吨。据估计,如果新船的建造按计划进行,则俄罗斯北极破冰船队的预期目标部署是在 2024 年实现全年向西运输 6000 万吨货物到欧洲,向东向亚洲运输 2000 万吨。也就是说,将货运量增加到 8000 万吨。[2]"俄罗斯北部基础设施发展的另一个重要项目是建设世界上最北部的浮动能发电厂——"罗蒙诺索夫院士"发电厂。在不久的将来,独特的浮动电源装置将交付给佩韦克。北极地区的新能源容量是必要的,但是由于该地区的生态脆弱性,它们必须是"绿色"发电来源。迄今为止,核电是唯一的出路。佩韦克的发电站将取代楚科奇自治区的比列宾斯科。佩韦克已经在建造码头,水工设施和沿海平台 - 沿海基础设施对于安全停放动力装置及其运行是必不可少的。世界各地的专家都在注视"罗蒙诺索夫院士"浮动核电站的启动,事实上,这是核能新技术的首创,它可以简化并降低难以到达地区的能源供应成本。

　　为了开发北方海航道,俄罗斯还向其他基础设施项目进行了投资。在萨贝塔港口建设"乌特列尼伊"海运码头,用于液化天然气和凝析气的转运。该码头对于北极液化天然气 -2 工厂的运营是必不可少的,它是继俄罗斯诺瓦泰克公司

①　Севморпуть2.0[DB/OL]. https://icebreakers. tass. ru, 2019-02-20.

②　Севморпуть2.0[DB/OL]. https://icebreakers. tass. ru, 2019-02-20.

的亚马尔液化天然气之后第二个与液化天然气生产有关的项目。俄罗斯计划在亚马尔涅涅茨自治区的"乌特列尼伊"的基础上实施该项目。该项目计划建设三条生产线。"第一条生产线的预计启动日期是 2022 年至 2023 年,其余生产线将在 2024 年和 2025 年启动。未来,码头的吞吐量为每年 2160 万吨。该项目的总投资额接近 1530 亿卢布。普京总统命令政府从 2020—2022 年预算中提供资金,用于建造'乌特列尼伊'码头。俄罗斯北方海航道开发的另外一个项目是'东部煤炭'公司位于'迪克森'海港的'柴卡'码头,用于运输泰梅尔的'列姆别洛夫'河段开采的煤炭。"[1]"计划到 2020 年,煤炭的运输量将达到 1000 万吨。柴卡港口将成为俄罗斯北极地区的第一个深水煤炭码头。建设总投资将达到近 190 亿卢布,此项目无需政府出资,单纯利用预算外资金建设。俄罗斯油气控股公司正在谢维尔湾建造一个海上码头,用于从泰梅尔半岛的帕伊亚赫斯克油田运输石油。"[2]"该码头的设计吞吐量将达到每年 750 万吨,投资额将达到 90 亿卢布的预算外资金。俄罗斯石油公司还在考虑投资建造北极产业集群的可能性,其目的是到 2024 年确保沿北方海航道的货运量达到 8000 万吨。俄罗斯石油公司计划到 2030 年生产和运输多达 1 亿吨石油,计划在万科尔、苏尊、塔古尔、洛达奇内油田以及南泰梅尔的许多地质勘探项目的基础上创建油气生产集群。因此,到 2024 年,仅上述油气项目就能确保运输 8000 万吨货物。"[3]

"北方海航道沿岸基础设施发展速度慢,铁路基础设施落后甚至完全缺失是新的北极交通线路建设和完善的主要抑制因素。"[4]俄罗斯正实施一系列发展方案来解决这一问题。目前正在实施或讨论中的绝大多数投资项目都与将陆路和港口基础设施打造为统一物流系统任务相关。俄罗斯北极地区远离国家工业中心,建立铁路和公路网络来保障北极地区运输和生活保障很有必要。此外,这些项目还能够扩大北方海航道货物数量,对其成为具有广阔前景的跨境交通走廊产生积极影响。俄罗斯北极地区规模最大,最具前景的物流项目是"北纬铁路"项目,此项目将亚马尔涅涅茨自治区的东部和西部连接到一起。目前,缺少发达的交通基础设施是增加油气资源开采量的主要障碍。新的矿产资源产地的开发需要加快基础设施建设项目速度。"北纬铁路"项目将促进包括大陆架在内的

---

① Севморпуть2.0[DB/OL]. https://icebreakers. tass. ru, 2019-02-20.

② 李振福,王文雅,米季科·瓦列里·布罗尼斯拉维奇. 中俄北极合作走廊建设构想 [J]. 东北亚论坛, 2017(01):5-7.

③ Севморпуть2.0[DB/OL]. https://icebreakers. tass. ru, 2019-02-20. .

④ 杨毅. 北极地区人口与经济发展研究 [D]. 吉林大学, 2017.

俄罗斯北极地区的资源开发。"近期,俄罗斯还将建设博瓦宁科沃－萨别塔170千米铁路,此铁路将通过鄂毕—博瓦宁科—卡拉铁路与北纬铁路项目衔接,最终将乌拉尔工业地区和北方海航道基础设施连接。铁路计划年通货能力为800至1000万吨。"[①]

北方海航道不仅可以用于运输石油和天然气。俄罗斯有计划将远东地区收获的海产品沿着这条航线运输到俄罗斯西部。俄罗斯原子能公司已为其渔业公司提供了其独特的核动力集装箱船"北方海航道"号,用于在冷藏集装箱中运输鱼类。与铁路运输相比,这种运输方式降低了运输成本,俄罗斯原子能公司计划证明该路线的经济可行性。在远东,每年捕获3～4百万吨鱼。而且,如预期的那样,在夏季至秋季沿北方海航道航行期间,将有可能运输多达50万吨的鱼类产品。

(二)扩充破冰船队伍

北方海航道航行活动的一个关键环节是保障船舶的破冰领航服务。目前,俄罗斯是世界上拥有最大规模破冰船队伍的国家。俄罗斯也是世界上唯一拥有核动力破冰船队伍的国家。这些破冰船除了为北方海航道水域船舶在冰封水域和港口提供破冰领航服务外,还为高纬度地区科研考察活动、北方海航道和非北极海洋水域灾难救援、前往北极中央地区岛屿和群岛的邮轮提供服务保障。此外,近些年来,核动力破冰船也在为俄罗斯海军北方舰队提供服务。

"19世纪和20世纪之交,专门的北极破冰船的出现是北极水域发展和北方海航道航行的决定性一步。"[②]世界上第一艘破冰船"叶尔马克"号于1898年投入使用,第二艘破冰船"斯维塔克尔"号于1916年投入使用(后改名为"克拉辛"号)。十月革命后,破冰船的建造数量上升:在1921—1941年间,在列宁格勒的波罗的海造船厂建造了八艘破冰船。随着苏联开始建造核动力破冰船,北极发展进入了一个新阶段。这使得增加北方海航道航行时间成为可能:核动力破冰船功能强大得多,并且很长一段时间不需要为反应堆充入核燃料。因此,就有机会全年不间断地进入俄罗斯北极地区,直至叶尼塞河的河口。1978年以来,在北方海航道西部,得益于"北极"型破冰船的使用,已经实现全年航行。这对于确保诺

---

① Этапы освоения русской Арктики:политико-экономические аспекты[DB/OL]. https://school-science. ru,2018-02-20.

② 陈君,王立国. 俄罗斯破冰船队建设与北极地区开发:现状与挑战 [J]. 通化师范学院学报,2018(03):6-8.

里尔斯克工业区的重要功能和发展是必要的。在北极西段开始全年航行的同时，强大的核动力破冰船将东段地区的航行时间增加到六个月。苏联以及后来的俄罗斯是世界上唯一个拥有核动力破冰船队的国家。俄罗斯的核破冰船队还包括一艘独特的核动力船，那就是世界上唯一的核动力集装箱船——"北方海航道"号，该船能够通过北方海航道运送货物，包括到达未进行相关装备的海岸。俄罗斯北极地区还有数台柴油电动破冰船在运营。

　　没有破冰的支持，北方海航道的发展根本不可能顺利实现。随着核动力破冰船数量的增加，外国货运公司对俄罗斯可能无法及时提供破冰服务的担忧将会消除。"2010年，俄罗斯国家原子能公司首次确认了大型船只沿北方海航道直接向亚洲地区市场输送化石资源的可能性。当时，俄罗斯现代商船公司拥有的波罗的海号油轮在胜利50年号、泰梅尔号和俄罗斯号破冰船的领航下，从摩尔曼斯克向中国的宁波港口运送了70000吨凝析油，波罗的海油轮在三周内到达了中国的目的港，如果经过苏伊士运河，那么航行时间将是原来的两倍。"[①] "2012年，在胜利50年号、瓦伊加奇号和俄罗斯号核破冰船的领航下，大容量油轮'鄂毕利威尔'号从挪威的哈默菲斯特港到日本的托巴塔用了9天时间，首次沿北方海航道运输了液化天然气。2016—2017年冬季，在极夜和冬季霜冻的条件下，北极穿梭油轮什图尔曼奥夫岑号以及'北极-1'号和Audax号船在世界最大的破冰船'胜利50年'号的领航下，从白令海峡航行了两周时间到达了喀拉海的奥普斯科伊海峡。这项实验性破冰航行证明了北方海航道全年商业航行的可能性。"[②]

　　国际运输的成功经验证明了大型船只沿北方海航道海上运输的有效性，这使得原料产地可以选择通过海上出口原料，而不是建立新的管道分支设施。核动力破冰船的使用解决了北极地区另一个非常重要的任务——保护独特的自然环境。核动力交通工具是最环保的交通工具，它们不会向环境中排放污染物。俄罗斯核动力船的寿命正在逐步增长。几年前，俄罗斯显然面临着"发展中断"的危险：旧的核动力破冰船将停止使用，而新的破冰船将无法取代它们。这就是为什么目前在圣彼得堡的波罗的海造船厂建造一系列功能最强大的通用核动力破冰船项目22220项目下的LK-60YA系列破冰船的原因，这种核动力船可以穿透

①　Сафин С. Г. Актуальная книга о природных ресурсах и проблемах освоения нефтяных месторождений западной части арктического шельфа[J]. Критика и библиография, 2016（6）:2-6.

②　Куватов В. И. Потенциал Северного морского пути Арктическрй зоны России. Факторы и стратегия развития[J]. Науковедение, 2014（6）:12.

三米厚的冰层,通过北方海航道东部从亚马尔、吉丹半岛和喀拉海大陆架,护送装有化石原料的船只前往亚太地区国家。

俄罗斯计划在波罗的海造船厂再建造两艘 LK-60Ya 型核动力破冰船。俄罗斯计划使用混合融资机制建造:联邦预算仅分配一半的必要资金。"这两艘破冰船的成本估计为 1000 亿卢布,其中 450 亿是联邦预算出资,约 100 亿是俄罗斯原子能公司的直接投资,剩余资金将通过长期合同下的借款融资获得。由于 LK 60Ya 型破冰船在冰雪条件更为严峻条件下,无法在俄罗斯北极东部地区提供全年航行服务。因此,俄罗斯正在 10510 型'领导者'项目下开发容量为 110 兆瓦的原子线性破冰船。破冰船 LK-110YA 专门为载重量超过 10 万吨,宽度超过 50 米 的大吨位运输船的全年护航而设计。最重要的是,在大约两米厚的冰层中,速度可以达到 10 节。"[①] 俄罗斯还计划在滨海边疆区的"星"造船厂建造一艘核动力破冰船。此外,到 2030 年,破冰船队预计将补充进四艘使用 40 兆瓦容量液化天然气的破冰船,这将在北极西部地区,整个夏季和秋季以及整个北方海航道提供全年航行。重要的是,这些破冰船也不会污染北极的自然环境。

(三)安全保障

1. 航行安全保障

"航行安全保障问题是北方海航道综合开发活动的重要一环。"[②] 目前,北方海航道水域安全航行的法律基础已经基本形成。它基于 2007 年 2 月 9 日通过的《关于交通安全》的联邦法律。2012 年,俄罗斯以法律形式确立了商业航行的国家监管规则,其中包括确保北方海航道水域的航行安全。2014 年,整体上已经形成了一整套措施来保障海洋经济主体免受非法干预活动影响。2015 年,法律中确定了违反相关海域船舶航行安全要求应负的责任。降低俄罗斯北极地区国家安全威胁,保障其战略稳定性任务已经被列入新版俄罗斯海洋学说。俄罗斯通过日常监测船只的位置,并为他们提供有关冰情、导航和沿整个路线的水文气象情况的必要信息,保障了船只在北方海航道上航行的安全性。

俄罗斯位于迪克森、季克西和佩韦克的海上救援协调中心负责组织搜索和

---

① Куватов В. И. Потенциал Северного морского пути Арктическрй зоны России. Факторы и стратегия развития[J]. Науковедение, 2014(6):18.

② 刘益迎. 北极航线经济性及海上突发事件应急响应复杂网络研究 [D]. 大连海事大学,2016.

救援工作,以及北方海航道水域的搜索和救援行动的协调工作。直接应急救援
活动由俄罗斯联邦河海运输署海上救援服务站提供,该部门一般使用本部门工
具进行搜索和救援,并在必要时吸引核舰队船只的参与。为保障北方海航道航行
船只领航服务水平,俄罗斯正在完善航行、水文地理以及通讯系统。俄罗斯紧急
情况部在北方海航道沿线已经建立了 10 个灾难救援中心。每个救援中心都装有
紧急情况预警系统。北方海航道的成功使用在很大程度上取决于反恐保障措施
的成功应用和落实。为了确保反恐措施的有效实施,俄罗斯联邦安全局边防局
海岸警卫队系统在北极地区运作。海岸警卫队的主要任务是:确保北方海航道
海上运输的安全;保护经济利益;对相关法律和国际协定的执行情况进行监督;
海上生命救援;自然环境保护。其他重要措施包括:加强对边境检查站的管制;
在行政领土实体中实行边界区制度;对海峡、河口等地进行技术监管。

　　北方海航道各海域巡逻任务由俄罗斯联邦安全局边境巡逻船和飞机完成。
俄罗斯边境管理部门保障着俄罗斯在更加遥远的北极地区的存在,如斯瓦尔巴
群岛、法兰士约瑟夫地群岛、北地岛等地。在北方海航道船舶航行活跃航段和工
业活动最为活跃的路线上,俄罗斯联邦安全局的边境服务部门强化实施雷达和
无线电监控工作。俄罗斯已经建立了自动化技术观察哨,以便对海岸警卫队负
责区域的水面情况进行全天候的自动监测,从而可以在一天中的任何时间,在各
种天气条件下探测、识别和跟踪水面目标。自动化技术观察哨并不设真人观察,
而是由海岸警卫队远程控制,并将所收集监测目标信息及时回传给海岸警卫队。

　　为确保运输通信和油气生产综合体的安全问题,俄罗斯已经在摩尔曼斯克
和彼得罗巴甫洛夫斯克市建立跨部门区域信息协调中心。在机构间协议的基础
上,俄罗斯联邦安全局边境管理机构网络端口与俄罗斯交通部全球自动化监测
系统连接,对渔业水生物资源和俄罗斯海洋情况等目标进行监测。在其他安全
保障工作方面,俄罗斯正着手将边境管理局与监测和控制俄罗斯河海混合型船
只位置的综合信息系统连接起来。除此之外,俄罗斯还着手在俄罗斯北极地区
海区建立边境部分水面照明系统。俄罗斯还计划对北方海航道巴伦支海域水面
进行自动化监测。在不远的将来,俄罗斯计划实现对北方海航道全线的水面自
动化技术监测。为保障北方海航道安全,俄罗斯国防部开始对北极地区机场基
地进行系统升级。最近几年,俄罗斯已经恢复了 10 座北极地区军用机场:季克西
机场、纳里扬马尔机场、阿纳德尔机场、卢加乔瓦机场等。此外,俄罗斯还计划建
设 13 座机场和 10 座技术雷达站。为监控水下状况,俄罗斯正在建立一个保护北
极水域的新的声呐系统。

"当前,俄罗斯北方海航道航行安全保障方面的主要问题仍然是在北方海航道通过地区进行紧急救援的效率。"① "对北极事故率和救援行动经验的分析表明,地面搜索、救援设备以及救援船不足以确保足够的行动响应水平。"② 在这方面最有效的手段是特种飞机。俄罗斯已为北方海航道区域的综合安全系统制定了开发计划:建立一个全面的安全系统,以保护俄罗斯联邦北极地区的领土、人口和关键设施免受自然和人为紧急情况的影响;引入现代电子信息和通信系统、广播、船舶交通和航空、地球遥感,进行冰盖面积调查以及水文气象和水文支持系统以及科学领域的研究;建立一个可靠的系统来提供导航、水文气象和信息服务,包括对冰情的汇报,有效控制北极的经济和其他活动;开发高科技海洋服务综合体,包括海上勘探,使用光纤和卫星通信及监测系统,以确保开发俄罗斯联邦大陆架上的化石资源项目。

2. 国防和军事安全保障

俄罗斯认为,其北极国家安全的潜在威胁包括:第一,北极国家和其他北约国家希望加强其在北极的军事存在;第二,美国和北约部队作战能力的提升;第三,海基导弹防御和预警系统的发展;第四,外国情报机构在北极和俄罗斯联邦边界开展情报活动有所增加;第五,北约海军集团和平时期在北极的部署和存在,包括该集团成员国的水面舰艇、潜艇和航空兵;第六,多国军事演习并将战斗训练区域转移到北极地区;第七,针对北极的美国军事卫星数量有所增加;第八,挪威领导层希望改变斯瓦尔巴群岛作为非军事区的地位,以减少俄罗斯联邦的影响,并在将来完全将俄罗斯从该群岛排挤出去;第九,通过收紧对渔区渔船的要求以及挪威当局对其采取的非法行动,对付俄罗斯联邦在挪威经济区的捕鱼活动;第十,许多国家(美国,挪威,日本和加拿大)希望赋予北方海航道国际公共海洋运输线路的地位。

北极和其他国家为增加其在北极的经济和军事力量而采取的行动客观上促使俄罗斯采取相应措施,为在这一重要地区实现和保护俄罗斯国家利益创造有利条件。"总的来说,目前北极的军事战略局势在中期是稳定、可控和可预测的。"③ 俄罗斯拥有足够的军事潜力来确保北极的军事安全,并有能力应对北极的

---

① 孔烽. 提升气象防灾减灾能力助力共建"冰上丝绸之路"[J]. 中国减灾, 2018 (2): 7-10.

② Малчалов В. П. Риски чрезвычайных ситуаций в арктической зоне Российской федерации[J]. Санкт-Петербург, 2011 (1): 18.

③ 邓贝西, 张侠. 试析北极安全态势发展与安全机制构建 [J]. 太平洋学报, 2016 (12): 5-8.

军事安全威胁。为了确保对北极局势的控制,及时发现和有效预防北极的军事威胁,俄罗斯国防部正在实施一系列旨在完善其侦察系统,提高其沿海监视系统能力的措施。俄罗斯正在努力加强北极地区的海军存在,努力通过军事手段为俄罗斯在北极地区的经济活动提供可靠的保护,包括斯瓦尔巴群岛相邻的工业捕鱼的问题地区和沿北方海航道的巴伦支海油气田地区。俄罗斯国防部在北极活动的优先领域是:第一,成立一支通用部队(武装力量)以保护俄罗斯联邦在北极的国家利益;第二,恢复北极地区的军事基础设施;第三,创建和开发用于北极区域的照明系统;第四,证实俄罗斯联邦北冰洋大陆架的外部边界;第五,履行国际水文义务,保持北极地区的最新航行图。

"俄罗斯在 2020 年前国家国防秩序和国家军备计划框架内增加了部署在俄罗斯联邦北极地区的武装部队总兵的作战力量。"[1] 俄罗斯计划建造新的冰级驱逐舰和沿海船只以确保海洋经济活动的安全。俄罗斯计划为海军陆战队的编队和单位重新配备现代化的武器和军事装备,包括在北极恶劣的气候条件下进行作战的装备。2013 年,北方舰队对北极进行了多次军舰远征,远程空军飞机完成了 20 多次战斗巡逻。"2013 年 8 月至 9 月,一支由 3 艘军舰和 7 艘支援船组成的舰队从北摩尔斯克来到新西伯利亚群岛,覆盖了 2000 英里,其中 400 英里由 4 艘核动力破冰船护航,穿越冰雪条件恶劣的地区,在锅炉岛(新西伯利亚群岛)上进行了着陆,交付了飞机场恢复工作所需物资。2013 年 9 月至 10 月,俄罗斯恢复了锅炉岛上的机场,准备接收安 -72 和安 -26 飞机。"[2] 北方舰队海军航空兵已开始在北极巡逻。2013 年 9 月,经过长时间休息后,对法兰士约瑟夫地群岛的航行条件进行了水文研究。在此过程中,将诺斯布鲁克岛分为两部分的海峡被发现,并获得了更新导航地图和导航辅助设备的信息。海军舰船前往挪威、瑞典和美国的北极港口进行访问。挪威海军舰船于 2013 年 5 月拜访了北方舰队谢韦罗莫斯克的主要海军基地。在航空和海军舰艇的参与下举行了双边和多边国际演习波莫瑞 -2013、巴伦支 -2013,活动涉及海上搜寻和救援问题,相互交流海上局势信息,对付恐怖主义和海盗活动,在北极联合应急。巩固北极地区的军事安全需要大量的时间和资金,目前地区发展形势可以让俄罗斯不用特别着急,但也不

---

① Храмчихин А. А. Военно-политическая обстановка в Арктике и возможные перспективы её развития [J]. Вестник МГТУ, 2014(2):20-26.

② Брычков А. С. Арктика в системе угроз национальной и военной безопасности России[A]. Проблемы общественной безопасности, 2014(4).

容拖延。未来几年,北极地区发生直接军事冲突的可能性几乎为零,俄罗斯甚至可以与一些在军事上不与其对抗,经济上不与其竞争而单纯希望获取资源的国家进行军事合作。

俄罗斯认为其在北极地区军事存在的扩大也可以服务于北方海航道的开发与发展。苏联时期很多路线的开辟主要出于军事目的。为此建立的基础设施至今仍具有军、民双重作用。俄罗斯认为其北极地区安全威胁具有增长性特点,虽然现代军事安全形势的发展说明:大规模军事冲突发生的可能性非常低,一些矛盾可以在国际法框架内解决。俄罗斯正在恢复自己在北极的军事潜力,在后苏联时期经历大规模损失之后,俄罗斯北极军事潜力是不足的。这不仅是一个地缘政治问题,而且涉及国家安全和战略平衡。在北极方向,俄罗斯防范导弹进攻、海上和空中打击能力相对薄弱。俄罗斯北部边界应对新的混合型军事干涉的能力较弱。拥有广阔无人地域和漫长物流链条的北极地区为战争提供了理想环境。俄罗斯考虑到本国主要天然气开采集中在亚马尔半岛地区,而天然气资源又构成了俄罗斯能源体系的基础,对这一地区的基础设施打击会对国家能源行业造成灾难性后果。因此,未来俄罗斯将不断加强在这一地区的防务能力,建立北极局势综合监控体系,不断巩固国家在这一地区的军事存在,这也将成为未来一段时间内俄罗斯在北极地区的主要军事和安全政策。

(四)保障货物运输来源

北方海航道的命运在很大程度上取决于该地区矿产资源的开发。北极地区是俄罗斯的战略资源基地。"北极在俄罗斯经济中的高度重要性是由以下方面决定的:目前,俄罗斯北极地区提供了俄罗斯国民收入的 11%,而只有 195 万人居住在此,约占全国人口的 1.4%。"[①] 在俄罗斯北极地区的经济中,主要发展了原材料工业,军事工业和运输(北方海航道)综合体系。相对于国内其他地区和国外而言,很多本地区的产品是独一无二的。在海岸线的长度和领土面积方面,只有加拿大拥有与俄罗斯相当的北极领土。但是,与加拿大相比,俄罗斯北极地区的开发程度更高。俄罗斯北极地区丰富资源的开发可以保障社会经济繁荣发展,这里开采了大量对俄罗斯具有战略意义的矿产资源。

俄罗斯北极地区资源的进一步开发首先需要进行大规模的勘探工作,建立相应的基础设施以及掌握环保的钻井、加工、存储和运输技术。目前在俄罗斯开

---

① 车德福. 经略北极:大国新战场 [M]. 北京:航空工业出版社,2014:120.

采的化石资源中几乎有三分之二位于巴伦支海和喀拉海的大陆架上,东西伯利亚海,楚科奇海和拉普捷夫海的大陆架区被认为是很有前途的生产区。将来,俄罗斯大陆架可能会成为俄罗斯乃至整个全球市场的主要石油和天然气来源地。"此外,俄罗斯北极地区的煤炭储量估计为 7800 亿吨,其中 810 亿吨为炼焦煤,约占俄罗斯所有煤炭资源的一半。俄罗斯北极地区的稀土、稀有金属、矿物、矿石及其他具有战略意义的原材料占俄罗斯全国同类资源储量的一半。具体包括:磷灰石精矿(储量的 90% 以上位于科拉半岛、泰梅尔半岛、雅库特、楚科奇);镍和钴(85% 的储量位于诺里尔斯克,其余在科拉半岛);铜(约 60% 的储量位于诺里尔斯克、科拉半岛);钨(储量的 50% 以上位于楚科奇的雅库特北部);稀土(超过 95% 位于雅库特以北,科拉半岛、泰梅尔);铂(98% 以上位于诺里尔斯克、科拉半岛);黄金,白银(90% 位于楚科奇、泰梅尔和科拉半岛);钻石,根据俄罗斯勘探结果,其储量居世界第一(99% 位于雅库特、阿尔汉格尔斯克州、泰梅尔州)。"[1] "该地区拥有巨大的生物资源。北极海域是许多独特鱼类和动物物种的栖息地,包括北极熊、北极狐、独角鲸、虎鲸、海象和白鲸。北极和北极水域栖息着 150 多种鱼类,其中鳕鱼、鲱鱼、黑线鳕和比目鱼最重要的鱼类。俄罗斯北极地区的渔业在俄罗斯提供了多达 15% 的海产品捕捞量和产量。"[2]

在国际实践中,长期以来,大陆架的石油和天然气资源一直被认为是化石能源储量增长的主要来源。俄罗斯拥有世界上最大面积的大陆架和最大储量的化石能源,而其在全球化石能源开采量中所占的份额非常小:"石油为 4%,天然气为 2%。俄罗斯大陆架的面积为 620 万平方千米(处于北极地区大陆架约为 400 万平方千米),相当于世界海洋大陆架面积的 21%。根据俄罗斯《2030 年能源战略》,俄罗斯大陆架上的初始可采化石资源储量巨大,其中包括 165 亿吨石油和 73.8 万亿立方米天然气。化石资源主要集中在俄罗斯北极西部大陆架——巴伦支海,伯朝拉海和喀拉海海域。大部分化石资源(70%)都集中在这里。"[3]

北方海航道作为连接东西方的最短海上通道与西伯利亚河流密不可分。北方海航道拥有优越的地理位置,是俄罗斯北部交通的轴心。北方海航道为缺少联邦级别公路和铁路设施的北极地区的对外货物交流提供了出口。伯朝拉河、

---

[1] Конышев В. Н. Освоение природных ресурсов Арктики: пути сотрудничества России с Китаем в интересах будущего[J]. Приоритеты России, 2012. C. 2.

[2] 莉扎(Elizaveta Oleinik). 俄罗斯北极航线战略研究 [D]. 大连海事大学, 2015.

[3] 王旭熙. 中俄北极能源合作研究 [D]. 上海师范大学, 2016.

鄂毕河、叶尼塞河、哈坦加河、勒拿河、柯雷马河等河流是北方海航道的重要分支线路,北极货物可以经这些线路被转运到北方海航道主干线路上再运往俄罗斯其他地区。这些自然馈赠的水上交通线路不仅为国内交通和货物发展提供了契机,而且在跨境货物运输方面具有巨大优势。当前,根据俄罗斯交通部和北方海航道管理局数据,自 1996 年以来,北方海航道的运输量开始上涨,虽然个别年份出现下降,但总体处于上涨趋势。例如,"2014 年,货运量为 398 万吨,2015 年为 543 万吨,2016 年北方海航道货物运输量为 750 万吨,2017 年较 2016 年增长了 42.6% 为 1070 万吨,2018 年较 2017 年增长了 84.11% 为 1970 万吨,2019 年达到了 3000 万吨"[①]。有专家表示,"对未来几年北方海航道货物运输量的准确预测很复杂,但考虑到当前俄罗斯对复兴北方海航道、开发北极地区的重视,在 2020 和 2030 年北方海航道货物运输量分别达到 3500 万和 6500 万吨是可以实现的"[②]。

　　人们对北极关注度的上升与北极陆地和大陆架部分矿产资源开发所带来的商业利益和北方海航道作为重要交通运输通道的开发密切相关。从货物运输角度来讲,北方海航道的发展主要依靠两个货物来源方向:一个是国际跨洋货物运输,另一个是俄罗斯北极和次北极地区工业生产发展所需能源的运输。为工业和交通基础设施发展提供有效能源保障问题是高纬度地区经济开发面临的重点问题。

　　俄罗斯积极利用本国北极地区丰富的资源优势,实施了一系列矿产资源开采项目,助力国家经济发展,为北方海航道提供货物运输来源支撑。例如:亚马尔液化天然气项目是一个进行天然气开采、液化和供应的综合项目。"2017 年 12 月,亚马尔项目第一条生产线投产。第三条生产线于 2018 年底启动。每年的产能高达 1740 万吨。在工作高峰期,项目现场有多达 3.6 万人工作。俄罗斯天然气工业股份公司于 2017 年在北极推出了首个北极抗冰固定平台普里拉兹洛姆项目,每年的石油产量约为 500 万吨。卢克石油公司通过将其现有的瓦兰杰伊油库从 12 米的深度移至 17 米的深度,将其产能提高至每年 1300 万吨。"[③]

① Объём перевозок по СМП в 2018 г. увеличился в 2 раза[DB/OL]. https://neftegaz.ru, 2019-02-20.

② Диденко И. И. Оценка уровня освоения Арктики арктическими странами [J]. Глобалистика, 2016(5):7-10.

③ Матвеев О. В. Северный морской путь как кластер российской экономики:история и политика[J]. Исторические науки и археллогия, 2019(2):6-12.

（五）加强立法

"俄罗斯北方海航道的顺利开发需要完善的法律支撑和保障。"[1]俄罗斯对北方海航道航运的国内法律进行了修改工作,从法律上明确其航行规则,维护其航道利益。北方海航道相关法律法规基础始于2012年,在《关于俄罗斯联邦北方海航道水域贸易航行管理个别立法活动的修改》联邦法律通过之后。《俄罗斯联邦内水、领海及其沿岸地区》联邦法律中规定,北方海航道是历史上形成的俄罗斯联邦国家交通线路,法律同时规定,北方海航道水域航行根据公认的国际法规和原则、俄罗斯联邦国际条约、俄罗斯联邦法律以及根据其制定的法规进行。"考虑到北方海航道绝大部分水域处于俄罗斯专属经济区,对北方海航道法律地位的法律界定具有重要意义。"[2]俄罗斯联邦贸易航行法中确定了北方海航道的概念和界限,规定了北方海航道水域的航行规则。2013年正式生效的《俄罗斯联邦北方海航道水域商业航运法律修正案》对1999年的《俄罗斯联邦商船航运法典》、1998年的《俄罗斯联邦内海、领海和毗连区法》和1995年《俄罗斯联邦自然垄断法》相关条文做了重要增补或修订,修改了那些备受国际社会质疑的强制破冰领航和高额收费等内容,将破冰船强制领航制度改为许可证制度,给出了具体的、可操作性和可预期的独立航行许可和不许可的条件,使外国船只在北方海航道水域独立航行成为可能。2017年,通过新的相关条例,带有俄罗斯旗帜的船只在北方海航道石油、天然气、煤炭等俄罗斯领土开采资源运输方面拥有绝对运输权力。

"为了建立北方海航道水域航行俄罗斯国家管理体系,俄罗斯法律规定,北方海航道水域破冰领航服务由各行政主体自然垄断。"[3]为发展相关法规,俄罗斯联邦通过了《北方海航道水域航行规则》。俄罗斯为组织北方海航道水域船舶航行活动建立了北方海航道管理局。此机构的主要工作目标为保障船舶航行安全、保护海洋环境免受北方海航道水域经营活动污染影响。北方海航道管理局主要工作程序包括:接受和审核申请;签发北方海航道水域船舶航行许可;水文地理、海冰和航行环境监测;为船舶沿北方海航道水域航行活动提供信息服务;对航行安全保障、航行水文地理和水文气象保障、破冰领航服务提出安全要求。

各种关于北方海航道的使用保障问题,以及为此建设相关基础设施问题也

---

① 陆俊元. 近几年来俄罗斯北极战略举措分析 [J]. 极地研究, 2015 (03):4-7.

② 马得懿. 北极航道法律秩序的海洋叙事 [J]. 社会科学战线, 2018 (08):17.

③ 马娜娜. 北方海航道法律问题研究 [D]. 大连海事大学, 2014.

在一系列俄罗斯国家文件中有所体现,如《2020 年前俄罗斯联邦北极地区发展及国家安全保障战略》《2020 年前俄罗斯交通战略》《俄罗斯联邦海洋学说》。《俄罗斯联邦海洋学说》中指出:"应该为北方海航道这一具有国际使用能力的俄罗斯国家交通线路、航行服务质量和安全角度能够对传统海洋路线构成竞争的海洋航线发展创造条件。"[1] 为北方海航道这一俄罗斯联邦北极地区交通国家交通线路发展创造条件是落实《俄罗斯联邦北极地区社会经济发展》国家方案的子方案《北极北方海航道发展与船舶航行保障》的重要内容。为落实这一子方案,2018 年至 2025 年间俄罗斯政府将划拨 354 亿卢布资金。子方案的主要任务是在俄罗斯联邦北极地区、俄罗斯内部和国际交通运输安全保障方面保障俄罗斯联邦国家主权;完善北方海航道航行保障中的水文气象系统;应用现代化无线电子设备;创建统一的俄罗斯联邦北极地区综合交通信息通讯系统及其基础设施。

涉及北方海航道航运规则的其他法律和规章还有:1991 年的《北方海航道海上航行规则》,1993 年版的《国家边疆法》,1995 年的《俄罗斯联邦自然垄断法》,1998 年的《俄罗斯内海、领海和毗邻海域法》,1996 年连续出台的三个航行文件《北方海航道航行指南》《北方海航道破冰和领航指南规则》《北方海航道航行船舶设计、装备和供给的必要条件》,1999 年的《俄罗斯联邦商业航运法典》,1999 年的《外国军舰领海内水航行规则》等。

(六)加强国际合作与交流

"20 世纪 60 年代初,国际社会开始对北方海航道航行表现出兴趣。"[2] 随着苏美关系在苏联北极地区的逐渐升温,在 12 海里区域以外开始出现以科学考察为目的的美国海岸警卫队破冰船。稍晚一些,苏联开始筹备为外国船只沿北方海航道航行提供领航服务。当时的苏联已经建成了世界上最强大的破冰船队。为了更好地为外国船只服务,苏联从经验丰富的破冰船船长中挑选及培养了大批优秀领航员。后来,由于一系列政治原因,苏联对将北方海航道打造为国际航线的筹备计划一度中断。1987 年 10 月,苏联元首在摩尔曼斯克进行了关于号召北方海航道国际合作的演讲,重新燃起了国际社会的兴趣。1990 年,苏联批准了北方海航道航行规则,规则批准所有外国船只,在非歧视原则基础上可以沿北方海

---

① See Elizabeth C. Economy and Michael Levi, Bu All Means Necessary: How China's Resource Quest is Changing the Word. New York: Oxford University press, 2014.

② 殷凤亭. 新世纪俄罗斯海洋战略及其影响 [D]. 黑龙江大学, 2015.

航道航行。1993 年至 1998 年实现了 INSROP 国际研究项目,在此项目框架之下,1995 年夏季,俄罗斯"坎达拉克沙"号船舶首次实现了商业性试验航行。"坎达拉克沙"号从日本的横滨港出发,沿北方海航道最终抵达了挪威的希尔克内斯。"本次航行证明,外国船只利用北方海航道夏季航行,要比传统经苏伊士运河的南部海洋航线节省 15 个昼夜的时间,节约费用成本 50 万美元。俄罗斯为外国船只提供的破冰船领航服务获得的收益不少于 10 万美元。"①1999 年末,在奥斯陆举办了 INSROP 项目总结会议,一些大型国际公司开始对北方海航道这一苏伊士运河、巴拿马运河等传统南部海洋航线的补充线路表现出更大兴趣。

外国船只和商业界对北方海航道的兴趣由两方面构成,首先,从经济利益角度,北方海航道能够成为连接欧洲、远东和北美货物贸易运输活动的通道。在北方海航道各项保障工作稳定运行情况下,北方海航道能够分担大量苏伊士运河等传统海上航线的跨境货物运输任务,成为其可靠后备航道,极端情况下对其构成一定竞争。其次,北方海航道是北极地区资源运输的重要通道。通过北方海航道运输北极地区油气资源要比建设油气运输管道效益更高。虽然北方海航道具有诸多优势,但许多外国企业对北方海航道未来发展前景还持有怀疑态度,他们认为,"目前北方海航道的不足要超过其优点。货运企业只有在北方海航道运输能够为其带来利润、俄方能够保障航行服务稳定和可靠情况下才会使用北方海航道"②。外国企业对北方海航道的担忧主要包括:第一,目前使用北方海航道进行货物运输的花费较为高昂,包括高昂的破冰船领航费用、过境和海关服务费用、保险费用。这些因素使北方海航道的竞争力降低,使国际合作前景充满不确定性。第二,外国船只企业要想利用北方海航道进行货物运输,需要投入大量资金,需要派出专业化的冰级船舶,冬天还需要使用加强型冰级船舶,邮轮需要为双壳油轮,船只需装配专门的应对紧急情况装置,船员需经过专门北极环境工作培训。第三,部分北方海航道沿线港口行政手续繁复,工作效率低下。第四,外国船企对北方海航道能够提供可靠的破冰以及信息保障服务持怀疑态度。第五,外国船企认为,船舶入水行政手续繁复,官僚主义严重。需要预先提供船舶相关信息、船舶进入各港口程序复杂、船舶损害情况下对周围环境污染的保险责任。

一部分外国专家看好北方海航道国际合作前景。他们认为,在 INSROP 框架下的经济、技术和生态研究活动证明了北方海航道作为国际跨境海洋航线的

---

① Michael Buers, International Law and the Arctic, Cambridge:Cambridge Univesity Press, 2013.
② 徐晶. 北极航线对中国的影响与应对研究 [D]. 延边大学,2016.

开发前景。21世纪将成为全年利用北方海航道的世纪。"根据相关科学预测,21世纪末,北极地区气温将上升10摄氏度,这将造成北极海冰的大规模融化,而且这一过程已经开始。从1958年至1997年北极冰盖平均厚度从270厘米缩减到183厘米。如果按照此趋势持续下去的话,到2070年前,北冰洋夏季将完全摆脱海冰束缚"[①]。而北极海冰的融化将使北方海航道航行活动变得更加容易。即使在现在海冰对北方海航道航行造成一定影响之下,破冰船仍然能够保证北方海航道全年通航。近些年来,俄罗斯政府采取了一系列改善北方海航道基础设施保障,提升其对外国船只吸引力的措施,主要涉及卫星通讯系统、船舶定位系统和电子导航等航行保障措施。为进一步扩大北方海航道国际航行合作,作为对北方海航道航行规则的补充,俄罗斯正在筹备大量航行资料和文件。每年俄罗斯政府都通过政令的形式向外国船只公布北极港口和停靠点的清单。

"加强北方海航道国际开发使用是俄罗斯经济稳定增长战略的重要组成部分。"[②]俄罗斯政府进行的北极法律、政策和制度方面改革以及去军事化措施为北方海航道国际合作活动提供了良好环境。在20世纪80年代末,苏联向其他国家投资者开放了自己的经济。在北方海航道沿线区域建起了一些加工鱼类和海产品、采金等合资企业,但这些企业的存在并没有明显改变北方海航道的货物运输数量,所以只有大型的国际投资项目才能从根本上改变北方海航道运量。

"目前,北方海航道法律制度划分问题变得尤其重要。"[③]根据俄罗斯的政策,北方海航道水域的很大一部分属于俄罗斯联邦的管辖范围,这一问题正在成为一些国家,特别是美国政界严重关切问题。美国专家在政治精英代表的支持下,提出了有必要实现北方海航道的最大"国际化"的理论,这意味着美国将能够自由使用这条国际运输走廊。对于俄罗斯来说,保留管理北方海航道使用的权利是很重要的。为此目的,俄罗斯认为,有必要制定和通过"北方海航道"相关法律。法律的通过将保护俄罗斯联邦在北方海航道上的国家利益,巩固俄罗斯联邦的国家安全,依靠对船只提供服务收取的费用扩大国家收入。还有一个重要方面,由于苏伊士运河和巴拿马运河等传统国际海洋航线货物运输逐渐趋于饱和,沿线地区政局不稳、海盗袭扰等不确定因素影响北方海航道将成为更多国家与俄

① Загорский А. Т. Международное сотрудничество в Арктике[J]. Международные отношения, 2015(4):12.

② 李振福,丁超君. 中俄共建北方海航道研究 [J]. 俄罗斯学刊, 2018(06):10-12.

③ 王娟. 北极问题与中国的政策选择 [D]. 南京师范大学, 2015.

罗斯进行合作的平台。

2008年11月22日,俄罗斯政府批准了《2030年前俄罗斯交通战略》。其目标之一是融入全球运输空间并充分发挥俄罗斯的过境潜力,这与北方海航道的开发密切相关。2009年夏天,德国航运公司Beluga Group的船只首次通过北方海航道,从韩国蔚山港运送货物到西伯利亚新港,然后到达阿姆斯特丹。"2010年9月,最新的北欧巴伦支冰级散货船在17.5天内从挪威克尔内内斯(Norwegian Kirkenes)抵达中国连云港,装载了75吨铁精矿,节省的成本燃油费用为18万美元。"①以前,这些运往中国的货物都是通过苏伊士运河或好望角。挪威和俄罗斯之间于2010年9月签署的关于划定海洋空间和在巴伦支海和北冰洋合作的协定对北极的运输合作前景具有积极意义。2011年9月,在阿尔汉格尔斯克举行的第二届"北极——对话领土"国际论坛上普京指出,他将北方海航道视为未来的国际运输大动脉,北方海航道能够在安全、质量和服务成本方面与传统海洋航线竞争。普京指出,最短的路线是穿越欧洲市场与亚太地区之间的北极地区,这是优化运输成本的绝佳机会。他强调,北方海航道应成为全球主要交通路线之一。

"2012年航行期间,8个国家的46艘船只通过了北方海航道,其中33艘载有货物。从西到东有25艘船,从东到西有21艘船。出现了新型船舶,货物种类不断扩大。"②2013年2月20日,俄罗斯总统普京批准了《2020年前俄罗斯联邦北极地区及国家安全保障战略》。北方海航道的特征被确定为"俄罗斯在北极的统一国家运输路线",此战略涉及了北方海航道的现代化、基础设施的发展和用于国际航运问题。2013年3月15日,在俄罗斯政府的命令下,成立了北方海航道管理局,进一步对北方海航道国际合作问题进行专业化管理。

国际合作是俄罗斯实现北方海航道和整个北极开发的重要途径。俄罗斯认为,北极脆弱的生态系统单靠一两个国家的努力是不能有效治理的。首先,俄罗斯在北极科学考察和生态环境保护方面采取非常积极和开发的态度。除了与环北极国家的双边合作外,俄罗斯还通过北极理事会、巴伦支欧洲北极理事会等区域性组织,推动有关北极环境保护的国际合作。俄罗斯作为苏联的继承者,对北极环境治理忠实履行义务。苏联解体后,俄罗斯参照相关国际公约和协议,根据

---

① Журавлёв П. С. Арктическая стратегия России: оценки, вопросы и проблемы реализации [J]. Научная жизнь, 2013 (2): 18.

② Загорский А. Т. Россия и Китай в Арктике: разногласие реальные или мнимые? [J]. Международные отношения, 2015 (4): 12-16.

国际形势的发展和变化,对联邦范围内的有关北极生态保护法律文件进行了修改、补充和完善。在俄罗斯的积极努力下,2011 年 5 月,北极理事会成员签署了第一个具有法律约束力的正式协议《北极搜救协定》。"巴伦支海营救演习"在北极环保领域国际合作中堪称是北极地区务实合作的典范。2009 年,为其 3 天的联合演习在俄罗斯的摩尔曼斯克举行,演习的主要内容是如何在发生放射性物质泄漏以及石油产品泄漏时采取国际联合行动。

严峻的国际形势和制裁对俄罗斯的持续压力迫使俄罗斯寻找新的非西方伙伴来吸引北极项目的资金和技术。俄罗斯不断加强与资金充足、技术先进的亚洲国家在合作开发北极资源和北方海航道方面的合作。在众多亚洲国家中,中国被认为是俄罗斯北极地区发展的主要合作伙伴之一。"2017 年 5 月在'一带一路'国际合作高峰论坛上,俄罗斯就北极航道问题向中方提出共建'邀约'。"[1]俄罗斯希望中国能利用北极航道,把北极航道同"一带一路"连接起来。7 月 4 日,中国国家主席习近平在对俄罗斯进行国事访问之际,表示中方欢迎并愿意积极参与俄方提出的共同开发建设滨海国际运输走廊建议,希望双方共同开发和利用海上通道特别是北极航道。这是中国官方最高层对中俄共建"冰上丝绸之路"明确表态。

(七)保护环境

"俄罗斯北方海航道海区变暖情况首次记录于 1996 年夏季和 1998 年冬季。冬季最高温度记录于 2012 年,夏季最高气温记录于 2016 年。2017 年,这两个温度分别出现了下降。从 1998 年开始,夏末北极海域的海冰覆盖率正在迅速下降。到 2005 年,它已经减少到 20 万平方千米。"[2]。21 世纪,俄罗斯气候的变暖趋势比平均全球变暖趋势更强。"预计冬季地表温度上升幅度最大,且地域面积逐渐向北方转移,在北极地区达到最高值。对北极地区海冰变化和厚度的相关预测表明,在急剧变暖情景下,多年海冰可能会在 21 世纪中叶消失。"[3]

俄罗斯联邦气候风险水文气象研究所的报告指出,北极气候变暖的风险主

---

① 赵隆. 共建"冰上丝绸之路"的背景、制约因素与可行路径 [J]. 俄罗斯东欧中亚研究,2018(4):10-14.

② Белов В. П. Исследование влияния изменения климата на развитие и безопасность России [J]. Москва, 2014(5):18.

③ Белов В. П. Исследование влияния изменения климата на развитие и безопасность России [J]. Москва, 2014(5):20.

要包括:第一,多年冻土温度升高会导致其稳定性和结构分解过程加快,例如,土壤的不均匀沉降。预测表明,这些变化将会逐渐增强,建筑和交通基础设施的地基会遭到破坏(公路、铁路、管道和飞机跑道等)。喀拉海沿岸冻土退化会造成海岸侵蚀过程极大加强,目前港口在以每年 2～3 米的速度后退。尤其危险的是,新地岛存储放射性废物区域的冻土也在逐渐退化。第二,北极海域的沿海地带,风暴风速的频率增加,这会对大陆架钻井平台设施造成巨大风险。风暴潮频率的增加也导致海岸侵蚀的增加,特别是对白令海和喀拉海港口泊位的威胁。第三,由于温度上升,冬季道路作为俄罗斯北部和东北部石油和天然气生产区的主要道路会发生融化,冬季道路使用的减少会影响人员和货物的运输能力。例如,雅库茨克市(人口超过 30 万)位于勒拿河的左岸,由于缺乏永久性桥梁,与涅留恩格里和阿尔丹的铁路路口一年会隔离几个月时间。第四,北极海域和北极大陆架上复杂的自然和气候条件对海上航行的安全造成了很大的自然风险。化石资源的开发和运输面临一定风险。与此同时,恶劣的气候和天气条件以及资源产地与现有发达的基础设施的距离偏远将使灾难救援工作变得更加困难。高浪和恶劣天气条件下的现有采油技术是低效的。此外,冰上和冰下石油泄漏也是一个特别严重的问题。第五,北极人类的海洋活动造成的风险也会对气候变化造成影响。被石油污染的海冰会加速融化。北极地区任何石油泄漏都会使开放水域的扩张速度加快。开放水域受阳光影响,加热速度比雪和冰的表面快几倍。在这些情况下,北极海域覆盖冰层的石油加工将伴随着冰层的加速减少。在碳氢化合物生产和运输过程中,伴随着温室气体和挥发性有机化合物的排放,伴随气体的燃烧和甲烷泄漏。此外,钻探装置距离海岸越远,运输副产品用于后续处置的成本越大。因此,在钻机上燃烧伴生气是全球常见的做法。

"在气候变化的背景下,科学研究以及获得最大数量数据用于准确预报的作用愈加明显。"[①] 例如,2018 年 9 月,在符拉迪沃斯托克举行的东方经济论坛上也谈到了这一问题。论坛上关于更新《世界海洋》这一联邦专项计划问题被提出。对于俄罗斯北极地区的发展来说,重要的是要制定出燃料和能源的基础设施可持续性发展方案。有必要在现代和可预见的未来气候变化的条件下比较北极不同地区建筑的基础和工程结构的承载能力。"美国进行的相关研究表明,如果要保持阿拉斯加现有基础设施的使用运转能力,则在 2030 年前,需要投入 36 至 61

---

① 孔烽. 提升气象防灾减灾能力 助力共建 "冰上丝绸之路" [J]. 中国减灾,2018(2):7-8.

亿美元资金,到 2080 年前,需要投入约 76 亿美元。"[1] 俄罗斯目前没有类似统计,但我们可以设想,鉴于俄罗斯北极地区基础设施数量显著增加,维护成本会更高。

鉴于目前俄罗斯北极地区极端气候进一步增强的趋势,俄罗斯专家建议俄罗斯联邦经济发展部与专家一道为该国适应气候变化制定一项国家计划,并监测环境变化,评估已采取的适应措施的有效性。除了预测和科学研究,有必要不断开展实际工作,以消除已经积累的环境危害。2012 年以来,俄罗斯自然资源部已经开始着手消除过去对环境造成的破坏。从自然生态系统保护角度脆弱的俄罗斯北极地区已成为"试点"项目。过去的几年里,俄罗斯将成千上万吨的废物从北极岛屿中移走。俄罗斯北极地区正在实施的一个重要的国际环境项目,修复一个大型辐射危险设施——前安德列夫湾沿海基地(摩尔曼斯克地区)。来自俄罗斯和西欧国家的数百名专家参与了此项目。这一领域的工作将显著提高辐射安全性,改善北极地区的环境状况。保护北极地区环境的一个重要工作领域是建立受特别保护的自然保护区(以下简称保护区)。俄罗斯通过建立保护区的方式对珍稀和濒危动物种群进行保护,如拉普捷夫海象、鲸鱼、鲟鱼和北极熊。俄罗斯保护区网络计划在 2024 年之前大幅扩展。在这方面,有必要将海洋区域也纳入相关保护区范围。

俄罗斯正在努力拯救北极独特的生态系统。与世界其他地区相比,北极的自然环境更加脆弱,因此,该地区的经济发展要求俄罗斯及其外国合作伙伴遵守日益严格的环境要求。人类活动应考虑到北极地区的生态系统,北极地区生态系统由于生产力低下而很容易受到破坏,在受到外部影响后恢复极慢。整个俄罗斯北极地区的一个普遍问题是多年来积累的抗降解有机化合物和其他物质对环境的污染。不仅在空气、土壤、水中,而且在鱼类和动物有机物中都发现了污染的痕迹。在俄罗斯北极地区,与诺里尔斯克相邻的摩尔曼斯克和阿尔汉格尔斯克地区以及西伯利亚西部的石油和天然气生产区的环境问题尤为严重。根据相关统计,俄罗斯北极地区 15% 的污染物处于临界水平。主要的大气流、河流和海流汇聚在北极,这很容易使污染物汇聚在此,因为这些污染物从很远的地方被带到了这里。例如,来自欧亚大陆偏远地区的被污染的空气团会到达这里。大气流动和墨西哥湾流将污染物从西欧带到俄罗斯北极地区西部。根据俄罗斯自然资源

---

① Куватов В. И. Потенциал Северного морского пути Арктическрй зоны России. Факторы и стратегия развития[J]. Науковедение, 2014(6):18.

部的资料,到目前为止,俄罗斯北极海域的污染仅限于与活跃经济活动区域相邻的沿海地区。西方国家对俄罗斯核潜艇的核废料处置和核反应堆掩埋的做法感到严重关切。但是,根据从事北极监测计划的不同国家的专家说法,俄罗斯核燃料处置厂主要负责当地的放射性污染,其负面影响仅影响俄罗斯领土,没有记录到该参数对喀拉海的严重污染。实际上,这一地区水中放射性核元素的浓度低于爱尔兰、波罗的海和北海中的放射性核素。但是,仍然存在北极被放射性污染的危险,主要原因被认为是俄罗斯北方舰队特种存储设施的技术条件不令人满意。

2010年,普京发表了对俄罗斯北极地区进行"大扫除"的讲话。在这次讲话之后,俄罗斯北极掀起了一场清理污染、保护环境的全民行动。"仅在2011年至2013年,联邦政府预算就划拨了14.2亿卢布来清理北极地区的污染物。2013年,俄罗斯对亚历山大岛上的废弃燃料桶进行了清理工作,还对周边岛屿进行了清理,对7个北极地块的生态状况进行了科学评估。"①

《俄罗斯北极国家政策原则》对加强北极地区环境保护提出了具体要求:在俄罗斯北极地区建立环境保护和自然资源利用的特殊制度,严格检测环境污染;对北极地区自然景观进行恢复,对有毒工业废料进行再利用,保障化学品安全,特别是居民区的化学品安全。此规则对保护俄罗斯北极地区环境和生态安全向国家和区域相关机构提出了具体任务要求:在发展经济活动和全球气候变化条件之下保护北极动植物资源的多样性,扩大联邦级北极特殊自然保护区的土地面积和水域,扩大地区级北极特殊自然保护区,监测生态系统和植物界物种状况;降低北极经济活动对环境造成的威胁;对俄罗斯北极地区历史上遗留的经济、军事和其他活动所产生的生态后果进行清除,其中包括对北极海域和土地的污染物进行清除;制定和推进再生产矿产、生物资源和能源合理利用的经济机制,对石油产地的伴生气体进行合理利用,对俄罗斯北极地区生态监督系统进行完善,使用已有或建设中的国际环境监测系统,能够及时发现和分析自然和技术性突发事件。

(八)保护原住民

北方海航道的顺利开发需要大量人力资源的支持。因此,对北极地区原住民的保护也被视为北方海航道顺利开发的影响因素。"迄今为止,俄罗斯在保护

---

① 钱宗旗. 俄罗斯北极战略与"冰上丝绸之路"[M]. 北京:时事出版社,2017:128.

北方原住民的权利和传统生活方式方面已基本形成了政策体系。"① "俄罗斯联邦宪法根据公认的原则、国际法准则和俄罗斯联邦的国际条约,来保障北极地区原住民的权利。"② 俄罗斯加入了与原住民有关的国际法律,其中包括联合国大会2007 年 9 月 13 日第 61/295 号决议通过的《联合国原住民权利宣言》。应该指出,俄罗斯尚未批准国际劳工组织第 169 号公约。主要原因是"原住民"概念的解释存在差异(在俄罗斯国内立法中,除了传统的生活方式之外,还需要有少量的标准来承认人们为原住民)。2009 年 2 月,俄罗斯政府批准了北部、西伯利亚和远东少数民族的可持续发展构想。该构想的目的是为发展俄罗斯北部少数民族的社会经济潜力创造条件,以推动少数民族地区可持续发展,同时保留这些少数民族的原始栖息地、传统生活方式和文化价值。该文件包含了国家的一系列支持措施,包括补贴、生物资源利用的配额等。俄罗斯联邦《税法》《森林法》《水和土地法》规定了居住在传统住所和传统经济活动场所并从事传统类型的经济活动的北方少数民族代表的利益。

(九)推进科技创新

"高水平的技术和设备工具是助力俄罗斯北方海航道,乃至整个俄罗斯北极地区开发和发展的推进器。"③ "俄罗斯对北极地科学考察长期处于世界领先地位。"④ 在苏联长达 40 多年的北冰洋研究工作中俄罗斯积累了丰富的北冰洋海底研究数据,很多在世界上是独有的。这些资料也体现在了俄罗斯向联合国大陆架界限委员会提交的材料之中,为巩固俄罗斯主权和利益发挥了重要作用。俄罗斯联邦政府制定的旨在推进北极科技创新的任务包括:开发能够适用于北极地区自然和气候条件的材料,引进用于北极研究工作的技术手段和设备;协调和整合国家、科学、商业和教育资源,建立竞争力强大的科技部门,利用先进技术,开发新的技术或者使现有技术适应北极地区条件;实施俄罗斯联邦科研考察队发展计划,其中包括在深海研究中使用机器人;开发和利用新型技术和工艺,合理利用自然资源,开发海洋矿床和水生物资源,预防并清除冰区石油泄漏;综合研究自然灾害

① 钱宗旗. 俄罗斯北极战略与"冰上丝绸之路"[M]. 北京:时事出版社,2017:140.
② 张缘园. 俄罗斯北极土著小民族文化多样性及保护研究[D]. 中央民族大学,2016.
③ Журавлёв П. С. Арктическая стратегия России:оценки,вопросы и проблемы реализации [J]. Научная жизнь,2013(2):16-20.
④ 冯源.《2020 年前俄罗斯联邦北极地区发展与国家安全保障战略》俄语文本汉译翻译报告[D]. 黑龙江大学,2016.

现象,开发和使用气候变化环境下的现代化自然灾害预测技术及方法;评估并预测俄罗斯北极地区自然及人为因素对全球气候变化的中、长期影响,提高基础设施工程项目的稳定性;对有害于居民健康的环境因素进行研究,对旨在改善居民居住环境和疾病预防的措施进行科学的论证;对北极地区文化、历史和经济进行研究,同时,对包括经济活动在内的各种北极活动进行法律调研,用文件的形式来证明俄罗斯对某些地域的历史性权利;开展科考活动,实施北极地区大型综合性科学研究项目,其中包括国际合作项目;充分发挥国际学术和科技合作平台,为俄罗斯科研和教育机构参与全球和地区的北极技术和研究项目提供机会。

俄罗斯联邦政府针对北极地区信息通讯和建立统一信息空间领域提出的任务包括:利用格洛纳斯(GLONASS)全球卫星导航系统以及北极多用途航天系统,升级"РСДН-20"远程无线电导航系统来建立科考的通信服务、水文气象和信息服务系统,监控冰情活动,对自然和技术性突发事件进行预报和预防,消除不良后果,实现对北极地区经济和其他活动的有效监督;利用现代化的远程通信技术、电视广播、船舶航行、地球遥感探测、冰面测绘和移动系统、船舶航行和航空器飞行管理以及水文地理、气象和科学研究保障系统。通过在北方海航道海底铺设光缆以及连接其他国家通信网络等方式来建立现代化信息远程通信基础设施,向俄罗斯北极地区生产经营主体和普通居民提供通信服务。

"北方海航道和北极开发活动需要接受专业教育和培训的人才,俄罗斯北极联邦大学等机构长期从事这一领域的人才培养工作,是北极地区人才培养的摇篮。不同机构培养的专业人才以及他们进行的科学考察和研究工作为推进北极科技创新发挥了重要作用。"[1]

(十)发展极地旅游

包括北方海航道在内的俄罗斯北极地区极具旅游发展潜力,北方海航道沿线旅游资源的良好利用和开发将促进北方海航道整体开发和利用,促进俄罗斯北极地区经济发展。从现状来看,俄罗斯北极旅游资源尚未得到充分利用。"俄罗斯的北极旅游业始于20世纪90年代,仍处于起步阶段,虽然没有大量资金发展北极旅游,但拥有巨大的发展潜力。"[2]目前,俄罗斯仍在采取第一步,以在本国旅行社中普及这一地区旅游项目。北极地区仍然不发达,人迹罕至,此外,必要

---

① 钱宗旗. 俄罗斯北极战略与"冰上丝绸之路"[M]. 北京:时事出版社,2017:131.

② 文焱峰. 国家利益视阈下的中俄北极开发合作研究[D]. 兰州大学,2016.

的基础设施相对缺乏,因此,冒险和极端类型的旅游业盛行。对于大多数俄罗斯人来说,北极仍然是一个鲜为人知的旅游地点。

在巴伦支海的高纬度群岛地区有三个具有发展前景的旅游发展区域:斯瓦尔巴群岛(俄罗斯的巴伦斯堡和金字塔村庄),俄罗斯北极国家公园和北极附近漂流的巴尼奥北极基地,每年最多接待 300 名游客。"目前,俄罗斯北极国家公园已经于 2010 年建成,该公园将包括新地群岛北部,法兰士约瑟夫地自然保护区和维多利亚岛。公园的总面积将为 840 万公顷,其中 610 万公顷为领水。2011 年,俄罗斯北极地区的游客 865 人次,2015 年达到 1225 人次,包括来自中国的 41 国游客参观了此地。"①科学和旅游将成为公园的主要工作方向。北极地区国家公园的出现将有可能巩固俄罗斯在该地区的存在。

科拉半岛的巴伦支海沿岸也拥有发展沿海海洋旅游业的必要资源。巴伦支海风景如画的海湾和沿海地区不仅可以吸引俄罗斯各地的游客,而且可以吸引欧洲等世界各地的游客。在雷巴奇半岛上,坐落着俄罗斯欧洲大陆的最北端——德意志角。巴伦支海拥有独特而非常美丽的水下景观,有水下的峭壁和深海动植物的壮丽景色。"巴伦支海最受潜水员欢迎的地方是道尔加亚湾、红唇、塞米奥斯特罗维亚的沿海水域。在海面,游客可以看到白鲸、虎鲸、海豹、各种鸟类。"②

2015 年,俄罗斯"北方工业和企业家"联盟拟定的《2030 发展北极旅游战略》呼吁在俄罗斯北极所有地区建立拥有现代化竞争能力的旅游综合体,此报告强调,北极地区旅游业的发展是重要的创造外汇、增加国家收入的机会,对发展地区经济具有重要作用。2016 年,俄罗斯政府出台的《俄罗斯联邦北极地区优先项目执行清单》中涉及几个关于旅游事业的项目,其中就包括阿尔汉格尔斯克州的"白海旅游休闲产业群"项目。此项目旨在完善旅游产业发展的基础设施,提高此地区的旅游吸引力,扩大游客数量,创造更多的工作岗位。此项目已经被列入到国家旅游发展纲要名录。

(十一)设立相关职能机构

2012 年,俄罗斯通过了《关于北方海航道水域商业航行国家管理部分个别立法活动的修正案》的 132 号联邦法律,法律中确定了一系列北方海航道发展措

---

① Казаков М. А. Национальные интересы России и Финляндии в Арктике: реальность перспектив сотрудничесива [J]. Политические науки и социология, 2014(5): 20-24.

② Куватов В. И. Потенциал Северного морского пути Арктическрй зоны России. Факторы и стратегия развития[J]. Науковедение, 2014(6): 22.

施,其中包括:创立联邦国家官方机构——北方海航道管理局。此机构的主要任务是组织北方海航道水域航行活动。北方海航道管理局的主要工作目标包括:保障船舶航行安全、保护海洋环境免受船舶航行造成的污染。为解决机构间和地区间协作任务,提高国家管理效率以及落实俄罗斯联邦北极地区发展战略,2015年2月3日,俄罗斯联邦总统签署第50号总统令,根据总统令,俄罗斯建立了负责国家北极政策的专门机构——国家北极发展委员会,委员会从2015年4月起开始运作。2019年,俄罗斯总统普京签署法令,将俄罗斯的远东发展部更名为远东和北极发展部,根据此法令,远东和北极发展部在承担远东发展部原有任务的基础上,还被赋予了制定北极发展政策并进行法律监管的新职能。

(十二)建立北极发展支柱区

2016年7月公布的《俄罗斯联邦北极地区发展联邦法草案》提出了一个通过建立"北极发展支柱区"(简称"支柱区")对俄罗斯北极地区进行综合开发和发展的新路径。"根据这个法案,俄罗斯8个北极地区将各建立一个支柱区,这些支柱区包括:科拉支柱区、阿尔汉格尔斯克支柱区、涅涅茨支柱区、瓦尔库塔柱区、亚马尔·涅涅茨支柱区、诺里尔斯克支柱区、北亚库特支柱区和楚科奇支柱区。"[1] "支柱区"指的是规划和保障北极地区社会经济发展的综合性项目,以实现北极的战略利益和保障国家安全,规定在国家—私人伙伴关系原则基础上,同步采纳现行的地域、行业发展模式和投资方案的实施机制。这些综合性项目是各方对规划、目标设定、财政拨款和实施阶段相互协调后形成的项目,包括建立北极地区的交通运输系统,发展能源基础设施、资源开采和加工工业基地等。

第五节　俄罗斯北方海航道开发评价

俄罗斯北方海航道开发活动具有鲜明特点。在俄罗斯国家的主导下,各部门的合作配合下,北方海航道开发的阶段性成果初步显现。在取得一系列阶段性成绩的同时,俄罗斯也必须清醒认识到,北方海航道开发活动依然任重道远,航道开发还存在很大局限性和一系列问题与挑战。

---

[1] Этапы освоения русской Арктики: политико-экономические аспекты[DB/OL]. https://school-science.ru, 2018-02-20.

一、俄罗斯北方海航道开发特点

（一）重点性

俄罗斯对北方海航道开发进行了重点性开发。俄罗斯北方海航道是一项综合性开发活动，并不意味着俄罗斯在航道开发所涉及的所有领域能够同时开花，短时间内齐头并进，没有侧重和不分主次。在所有综合性开发措施中，基础设施建设、资源开发和扩充破冰船队伍是重中之重。这几个领域是保障航道初始发展的前提。没有符合要求的基础设施和破冰船就无法实现船舶的正常航行，没有北极资源的开发，船舶就失去了重要货物运输来源。除了划分出重点开发领域外，俄罗斯还推出了一些重点开发项目来支撑这些领域的发展，这也体现了航道开发的侧重性特点。例如：天然气开采、液化和供应的综合项目——亚马尔液化天然气项目。萨贝塔国际港口建设项目是北方海航道发展的转折点和资源丰富的亚马尔半岛及鄂毕湾发展的里程碑，该港口旨在运输亚马尔项目液化天然气，并确保全年通过北方海航道航行。"俄罗斯北部基础设施发展的另一个重要项目是建设世界上最北部的浮动核能发电厂——'罗蒙诺索夫院士'发电厂。俄罗斯还在萨贝塔港口建设'乌特列尼伊'海运码头，用于液化天然气和凝析气的转运。"①

（二）综合性

俄国在"政府加民间"模式下对北方海航道进行了基础性开发。苏联在集中一切力量办大事的"苏联模式"下对北方海航道进行了计划性开发。当下，无论从俄罗斯对北方海航道发展的定位，还是现代海洋航道自身发展的需求来讲，北方海航道的开发活动都不可能是某个单一某个领域的开发活动，而必定是一项综合性系统开发活动。俄罗斯联邦政府采取了包括基础设施建设、扩充破冰船队伍、加强航行和军事安全保障、开发资源以保障航道货物运输来源、加强立法、推动国际合作与交流、保护环境、保护原住民、推进科技创新、发展极地旅游等综合措施来实现北方海航道的复兴和全面发展。俄罗斯政府实行的综合性开发措施是对北方海航道发展的长远谋划，具有极强的战略性，对航道本身乃至俄罗斯北极地区和俄罗斯国家发展都是非常有利的。

（三）统一性

北方海航道是俄罗斯北极统一交通体系的轴心，在重点开发北方海航道的

---

① Севморпуть2.0[DB/OL]. https：//icebreakers. tass. ru，2019-02-20.

同时,俄罗斯也在对统一的北极交通体系进行开发。"北方海航道对俄罗斯的运输系统起着特殊的作用。"① 它是连接许多北极地区和俄罗斯其他地区的主要运输动脉。解决俄罗斯国家北极地区战略问题和地区经济社会综合发展问题的重要因素之一是形成地区统一的交通体系,这一体系包括北方海航道、综合的河海交通工具、航空、管道、铁路、公路以及港口、通讯等沿岸基础设施。北极交通基础设施的发展和现代化是俄罗斯联邦北极政策的优先方向,而北方海航道是北极综合交通体系发展的关键一环。除了北方海航道自身水域之外,俄罗斯广阔的北极沿岸地区以及北德维纳河、伯朝拉河、鄂毕河、叶尼塞河、勒拿河、因迪吉尔河以及科雷马河也濒临或注入北方海航道所在海域。这些河流线路也构成了连接北部海洋航道的统一水路交通系统。北方海航道开发的统一性特点还体现在对北方海航道综合开发与北极开发相互统一上。北方海航道的综合开发几乎涵盖北极开发的方方面面,就是俄罗斯国家对北极的开发,国家对北极开发的方方面面也几乎涵盖了北方海航道开发的全部领域。因此,北方海航道开发与俄罗斯北极开发相互统一和包含,这也是北方海航道开发统一性特点的重要体现。

(四)互利性

北方海航道开发的方方面面无不体现了互利性特点。以北方海航道为轴心的北极综合交通体系建设为北极化石资源外运提供了交通基础,而包括亚马尔液化天然气项目在内的北极能源开发又为航道发展提供了重要的货物来源,二者相辅相成,体现了开发领域间的互利性。从开发主体角度来看,许多开发项目由政府和民间企业共同出资,各方均能从中互利。俄罗斯向世界其他国家敞开合作开发的大门,俄罗斯能够增加收入,吸引国外资金和技术,从中获利;而其他国家能够实现能源进口和运输渠道的多元化,也获利颇多。由此可以看出,无论是开发领域之间,开发主体之间,以及其他所有开发要素之间均存在互利性特点,俄罗斯对北方海航道的开发既体现了这一特点,又利用了这一特点,来实现航道有效开发和长远发展。

(五)系统性

俄罗斯联邦政府采取了包括基础设施建设、扩充破冰船队伍、加强航行和军事安全保障、开发资源以保障航道货物运输来源、加强立法、推动国际合作与交

---

① 杨倩.关于北极争夺的实质及俄罗斯等国家的北极战略 [J].对外经贸,2015(04):12-18.

流、保护环境、保护原住民、推进科技创新、发展极地旅游等措施来实现北方海航道开发的综合性特点;北方海航道各开发领域是有重点突出、层次清晰、目标明确的重点性特点;北方海航道各开发要素之间的统一性特点均最终体现了北方海航道开发的系统性特点。北方海航道开发活动不是片面的、割裂的,而是系统性开发活动,是经过精心设计、周密安排、有重点、有层次、分阶段的开发活动。

二、俄罗斯北方海航道开发的成绩

(一)航道货物运输量上升

俄罗斯政府采取的一系列综合开发措施推动了北方海航道货物运输量的逐渐上升(见图3)。北极一些大型油气项目的开启,特别是亚马尔项目能够保障未来5至10年内北方海航道的货运需求。"俄罗斯交通部和北方海航道管理局数据统计显示,自1996年以来,北方海航道的运输量开始上涨,虽然个别年份出现下降,但总体处于上涨趋势。"[1] 例如,"2014年,货运量为398万吨,2015年为543万吨,2016年,北方海航道货物运输量为750万吨,2017年较2016年增长了42.6% 为1070万吨,2018年较2017年增长了84.11% 为1970万吨,2019年达到了3000万吨"[2]。

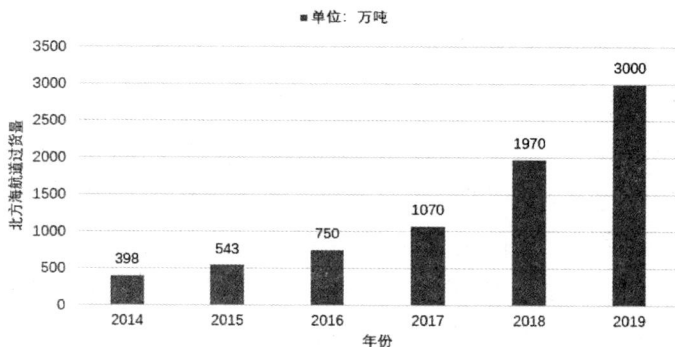

图3　北方海航道过货量

---

① Буч О. В. Развитие транспотртно-логистических маршрутов в Апктике[J]. Логистика, 2013. С. 32.

② Объём перевозок по СМП в 2018 г. увеличился в 2 раза[DB/OL]. https://neftegaz.ru, 2019-02-20.

（二）大批重点项目顺利实施

在俄罗斯北方海航道综合开发活动中，大批重点项目得以顺利实施。这些项目的顺利实施也将不断推进北方海航道综合开发活动的进一步发展。例如，亚马尔液化天然气项目是一个进行天然气开采、液化和供应的综合项目。"2017年12月，亚马尔项目第一条生产线投产。第三条生产线于2018年底启动。每年的产能高达1740万吨。在工作高峰期，该现场有多达3.6万人工作；俄罗斯天然气工业股份公司于2017年在北极推出了首个北极抗冰固定平台普里拉兹洛姆项目，每年的石油产量约为500万吨。卢克石油公司通过将其现有的瓦兰杰伊油库从12米的深度移至17米的深度，将其产能提高至每年1300万吨。"① 萨贝塔国际港口建设项目是北方海航道发展的转折点和资源丰富的亚马尔半岛及鄂毕湾发展的新里程碑，该港口旨在运输亚马尔项目液化天然气，并确保全年通过北方海航道航行。除了建设新的北极萨别塔港口之外，俄罗斯还创建了新的港口（运输和物流）综合体和航运码头瓦兰杰伊、印迪加、佩琴加和哈拉萨韦。"俄罗斯北部基础设施发展的另一个重要项目是建设世界上最北部的浮动核能发电厂——罗蒙诺索夫院士发电厂。在不久的将来，独特的浮动电源装置将交付给佩韦克。为了开发北方海航道，俄罗斯还向其他基础设施项目进行了投资。在萨贝塔港口建设乌特列尼伊海运码头，用于液化天然气和凝析气的转运。"②

（三）破冰船队伍不断扩大

北方海航道航行活动的一个关键环节是保障船舶的破冰领航服务。目前俄罗斯是世界上拥有最大规模破冰船队伍的国家。俄罗斯也是世界上唯一拥有核动力破冰船队伍的国家。目前北方海航道上现役核动力破冰船7艘，柴油电力破冰船9艘。核动力破冰船的主要意义在于使北方海航道实现全年通航。"目前，俄罗斯正在建造三种新型破冰船——'北极'号（2020年试航）、'西伯利亚'号（2021年）和'乌拉尔'号（2022年）。"③ 俄罗斯的核破冰船舰队还包括一艘独特的核动力船，那就是世界上唯一的核动力集装箱船-"北方海航道"号，该船能够通过北方海航道运送货物，包括到达未进行相关装备的海岸。俄罗斯北极地区

① Матвеев О. В. Северный морской путь как кластер российской экономики：история и политика[J]. Исторические науки и археллогия，2019（2）：16-20.

② Севморпуть2.0[DB/OL]. https：//icebreakers. tass. ru，2019-02-20.

③ Севморпуть2.0[DB/OL]. https：//icebreakers. tass. ru，2019-02-20.

还有数台柴油电了破冰船在运营。

（四）航行安全得到基本保障

目前,北方海航道水域安全航行的法律基础已经基本形成。它基于 2007 年 2 月 9 日通过的《关于交通安全》的联邦法律。2012 年,俄罗斯以法律形式确立了商业航行的国家监管规则,其中包括确保北方海航道水域的航行安全。2014 年,整体上已经形成了一整套措施来保障海洋经济主体免受非法干预活动影响。2015 年,法律中确定了违反相关海域船舶航行安全要求应付责任,降低俄罗斯北极地区国家安全威胁,保障其战略稳定性任务已经被列入新版俄罗斯海洋学说。俄罗斯通过日常监测船只的位置,并为他们提供有关冰情、导航和沿整个路线的水文气象情况的必要信息,保障了船只在北方海航道上航行的安全性。

（五）相关法律不断完善

俄罗斯对北方海航道航运的国内法律进行了修改工作,从法律上明确其航行规则,维护其航道利益。北方海航道相关法律法规基础始于 2012 年,在《关于俄罗斯联邦北方海航道水域商业航行管理个别立法活动修正案》联邦法律通过之后。《俄罗斯联邦内水、领海及其沿岸地区》联邦法律中规定,北方海航道是历史上形成的俄罗斯联邦国家交通线路,法律同时规定,北方海航道水域航行根据公认的国际法规和原则、俄罗斯联邦国际条约、俄罗斯联邦法律以及根据其指定的法规进行。2013 年正式生效的《俄罗斯联邦北方海航道水域商业航运法律修正案》对 1999 年的《俄罗斯联邦商船航运法典》、1998 年的《俄罗斯联邦内海、领海和毗连区法》和 1995 年《俄罗斯联邦自然垄断法》相关条文做了重要增补或修订。各种关于北方海航道的使用保障问题,以及为此建设相关基础设施问题也在一系列俄罗斯国家文件中有所体现,如《2020 年前俄罗斯联邦北极地区发展及国家安全保障战略》《2020 年前俄罗斯交通战略》《俄罗斯联邦海洋学说》。涉及北方海航道航运规则的其他法律和规章还有:1991 年的《北方海航道海上航行规则》,1993 年版的《国家边疆法》,1995 年的《俄罗斯联邦自然垄断法》,1998 年的《俄罗斯内海、领海和毗邻海域法》,1996 年连续出台的三个航行文件《北方海航道航行指南》《北方海航道破冰和领航指南规则》《北方海航道航行船舶设计、装备和供给的必要条件》,1999 年的《俄罗斯联邦商业航运法典》,1999 年的《外国军舰领海内水航行规则》等。

（六）国际合作成果初现

"北方海航道开发过程中存在技术和生产落后、投资限制、劳动力不足等诸多问题。这些问题的解决需要合理的联合国家和企业的力量，充分学习国际经验，加强国际合作与交流。"[①]俄罗斯在投资、建设交通设施、资源开采和环保等领域开展同世界各国以及国际公司合作，在与国际公司建立伙伴关系的同时维护自身的利益。当前，俄罗斯希望与包括中国在内的相关国家加强北极合作，实施了一系列国际合作项目，共同开发北方海航道。在此方面，一个显著的例子就是俄方邀请中国参与北方海航道和北极能源开发项目。中俄两国领导人从两国发展的实际出发，为两国合作发展谋划了新的方案，提出共同建设"冰上丝绸之路"的伟大合作倡议。北极亚马尔天然气项目成为中俄两国最大经济合作项目。

三、俄罗斯北方海航道开发的局限性

（一）各级部门行政效率低

"俄罗斯管理效率低，机构多，办事手续繁杂，腐败现象严重。"[②]俄罗斯官僚主义传统根深蒂固，由来已久，而且覆盖国家各级行政机构。这一不良传统也毫无例外的蔓延到了北方海航道开发相关行政领域和部门。当前，从俄罗斯联邦政府、各联邦主体、到各基层部门均存在办事效率低下、脱离群众、办事拖拉、贪污腐败现象非常严重。普京任总统之后，施行了一系列措施，情况有所改善，但未得到根本性好转，高度集中的行政管理体系带来纵向分割的弊端。北方海航道管理部门以及各航段所在各级政府部门或相互推诿，或用各种办法维护地方利益，为北方海航道开发活动带来了不小的行政风险和隐患。外国船企认为，船舶入水行政手续繁复，官僚主义严重，最简单的手续办理也需要及其复杂的审批过程。官僚主义和低效率的办公过程甚至影响到了航道航行领域。要想从北方海航道管理部门得到通行许可，需要船舶进入水域前 15 天内提交申请。相比之下，苏伊士运河通行只需要在 48 小时内递交申请即可。

---

① Гайноченко Т. М. Северный морской путь как элемент межконтинентальных коммуникаций: угрозы и возможности [J]. Экономика, 2014. С. 24.

② 左凤荣. 俄罗斯: 走向新型现代化之路 [M]. 北京: 商务印书馆, 2014: 328.

（二）俄内部对国际合作存疑虑

北方海航道开发过程中存在技术和生产落后、投资限制、劳动力不足等诸多问题。这些问题的解决需要合理的联合国家和企业的力量，充分学习国际经验，加强国际合作。俄罗斯北极政策内容广泛，涉及经济、安全、国防、环境保护、科研考察、原住民以及双边和多边合作等。这就导致涉及北方海航道和北极事务部门数量庞大，北极事务决策过程中存在的立法、行政、中央、地方等行为体交织在一起，每个行为体出于自身利益考量，很难做到协调一致，有时会将政策推向相反方向。例如，针对中俄北极合作，一些俄罗斯学者认为，中俄两国应加强在北极地区的合作，但这种合作要有分寸，俄罗斯应适时的利用中国的经济和科技实力优势来共同开发北极地区。另一种声音则认为，中国参与开发北极除经济目的外还另有所图，把中国视为俄罗斯北极利益的威胁，指责中国把北极问题扩大为国际问题，认为中国作为非北极国家不应参与北极事务，没有相应话语权，不支持中国加入北极理事会。

（三）开发基础遭削弱

苏联曾为俄罗斯留下丰厚的北极遗产。"随着苏联的解体，大部分苏联在北极开发，包括在北方海航道开发方面取得的成绩和突破逐渐消失或被遗忘。自由主义的经济改革、国有资产的股份制改造、集体经济的消除从根本上改变了北极地区居民的生活条件人口开始大量流失。"[1]俄罗斯在短短几年时间里失去了几十年里形成的，善于在北极地区工作的专业人才队伍。很多工人居住的村镇、小型城市和包括海港、机场、公路在内的基础设施被荒废。在国家军事力量改革过程中，许多驻北极部队被迁出，北方舰队和北极航空人员的数量大幅缩减。服务性基础设施的人员数量大幅缩减。众多高层次专业人才和专门培训用于极北部地区军事服务的人员被解雇。

（四）多个领域开发速度缓慢

"北方海航道沿岸基础设施发展速度慢，铁路基础设施落后甚至完全缺失是新的北极交通线路建设和完善的主要抑制因素。"[2]2010—2013年过境运输量增

---

① Серикова У. С. История освоения Арктики[J]. История науки и техники, 2016（4）:20.
② 杨毅. 北极地区人口与经济发展研究［D］. 吉林大学, 2017.

长期间,除了新建的港口和水文工程量显著增加之外,北方海航道的基础设施供应增长不多。资料显示,北方海航道大多数海港的货运量和水平均不高。现在,北方海航道沿线上的大多数港口都需要进行大修,重建和疏浚才能接收现代船只,需要配备现代紧急救援设备,还必须开发导航、通讯、环境控制和安全监控系统。俄罗斯港口,港湾和其他北极地区海上运输基础设施状态不佳,以及因一些不可预见情况,摩尔曼斯克以东地区对大容量船舶存在限制。俄罗斯现有破冰船不足以支撑北方海航道货物通过量的实质性增长。

(五)航道东西部发展不平衡

北冰洋沿岸西部地区和东部地区的开发战略具有原则性差别。西部地区的快速发展主要得益于临近出海口和大陆架油气产地的地理优势。东部地区开发活动受货运量少的制约发展缓慢。这种发展上的差别也正体现了北方海航道东段和西段货物运输量的差别。交通上发展的不平衡将进一步拉大地区发展差距,为国家长期持续发展和社会稳定埋下了隐患。

(六)气候风险较大

北极气候变暖的风险主要包括:第一,多年冻土温度升高会导致其稳定性和结构分解过程加快,例如,土壤的不均匀沉降。预测表明,这些变化将会逐渐增强,建筑和交通基础设施的地基会遭到破坏(公路、铁路、管道和飞机跑道等)。喀拉海沿岸冻土退化会造成海岸侵蚀过程极大加强,目前港口在以每年2～3米的速度后退。尤其危险的是,新地岛存储放射性废物区域的冻土也在逐渐退化。第二,北极海域的沿海地带,风暴风速的频率增加,这会对大陆架钻井平台设施造成巨大风险。风暴潮频率的增加也导致海岸侵蚀的增加,特别是对白令海和喀拉海港口泊位的威胁。第三,由于温度上升,冬季道路作为俄罗斯北部和东北部石油和天然气生产区的主要道路会发生融化,冬季道路使用的减少会影响人员和货物的运输能力。

(七)外部风险和不确定性大

"乌克兰危机爆发后,美欧以及美国的东亚盟国相继启动多轮对俄罗斯的制裁,内容扩展到禁止向俄出口用于深海、北极资源开发的技术,终止与俄罗斯已经开展的和将要开展的合作项目,以及对俄石油公司和银行的制裁,这些制裁严重影响到俄罗斯北极地区发展战略的开展速度。"①日本和俄罗斯之间在千岛群岛上的领土争端尚未解决,从白令海峡到东北亚的北方海航道将沿着这一争端海域行驶。国际能源价格并不稳定,这对于主要北极能源开发以及航道运输来说是一个较大的变数。2014年由于严酷的天气条件、石油价格下跌造成的北极化石原料项目停止、西方制裁等原因,货物流和船舶数量大大缩减。

(八)航道对国外船只吸引力较低

北方海航道存在着严重弊端:高保险费用,低行驶速度,严苛的安全规则,生态环境风险高,不可预测的海冰条件,船只与预期航线的经常性偏差,缺乏高纬度地区合格和经验丰富的船员。所有这些都限制了北极航运的快速发展,降低了北方海航道对外国船只的吸引力。使用北方海航道进行集装箱运输困难,集装箱运输前景低迷,这是在可预见的将来将北方海航道转变为国际运输通道的一个重要缺点。集装箱货物区别于灌装货物需要准确的运输时间和复杂的物流体系,这都是北方海航道暂时无法做到的。北方海航道货运的大量涌入主要是依靠国内运输而不是依靠过境货物,这使人们对使用北方海航道的经济效率产生怀疑。"北方海航道2014年的过境交通量为27.43万吨,2015年为3.96万吨,2016年为21.45万吨,而2017年仅为19.44万吨。2015年,沿北方海航道航行的有715艘商船,而2011年有75艘,而2009年只有两艘通过北方海航道的商船。过境北方海航道的散货运输在2014年以后消失,经北方海航道货物每吨收取20～30美元的关税(相比之下,苏伊士运河运输费用为5美元),在石油价格高位情况下还有获利空间,但随着石油价格的下跌,10～15天的路程节省获利已经不大,失去了经济吸引力。"②航运季节较短,外国船运公司维持使用不到一年的冰级船,利润空间大大下降。

本章小结

本章首先分析了俄罗斯北方海航道开发动因;强化北方海航道的北极综合

① 王志民,陈远航.中俄打造"冰上丝绸之路"的机遇与挑战[J/OL].东北亚论坛,2018(02).

② Матвеев О. В. Северный морской путь как кластер российской экономики:история и политика[J].Исторические науки и археллогия,2019(2):20-26.

交通系统轴心作用、发挥北方海航道对俄罗斯北极资源的运输作用等为俄罗斯对北方海航道进行开发的主要动因;梳理了俄罗斯国家和区域北方海航道开发战略。从俄罗斯北方海航道国家立法的国际法基础和北方海航道法律地位两方面对北方海航道相关法律问题进行了分析;简述了北方海航道开发活动,分析了俄罗斯北方海航道开发的政策和具体举措。北方海航道开发活动具有重点性、综合性等特点。北方海航道开发的阶段性成果初步显现:北方海航道货物运输量逐渐上升,大批重点项目顺利实施等。俄罗斯在取得成绩的同时,还面临着诸如各级行政部门行政效率低、国家内部对国际合作存疑虑等问题。

第三章　俄罗斯北方海航道开发的国际合作

当今时代,在经济全球化背景下,世界各国交流与合作的步伐逐渐加快。俄罗斯北方海航道的开发与发展需要相关国家的共同参与和支持。国际合作是俄罗斯北方海航道综合开发活动的重要路径。俄罗斯在与北极域内外国家的合作中获得了所需的资金和技术,其他国家也从参与开发北方海航道和北极各领域合作中获得了可靠的交通通道以及其他利益。虽然各国在某些合作领域和方面依然存在一些分歧和矛盾,但管控分歧,强化合作是大趋势,北方海航道国际合作的前景是非常广阔的。

第一节　俄罗斯利用国际合作开发北方海航道的动因

在世界传统海洋航线运输能力日渐饱以及各国发展对能源需求不断扩大的背景下,实现运输和能源进口渠道的多元化已经进入了许多国家的发展日程。在这一过程中,参与俄罗斯北方海航道综合开发活动成为众多国家的重要选项。针对北方海航道国际合作开发活动,俄罗斯有自己的利益考量,俄罗斯利用国际合作来开发北方海航道的主要动因包括以下几个方面。

一、利用国外资金和技术

"资金缺乏、科技水平不高是俄罗斯北方海航道开发的主要制约因素。"[①] 世

---

① 阮建平. 国际政治经济学视角下的"冰上丝绸之路"倡议 [J]. 海洋开发与管理,2017 (12):5-7.

界金融危机和欧美经济制裁减缓了俄罗斯经济发展进程。当前,俄罗斯联邦政府依然没有彻底改变捉襟见肘和入不敷出的财政局面。由于俄罗斯经济发展结构不合理,主要依靠能源出口获取收入,经济发展受国际能源价格波动的影响较大,多年来基础设施欠账多,其北方海航道开发也受制于低迷的经济发展状况造成的资金缺乏地影响。俄罗斯科技发展水平总体不高,包括用于北方海航道开发的许多技术、设备需要依靠进口。北方海航道开发活动受到了技术水平的限制。"环北极国家总体发展水平较高,在包括北极航道在内的北极开发领域经验丰富、技术先进、资金雄厚。"① 对北方海航道开发充满兴趣的亚洲国家资金实力较为雄厚,这些资金对于发展北方海航道,提升沿岸地区船舶建造能力、港口和航行基础设施建设具有重要作用。而且,这些国家不属于北极域内国家,大多与俄罗斯没有主权纷争,合作主要出于经济目的。与包括环北极国家和亚洲国家在内相关国家进行合作能够补足俄罗斯的资金和技术短板,加速北方海航道开发进程。

二、增加财政收入

国际合作开发北方海航道是增加俄罗斯财政收入的重要途径。"首先,北极大陆架上发现了 61 个大型油气矿床,其中 43 个位于俄罗斯境内。在海上指定区域内发现的油气储量的分布情况如下:巴伦支海 49%,喀拉海 35%,鄂霍次克海 15%,不到 1% 位于其他海域。北极地区拥有俄罗斯四分之一的石油储量和二分之一的天然气储量,此外,还拥有优质的煤炭、铁、锰、金、镍、铜等储备。"② 国际合作会推动俄罗斯北极大型资源开发项目的顺利实施,提升俄罗斯北极地区资源开采量和出口量,扩大北方海航道的货物运输来源,增加俄罗斯财政收入。其次,与相关国家合作开发和利用北方海航道,吸引各国船只利用北方海航道进行运输活动,在这一过程中俄罗斯能够根据船舶类型、吨位等因素收取航道使用费用,还可以收取破冰领航等服务费用,这对增加俄罗斯财政收入是非常有利的。

三、提升航道国际化水平

在当前全球性风险逐渐增多、化石资源等自然资源利用方面的不确定性上

---

① See Elizabeth C. Economy and Michael Levi, Bu All Means Necessary: How China's Resource Quest is Changing the Word. New York: Oxford University press, 2014.

② 王新和. 推进北方海上丝绸之路 [M]. 北京:时事出版社,2017:43.

升背景之下,极地地区的稳定发展要依靠北极不同管理层面的合作,例如,国家政府间、地方管理机构间、商业和非商业组织间以及公民社会等组织,需要联合各方力量来共同讨论北极发展问题、北极原住民生活问题、航道利用问题、资源开发等问题。俄罗斯希望借助国际合作开发北方海航道的契机,提升航道的国际化水平。"在全球经济一体化的大背景下,依靠海上运输的国际货物贸易尤其是洲际间的货物贸易占总贸易量的比重越来越大,主要国际航线包括亚欧航线(途径苏伊士运河)、亚洲—拉美航线、亚洲—澳洲航线、亚洲—中东航线、欧洲—北美航线以及亚洲—北美航线。"[①] 目前对于利用传统海洋航道运送货物的国家来说,传统南部航线依然是首选。2013 年,北方海航道跨境货物运输量到了顶峰,有 71 艘船舶过境,其中,有 25 艘为外国船只,货物运输量为 126 万吨。虽然从短期来看,北方海航道的外国船只数量较小,但俄罗斯希望充分挖掘航道的国际化使用潜力,为航道参与未来的国际海洋运输竞争提前谋划,在此方面俄罗斯已经在改善航行条件、改革航道收费政策等方面采取了诸多措施,力求吸引国内外船只使用,提升航道国际化水平,为未来将其打造为国际跨洋海上航道做积累和铺垫。

四、融入国际合作大局

俄罗斯希望借国际合作开发北方海航道,打破外交僵局,融入国际合作大局中去。2007 年夏季,俄罗斯两艘深水探测器"和平一号"和"和平二号"首次抵达北极海底,并在海底插上了俄罗斯国旗,同时采集了海底样本,用来证明俄罗斯坚持的罗蒙诺索夫海岭是欧亚大陆架的自然延伸,而非丹麦等国所坚持的格陵兰岛的一部分。这一做法立即遭到了环北极各国的反对,为其合作蒙上了阴影。"乌克兰危机爆发后,美欧以及美国的东亚盟国相继启动多轮对俄制裁,内容扩展到禁止向俄出口用于深海、北极资源开发的技术,终止与俄罗斯已经开展的和将要开展的合作项目,以及对俄石油公司和银行的制裁,这些制裁严重影响到俄罗斯北极地区发展战略的开展速度。"[②] 亚洲国家中的日本和俄罗斯之间在千岛群岛上的领土争端尚未解决,从白令海峡到东北亚的北方海航道将沿着这一争端海域行驶。所有上述事实都说明俄罗斯目前处于非常不利的外部环境之

---

① 白佳玉. 船舶北极航行法律问题研究 [M]. 北京:人民出版社,2016:51.

② 王志民,陈远航. 中俄打造"冰上丝绸之路"的机遇与挑战 [J/OL]. 东北亚论坛,2018(02).

中,亟须打破外交困境的突破口,来增加其与相关各国进行多层次、多领域的合作与交流,改善和增进与世界各国的关系,扩大俄罗斯的外交网路,摆脱受到孤立的困境,融入国际合作大局。俄罗斯希望通过国际合作开发北方海航道来打破俄罗斯的外交困境,融入国际合作大局。此外,北极已经变成了世界上的关键地区。在北极地区气候变暖趋势逐渐增强,海上交通路线逐渐被开辟打通,矿产资源勘探、加工和运输条件逐渐改善。越来越多的国家希望通过国际合作的方式开发北极,这些国家认为必须发挥北极的价值、赢得北极利益,其中包括航道利用和资源开发。因此,各国对北方海航道兴趣的上升也为俄罗斯坚持合作开发、融入国际合作大局提供了动力、坚定了信心。

第二节　俄罗斯与环北极国家的合作

俄罗斯与加拿大、美国以及丹麦、芬兰、冰岛、挪威、瑞典几个北欧国家共同构成了环北极国家。环北极国家是北极利益的直接触及方,北极的发展与开发涉及这些国家的经济、主权、安全等核心利益。"环北极国家总体发展水平较高,在包括北极航道在内的各北极开发领域经验丰富、技术先进、资金雄厚。"① 处理好与环北极国家关系,加强与环北极国家的合作与交流是俄罗斯必须认真思考和解决的问题。从短期来看,俄罗斯与环北极国家合作可能会存在一些小的摩擦和分歧,但爆发大规模冲突的可能性不大。在相互协商、合理管控分歧的基础上,俄罗斯与这些国家具备一定合作潜力和前景。

一、俄罗斯与加拿大的合作

加拿大的北极领土面积(20%)仅次于俄罗斯(40%)。加拿大与俄罗斯、美国、丹麦和挪威等国家共同构成了环北极国家,根据目前的国际法,环北极国家对邻近北极大陆架的经济开发具有优先权力。加拿大的主要北极利益诉求是开发北极的石油和天然气资源。除了传统的石油和天然气田以外,加拿大北极沿海地区拥有巨大的甲烷水合物储量。在工业开采开始之后,这些储备够加拿大使用几百年。然而,大约三分之一的加拿大已探明的石油和天然气仍未开始利用。"由于

---

① See Elizabeth C. Economy and Michael Levi, Bu All Means Necessary: How China's Resource Quest is Changing the Word. New York: Oxford University press, 2014.

尚未开发出足够安全的技术,加拿大还没有在其北极陆架上开始钻探。"①此外,发生重大事故或环境威胁的保险机制尚未制定。除了石油和天然气资源外,加拿大北部还有大量的宝贵矿物储量:钻石、铜、锌、汞、金、稀土金属和铀矿床。极地海冰的融化延长了加拿大控制下的西北航道的航行时间。如果挣脱海冰束缚,这条航道将在经济吸引力方面与俄罗斯北极海岸的北方海航道相媲美。西北航道显著缩减了从东亚到欧洲以及美国和加拿大东海岸的航程(与通过巴拿马运河的路线相比)。此外,它不需要收取过境费用。加拿大和俄罗斯一样,坚定支持划分北极空间的扇形原则,其目的是确保对近北极地区的控制。

在加拿大,"北方"这一概念比"北极"概念的使用更广泛。从地理角度,"北方"不仅包括北部地区,还包括北极圈以南的西北地区,努纳武特和育空地区以及北极以南的群岛和水域。"加拿大北部地区面积占该国国土面积的40%,但只有10万7千人居住在此。加拿大北部地区无论从社会经济还是从军事方面都比俄罗斯北极地区开发程度低。因此,加拿大北极政策的主要目的是全面发展该地区。"②

加拿大的北极战略体现在其政府文件《加拿大北方战略:我们的北方、我们的遗产、我们的未来》中。文件主要包括以下方面内容:第一,保护加拿大北极地区主权,扩大北极地区存在,以强化对其北极地区陆地、海洋和空域的监控。第二,保障加拿大北方地区的经济社会发展。政府每年向北方地区提供25亿美元补贴,以发展此地区医疗、教育和社会服务。马更些河口地区油气资源的开发和金刚石的开采将在不远的未来成为此地区的重要福利。第三,保护环境,适应气候变化。加拿大将在保护环境的基础上发展地区经济,逐渐向低污染能源转型,参与相关国际标准的制定工作。第四,加强地区经济和政治的自主管理。除了国家给予的补贴之外,地区出产矿产资源收入的很大一部分归地方行政主体支配。很显然,加拿大北极政策的优先方向涉及加拿大北方地区经济社会发展、生态保护等领域。加拿大北极战略的内部性要比外部性明显。军事和政治方面很重要,但在加拿大的北方战略中并不是决定性的。"对加拿大而言,北极地区没有直接的军事威胁。确保甚至增加加拿大在该地区军事存在的主要动机是,加拿大没

---

① 车德福. 经略北极:大国新战场 [M]. 北京:航空工业出版社,2014:124.

② 张耀. 加拿大与俄罗斯北极政策比较及对我国的启示 [J]. 山东工商学院学报,2015(04):6-10.

有足够的资源来实际控制北极地区的广袤土地,也没有北极的军事行动经验。"①
加拿大历来在北极地区没有表现出重大军事活动的积极性。冷战期间,加拿大曾
严重依赖美国,因此没有装备其深水港口、发达的通信系统、破冰船和重要的武
装编队。加拿大北方战略确定的军事目标范围非常有限,主要目的是消除北极
国家安全系统中的明显差距和问题,保护该国在该地区的经济利益。在这方面,
加拿大的活动与其他北极大国的活动类似。

2000年12月18日,俄罗斯和加拿大签署了关于北极和北方合作的联合声
明,声明概述了该地区双边合作的主要方向。2007年11月,在俄罗斯总理访问
加拿大期间,双方签署了一些行业协议:关于俄罗斯与加拿大在北极地区的合
作,关于和平利用核能,关于在农业、渔业、兽医和植物检疫控制领域以及金融领
域加强合作。尽管两国间存在潜在冲突的可能性,但俄罗斯和加拿大有很多机
会在以下北极领域展开合作:第一,经贸合作。"北方航空大桥"项目计划在北极
纬度地区建立一个综合通信系统(特别是通过将卫星发射到高椭圆轨道并开发
必要的地面基础设施),以便在克拉斯诺亚尔斯克和温尼伯机场之间进行航空通
信。另一个项目是"北极大桥"项目,计划建立摩尔曼斯克和丘吉尔港口之间的
跨极海上运输通道。第二,科学和技术合作。2011年6月2日签署的俄罗斯-
加拿大关于科学、技术和创新领域合作的联合声明指出,双方认为两国在科技领
域合作的优先方向包括:提高能源有效性、纳米技术、生物医学技术、气候和北极
研究。俄罗斯和加拿大间存在众多研究和教育项目,其中包括加拿大大学和北
方(北极)大学(阿尔汉格尔斯克)之间的合作。除此之外,俄罗斯和加拿大还在
环保、安全、保护原住民等各领域进行着积极合作。

"虽然加拿大不断强化北极军备,同时与美国和北约关系密切,但能够在一
些重要问题上与俄罗斯成为重要伙伴。"②尽管俄罗斯和加拿大在划分北极空间
问题上存在竞争,但两国坚持一些共同原则,即使在领土争端这个问题上也可以
进行合作。首先,两国都赞成通过谈判并根据国际法解决争议问题。俄罗斯和
加拿大也希望通过此种方式解决关于罗蒙诺索夫水下山脊的争端,该山脊蕴藏
着丰富的石油和天然气资源。其次,两国都支持划分北极空间的扇形原则。扇

① Брычков А. С. Арктика в системе угроз национальной и военной безопасности России[A].
Проблемы общественной безопасности, 2014(4).
② 朱宝林. 解读加拿大的北极战略——基于中等国家视角 [J]. 世界经济与政治论坛,
2016(04):7-10.

形原则的应用可以显著增加俄罗斯和加拿大北极空间的控制区。第三,俄罗斯和加拿大支持确保北极海上航道(北方海航道和西北航道)作为内水的地位,这可以为两国带来可观的经济利益。

二、俄罗斯与美国的合作

"早在1928年,美国地理协会就发表了《北极问题研究》报告,显示了对北极问题的重视。"[①] 美国的北极海岸通过阿拉斯加。美国国家地质调查局统计结果显示,该地区储藏着27亿桶石油,约占北极地区未被开发石油储量的31%。预计在该地区也可以找到天然气,但体积要小得多。北极地区对美国核潜艇舰队具有重要战略意义。在阿拉斯加坐落着北美防空司令部的基础设施所在地,覆盖了美国和加拿大北部的战略方向。当前,美国在北极地区的动机发生了变化。"冷战"时期,对于美国来说,最主要的是与苏联的军事战略对抗,现在主要的是经济利益——获得北极的石油和天然气资源。一些知名公司如雪佛龙、埃克森美孚和康诺菲利普斯等活跃在这一地区。作为美国北极战略的内容,2009年1月12日,美国北极政策指令曾指出,"在北极地区,美国具有广泛的国家安全利益,美国准备独立行动或与其他国家结盟,以保护这些利益"。在北极地区,美国最有利的方式是实施航行和经济活动自由原则,因为美国未参加联合国海洋法公约。

美国的北极利益包括以下方面:第一,军事和战略利益。导弹防御和预警,部署陆地和海上部队向北极的战略转移,战略威慑,进行海上行动,航行和飞行自由。美国准备在必要时采取单方面行动来保护这些利益。第二,国内安全利益。防止恐怖袭击或其他增加美国在北极地区脆弱性的犯罪行为。第三,政治和经济利益。扩大美国经济的存在,同时展示海上力量。美国打算不仅要保护其在专属经济区(距离海岸200英里)的权利,而且要行使对周边水域控制的权利。在奥巴马执政时期,美国加强了防空能力,旨在拦截俄罗斯在北极和北大西洋巡逻的战略飞机。此外,美国还计划增加核潜艇舰队在巴伦支海的存在。美国还在靠近俄罗斯领海的楚科奇海进行海军和空军联合演习。美国继续讨论建造核动力破冰船以支持北极地区的海上作业。在国会通过的法案附件中规定:"海岸警卫队的任务之一是为美国提供支持极地地区国家利益的能力。"近年来,美国积极参加北约在北极地区的演习。很明显,美国和其他西方国家正计划加强在北极地

---

① 杨剑. 北极治理新论 [M]. 北京:时事出版社,2014:197.

区的多边军事合作。"为了实施北极战略,奥巴马政府努力加快美国参议院批准1982 年联合国《海洋法公约》的进程。这不仅可以将美国与其他北极国家政策协调活动置于法律机制中,而且还可以扩大在 200 英里区域以外开采矿产资源的可能性。"① 然而,美国船只航行自由的原则并不符合《海洋公约》所规定的限制。美国国会强烈反对加入公约,因为这样做的后果是造成一些已经在其他国家的大陆架上开发各种资源的美国公司的财政损失。

俄罗斯和美国之间在北极问题上的矛盾存在于几个方面。像许多其他国家一样,美国希望沿俄罗斯北极海岸的北方海航道成为国际公共水域。如果这一计划得以实施,俄罗斯不仅会因其他国家使用这条路线而损失巨额收入,而且会增加俄罗斯联邦北极地区军事战略的脆弱性。俄罗斯和美国对北极事务中发挥主导作用的区域组织——北极理事会持不同态度。俄罗斯有兴趣扩大委员会的权力,而美国认为委员会只是一个讨论问题的论坛,并反对给予它一个国际组织的地位,以及制定具有约束力决定的权力。另一方面,"美国积极支持北约在北极的活动,排挤其他国际组织(北极理事会和巴伦支海理事会)"②。鉴于俄罗斯和北约之间关系的当前性质,这样的步骤会对在北极地区没有盟友的俄罗斯产生负面影响。只要美国不批准联合国《海洋法公约》,就有可能与俄罗斯就北极海域和大陆架边界的分界线发生争端。美国对俄罗斯利用罗蒙诺索夫海岭扩大其大陆架面积持否定态度。2001 年,在美国国务院对联合国大陆架界限委员会施压情况下,俄罗斯的申请被驳回。俄罗斯尚未批准与美国的关于白令海边界线划定条约。

除了分歧外,俄美在北极地区也具有极大的合作潜力。北极五国于 2008 年5 月在丹麦伊卢利萨特签署的《宣言》认为,1982 年联合国《海洋法公约》是划分界线的法律依据,各方打算通过谈判解决问题。许多专家认为,这是俄美北极合作的基础。根据奥巴马时期重置与俄罗斯关系的总体愿望,美国总统和国务卿都发表了关于他们打算在北极与俄罗斯合作的声明。然而,最有可能的合作领域应该是那些美国离不开俄罗斯参与的北极领域。这尤其适用于 2011 年 5 月北极理事会成员国签署的确保北极海洋和空中运输安全的措施。每个缔约方都承诺付出努力,确保本国相关北极部门的安全和迅速交流信息。俄美大规模的合作计划集中在俄罗斯的北极地区的资源开发方面。2012 年 4 月,俄罗斯石油

---

① 刘昱彤 . 奥巴马政府以来的美国北极战略研究 [D]. 吉林大学, 2017.
② 傅梦孜 . 析美国北极战略大转向 [N]. 中国海洋报, 2019(02).

公司和美国埃克森美孚公司签署了一项合作协议,在喀拉海勘探和开发石油和天然气资源。美国和俄罗斯在北极的科学研究和环境活动方面的合作一直是而且仍然是互惠互利的。显然,关于北极地区经济发展的任何决定都应该以科学分析北极自然的脆弱性以及严酷的气候、社会和其他条件为依据。在这方面,俄罗斯可以提供破冰船和北极航行的丰富经验。"从军事政治角度,在俄罗斯和美国之间关系中,加强北极地区互信的必要性上升。"①双方合作内容应包括相互告知海军部队在"敏感"地区的行动计划,以及限制在北极地区的军事存在。目前,很难预测俄美关系将如何在北极发展。北方海航道开发等北极各领域合作将怎样展开,这将首先取决于俄美总体关系发展方向。

三、俄罗斯与北欧国家的合作

北极已经变成了世界上的关键地区。在北极地区气候变暖趋势逐渐增强、海上交通路线逐渐被开辟打通、矿产资源勘探、加工和运输条件逐渐改善。越来越多的国家希望通过国际合作的方式开发北极,这些国家认为必须发挥北极的价值、赢得北极利益,其中包括航道利用和资源开发。北欧是快速发展中的欧洲次区域。俄罗斯与北欧国家在包括北方海航道在内的众多北极开发领域具有众多共同利益,具备较大的合作潜力。

（一）俄罗斯与挪威的合作

2011 年 11 月,挪威政府批准了《极北地区:观察与战略》的文件。该文件具有现实意义和翔实性特点,可以认为是知识经济时代挪威的北极发展战略。该文件宣传了"存在、知识、增长"思想,面对创新发展的挑战,旨在简化挪威和俄罗斯作为极地国家间的信息交流。在北极战略中,挪威巩固和强调了其在北方和北极地区政策的关键目标:维护和平与稳定;保障涉及环保和原住民利益的发展管理体系;进行相关科学研究工作;巩固国际合作;依靠地区和国家层面的措施促进国家经济发展。除了具有北欧国家北极战略的一些共同特点之外,挪威北极战略还拥有其他特点:第一,开发自然资源并对其进行综合治理,提升船舶运输的活跃度,利用气候变化背景下产生的额外交通线路和发展机遇。第二,作为亚太地区的大型矿产资源供应者,挪威希望扩大出口能力,利用更加廉价的运输线路。这就为挪威和俄罗斯两国在海上交通领域合作,其中包括在北方海航

① 黄登学. 俄罗斯与美国对抗根源的几点思考 [J]. 东北亚论坛,2016(05):4-6.

道领域的合作创造了前提。同时,这也会引起一定的竞争,因为挪威对将货物吸引到本国北部港口,扩大物流同样充满兴趣。第三,促进挪威北极地区基础设施和生态发展,依靠生物资源和海洋生物技术实现经济发展多元化,实现斯瓦尔巴地区挪威产业专业化转型。

"最近几年,在北极自然资源开发等领域出现了更加明显的国际合作趋势。发展同俄罗斯的关系是挪威北欧政策的基础。"[①] 最近 10 几年来,挪威和俄罗斯的关系实现了从冷战时期的对抗到合作扩大、联系增多的局面。巴伦支海合作和北极理事会是两国政府官员、边境地区学术和文化界定期会见和交流的主要平台。得益于民间外交的发展,在两国边境地区形成了良好的公私合作关系,这巩固了两国间的互信、提升了对彼此的兴趣。

挪威和俄罗斯在北极理事会的合作包括气候和环境研究、船舶航行和创建完整的自然资源管理办法、旅游、教育、科研、卫生等领域的合作。在挪威和俄罗斯合作中除了成绩之外还存在一些现实问题。随着全球变暖趋势的愈发明显,北极海冰的面积在逐渐缩减,北冰洋将逐渐成为船舶北极航行和矿产资源开发的平台。北冰洋在交通方面的通达性将不断扩大,欧洲、亚洲和北美洲之间的海洋通道将获得发展。在此背景之下,俄罗斯和挪威可以在沿岸地区、港口和基础设施发展方面交流知识和经验,在海洋搜救和处置石油泄漏等领域的合作也将扩大。海岸线和港口的吞吐能力对挪威和俄罗斯的战略影响意义都在逐渐扩大。中国、日本、韩国和新加坡等亚洲国家对利用包括北方海航道在内的北极航道都很感兴趣,这为国际合作创造了前提。

"俄罗斯和挪威在管理巴伦支海大陆架方面拥有同样的责任。"[②] 斯瓦尔巴群岛和其濒临的北冰洋水域是俄罗斯和挪威在北极地区关系的重要影响因素。斯瓦尔巴群岛位于距离北极点一千千米处的北纬74至81度和东经10至35度之间。该群岛由几个小岛构成,总面积为 6.2 万千平方千米,群岛的 60% 地域被冰层覆盖。存在一种看法认为,该群岛是在 1596 年由巴伦支发现。几百年来,斯瓦尔巴群岛不属于任何国家。12 世纪至 16 世纪期间,俄罗斯沿海居民到访斯瓦尔巴岛,当时俄罗斯人称其为格鲁曼特(Грумант),格鲁曼特这一称号正值斯瓦尔巴群岛被认为是格陵兰岛的自然延伸时期,并在 15 至 16 世纪的地图中以此标注。

---

① Дякина С. П. Международные и стратенические аспекты освоения арктического пространства России [J]. Международные отношения, 2015(4).

② 赵宁宁. 小国家大格局:挪威北极战略评析 [J]. 世界经济与政治论坛, 2017(03):4-6.

1920 年 2 月 9 日,在巴黎签订的《关于斯瓦尔巴群岛的条约》最终巩固了挪威对斯瓦尔巴群岛的主权。虽然围绕挪威是否可以单独享有专属经济区和大陆架问题的争议一直未有定论,但为了提高北极地区的有效互利合作,消除巴伦支海相关争议区域问题,提高北极地区经济活动的有效性,确定各自的历史权利,俄罗斯和挪威于 2010 年签署了《海洋区域划分和巴伦支海、北冰洋合作条约》(于 2011 年在俄罗斯议会通过)。关于更新俄罗斯和挪威国家界限的谈判从 1970 年就已经开始了,此谈判受国际法当中专属经济区和大陆架制度的影响。该条约基于所谓的"中线"原则。根据两国达成的协议,两国将 17.5 万平方千米的水域划分为面积几乎相等的两部分。这为北极大陆架油气资源开采创造了良好的法律环境,为争议地区化石资源的勘探和开采合作创造了机会,规范了两国的矿产资源开采活动。处于双方划分界线上的资源产地由双方共同开发。这种办法降低了化石资源分配方面的分歧和风险。除此之外,清晰地划定俄罗斯和挪威的法律边界为两国发展渔业和船舶运输创造了明确的法律条件,客观上降低了此领域发生冲突情况的可能性。这是在国际法和国家元首政治意志基础上成功解决北极地区分歧的良好范例。

在俄挪两国签署条约之后,2012 年,挪威政府注资 210 万欧元支持挪威和俄罗斯在北极地区,包括巴伦支海在内的油气资源开发问题和技术办法评估联合项目。"俄罗斯和挪威在极北地区油气领域合作"项目框架下拟在这一地区进行钻探方法分析、钻井开发、物流、交通和环保领域的合作。2011 年至 2012 年,挪威结束了巴伦支海"灰色区域"的地图绘制工作。

虽然俄罗斯和挪威在北极地区的国家利益存在差别,在斯瓦尔巴和其他问题上甚至存在分歧,但在这一地区的两国关系中,建设性合作是主旋律,双方总体来说是希望通过相互妥协和协商的方式找到问题的解决方案。在 2010 年双方签订条约之后,双方成为北极战略伙伴的趋势要比产生新的分歧和冲突的趋势明显,虽然不排除发生各种分歧的可能性。因此,重要的是,潜在的竞争是基于国际法并具有商业色彩,相关决策的提出是出于互利,而非野心和自大。

(二)俄罗斯与丹麦的合作

丹麦在北极地区拥有的领土面积为 300 万平方千米。《丹麦北极战略》与挪威相关文件一样,在具有整个北欧国家北极战略共同特点的同时也具有自己的独有特点。丹麦北极战略的最大特点是充分考虑和协调了国家两个自治区域:格陵兰岛和法罗群岛的利益。这种"三边的模式"与这两个地区在解决包括矿产资源开发和加工等涉及国家发展重大问题上的高度独立性密切相关。丹麦北极战略文件的重要任务之一就是确定共同目标,保障丹麦王国所有三个行政主体的行动协调,共同制定对外政策来保障北极地区安全。丹麦北极战略的主要方面是格陵兰岛,保障格陵兰岛的经济增长,保护岛屿和临近水域的生态,促进原住民的社会经济发展。这种战略定位是正确的,因为正是格陵兰岛让丹麦跻身北极国家的行列。如上所述,丹麦在确定北极地域和水域所属方面表现出极大的积极性。2004年批准联合国《海洋法公约》之后,丹麦向联合国大陆架委员会申请将格陵兰岛和法罗群岛200海里专属经济区以外的五块大陆架区域归本国所有。

"从俄罗斯在北极的利益角度来讲,丹麦的北极战略包含了一系列方面,这些方面为丹麦和俄罗斯进一步在国际组织或双边框架下加强合作奠定了基础。"[1]可是,必须要指出的是,在丹麦的北极战略中,关于同俄罗斯双边合作具体方向的表述是十分含蓄的,其中仅涉及保障北极水域的航行安全和非歧视性使用问题、科研合作问题和在稳定发展方面交流信息问题。

丹麦是俄罗斯在扩大大陆架边界问题上的竞争对手之一,在此背景下,丹麦是否遵守《伊卢利萨特宣言》中的条款具有重要意义。按照此宣言规定,俄罗斯、丹麦、挪威、加拿大和美国任何关于大陆架交叉性申请和诉求都要在联合国《海洋法公约》基础上解决。丹麦在创造北极透明的氛围和睦邻合作方面做出了实质性贡献。丹麦反对关于北极大陆架划界和自然资源开发过程中可能出现冲突的恐慌论调,同时反对让包括北大西洋公约组织在内的军事政治组织插手解决北极事务的观点。需要指出的是,许多丹麦公司和俄罗斯天然气工业股份有限公司在开发大陆架油气资源,以及在极地条件下利用专业化船舶、建设和服务能源交通基础设施,钻井等方面的合作前景广阔。

(三)俄罗斯与冰岛的合作

"冰岛是北极面积最小的国家。冰岛面积为10.3万千平方米,南北300千米,东西500千米。冰岛从2009年开始制定北极战略。"[2]冰岛北极战略是北欧北极政策的一部分。由于资源有限,冰岛无力独自承担北极地区花费昂贵的科研和开发项目。同一些国家类似,冰岛对北极的兴趣在很大程度上受资本投入的限制,

---

① Гайноченко Т. М. Северный морской путь как элемент межконтинентальных коммуникаций: угрозы и возможности [J]. Экономика, 2014(2): 14-18.

② Диденко И. И. Оценка уровня освоения Арктики арктическими странами [J]. Глобалистика, 2016(5): 10.

只能在北极变暖,地区航行条件改善过程中获利。因为,这会提高冰岛既有的应对北极可能发生极端情况和灾难基础设施的竞争力。

冰岛的主要北极利益包括:保护北极、促进地区稳定发展、合理利用地区资源、实现多边治理。2011 年,俄罗斯和冰岛签署了《北极合作宣言》。两国北极合作的优先方向为开发北极化石资源,利用北方海航道并发展其基础设施,防治污染和生态保护,完善北极联合搜救活动,发展信息技术、通信、旅游以及扩大在北极理事会框架内的合作。北极方向是俄罗斯和冰岛经贸及渔业合作负责机构工作的重点方向之一。俄罗斯相关专家对冰岛造船、渔业产品的捕捞和加工技术的开发及应用经验、水产养殖旅游、渔业专家培训非常感兴趣。双方在摩尔曼斯克州进行了成功合作,在那里依靠冰岛投资者的投资成功运营着鱼产品加工厂。除此之外,俄罗斯对冰岛在地热能方面的成功经验也十分感兴趣。冰岛政府正在考虑在北极创建石油和天然气开采国际合作中心,中心拟建在特罗姆瑟。

(四)俄罗斯与瑞典的合作

"虽然瑞典没有北冰洋直接出海口,但由于其独特的地理位置,瑞典对参与北极地区事务表现出极大的积极性。"[①] 在《瑞典北极战略》中指出,瑞典北极活动的优先方向是环境保护、落实国家北部地区经济社会发展方案。需要关注的是,瑞典希望促成欧盟加入北极理事会,并赋予欧盟北极理事会观察员地位。除此之外,瑞典支持扩大北极理事会合作,落实相关北极地区项目。

瑞典缺少北冰洋直接出海口,从一方面来讲,排除了国家关系中北极海域和大陆架划分及使用问题的产生;另一方面,也限制了瑞典同其他国家在北极搜救、能源开发、自然资源开发和应用、海洋运输保障、海洋环境保护等现实领域的国际合作前景。

在很多方面,瑞典北极战略与俄罗斯对北极形势的看法相契合,这为瑞典同俄罗斯的北极双边合作提供了良好的政治环境。但通过对瑞典的北极战略进行分析可以看出,俄罗斯和瑞典发展北极合作的前景是有限的。两国之间潜在的北极合作方向主要包括环保、降低气候变化不良影响、科学研究、原住民文化、传统和语言保护。在瑞典北极战略中也展现了巩固其同俄罗斯在北极理事会框架内合作的需求。俄罗斯"ТВЭЛ"能源公司同瑞典 Vattenfall Nuclear Fuel AB 公司的合作项目是俄罗斯同瑞典合作的典范。这一项目的成功落实将让俄罗斯相关

---

① 曹升生,郭飞飞. 瑞典的北极战略 [J]. 江南社会学院学报,2014(04):10-14.

生产商走入新的、更加广阔的反应堆市场,扩大俄罗斯在世界核能市场的份额。

(五) 俄罗斯与芬兰的合作

根据 1944 年苏联、英国和芬兰签署的停战协议,芬兰将佩切尼基地区(Печенги)交给苏联。自此之后,芬兰失去了通往巴伦支海和北冰洋的出海口。俄罗斯陆路边界向西移动了 1 度。多年以来,芬兰一直是诸多国际协议和北极地区,包括巴伦支海地区国际组织的积极参与者。芬兰将自己定位为将欧盟引入北极开发的前哨。当前,芬兰积极参与筹备欧盟北极战略的制定工作。在芬兰的罗瓦涅米(Рованиеми)坐落着欧盟北极问题信息中心。

2010 年,芬兰通过了《芬兰北极战略》。该战略的优先方向与地区其他北欧国家类似。"芬兰希望通过此文件强化芬兰在教育和科研投资、环境保护技术开发、发展信息技术、通讯和旅游、冬季航行和船舶建造、林木和矿山工业、中小跨国企业出口等领域的发展。"[1]同邻国瑞典一样,芬兰通过参与一系列国际合作项目来促进本国北极北部欠发达地区交通物流等领域的发展。芬兰同瑞典一样,将北极理事会看作是其北极合作的主要平台,并提议扩大北极理事会构成和会议日程。同瑞典一样,芬兰也希望将欧盟吸引进北极理事会,赋予其观察员地位。

同其他北欧国家北极战略相同,芬兰在北极战略中也确定了在北极地区发展同俄罗斯合作的内容。2009 年,芬兰通过了针对俄罗斯的行动规划。2012 年,制定了《2013—2015 波罗的海、巴伦支海和北极地区合作宣言》。对于芬兰来说,俄罗斯是最近、最安全的北极出口,而芬兰对于俄罗斯政府和企业来说是传统的且负责任的商业合作伙伴,其拥有必要的专业知识、发挥两国经济潜力的技术手段。在两国建设性政治对话背景之下,两国投资项目、促进边境地区交流、巩固科技合作以及落实国家投资项目等领域拥有广阔的发展前景。除林木资源、泥炭和可替代能源项目之外,芬兰无法实现能源自给自足。因此,在芬兰的北极战略中强调了北极油气资源对于欧洲和芬兰本国发展的重要意义。挪威和俄罗斯正在开发的巴伦支海化石资源引起了芬兰企业的兴趣。这些公司也希望加入这些北极油气资源开发的大型合作项目中去。

目前,北极服役的俄罗斯船舶大多已经陈旧,这些船舶的更新换代工作是一项重大任务。现阶段的俄罗斯船舶建造工业无法满足本国经济对油气开采和北

---

① Диденко И. И. Оценка уровня освоения Арктики арктическими странами [J]. Глобалистика, 2016(5):12.

极航行的专业化船舶和相关设备的要求,这引起了具有百年破冰船建造和钻井平台建设经验的芬兰的兴趣。2010 年,两国在圣彼得堡签署了《关于创建俄罗斯—芬兰联合造船企业的协议》。该协议规定,俄罗斯联合造船集团将获得芬兰 Arctech Helsinke Shihuard y STX Finland Oy 公司 50% 的股份。

"在俄罗斯和芬兰对话中,北欧交通走廊建设问题被给予了极大关注。"[①] 两国在发展交通系统方面所做的努力旨在保障两国对外经济活动的不断发展,加快商品、服务和人员的流通。双方采取的措施旨在降低运输费用,提高北极地区竞争力。北方海航道的利用,北极铁路、公路和航空体系的现代化为俄罗斯和芬兰两国的合作提供了新机遇。近年来,两国在依托多种运输方式结合、提高运输市场有效性、运输过程中利用信息技术降低运输成本等方面进行了合作。2010年,俄罗斯铁路股份有限公司和芬兰国家铁路公司实施了建设圣彼得堡至赫尔辛基的高速铁路联合项目。俄罗斯北极边境地区行政主体已经成为俄罗斯同包括芬兰在内的外国伙伴合作的重要"工具",俄罗斯和芬兰的合作不仅对两个国家非常重要,对俄罗斯北极地区长期发展战略来说也非常重要。

第三节　俄罗斯与亚洲国家的合作

在全球变暖的背景之下,北极地缘政治和地缘经济意义也在不断上升。2013年,中国、日本、韩国等亚洲国家获得北极理事会观察员国地位,这是亚洲国家争取北极利益道路上迈出的重要一步。近些年来,亚洲国家经济保持高速增长,对便利海上航道和资源需求在不断上升。"北极地区开发为亚洲国家带来了发展机遇,北方海航道和北极丰富的资源引起了亚洲国家的浓厚兴趣,亚洲国家也纷纷制定了自己的北极政策和战略,积极展开包括同俄罗斯在内的国际合作,希望通过参与北极开发活动,为本国发展注入动力。"[②] 中国是亚洲国家中参与北方海航道开发的重要代表之一,由于当前中俄共建"冰上丝绸之路"相关问题具有较大的现实意义,我们将其单独成节进行重点研究。

---

① 赵隆. 北极治理范式研究 [M]. 北京:时事出版社,2014:89.

② Загорский А. Т. Международное сотрудничество в Арктике [J]. Международные отношения, 2015(4):18-20.

一、俄罗斯与印度的合作

由于自身所处地理位置,印度优先关注南极开发,支持南极国际化和国际共同治理。为了研究南极洲,印度创建了海洋研究厅。1981 年,印度派出了第一支探险队到南极大陆,两年后,印度成为亚洲第二个签署《南极条约》的国家(在中国之后)。印度方面认为,《南极条约》是一项伟大的国际成就。2007 年,当时的印度外交部部长称,南极大陆为"人类的共同遗产",并表示"必须为了后代去保护南极"。根据南极的经验,印度形成了其在北极利益的愿景。目前,印度还没有自己明确界定的北极战略。2013 年,在基律纳北极理事会峰会之后,印度外交部发表了关于北极地区的简短声明,概述了该国在北极地区的主要目标和任务。该声明强调,鉴于全球变暖和北极冰层融化带来的新机遇和挑战,印度正在密切关注该地区的形势发展。总的来说,印度目前在北极的利益具有科学、生态、商业和战略性特点。一些印度专家认为,北极像南极洲一样,应该成为人类的共同财产。因此,他们认为,制定一项类似于《南极条约》的全球北极条约极为重要,该条约将保护北极地区的原始生态,禁止开采北极资源。然而,这一立场并没有反映在官方文件中,不太可能在不久的将来在国家层面得到公众的支持。此外,尽管北极国家在该地区存在领土争端,但北极国家存在共识,即北极不能是整个世界的财产。对于俄罗斯和其他北极国家来说,不会容忍将"人类共同遗产"原则扩展到北极,从该区域的国家和区域管理向跨国家和全球管理转变是不能接受的。

"印度有兴趣在北极理事会和双边基础上加强与俄罗斯在北极研究和发展方面的合作。"[①]2015 年 12 月,莫迪总理访问俄罗斯之后的联合声明中,特别关注了这个问题。在北极地区开展联合科学研究被认为潜力巨大,包括是在斯瓦尔巴群岛建立的俄罗斯科学中心的框架内。印度专家也支持扩大与俄罗斯合作的想法。相关专家认为,北极作为一个对话的领土,一个相互信任的区域,合作将有利于整个世界。印度专家支持在俄罗斯、印度和其他亚洲相关国家参与下,在北极建立一个极地科考站的倡议。俄罗斯也被称为"印度通往北极丰富能源宝库的钥匙"。对于印度来说,与俄罗斯的合作是获得北极地区可靠能源供应的最简单方法。印俄间经过时间考验的关系使印度比寻求进入俄罗斯能源市场的其

① Дякина С. П. Международные и стратенические аспекты освоения арктического пространства России [J]. Международные отношения, 2015(4):18.

他国家更有优势。俄罗斯可以为确保印度的能源安全做出重要贡献。从这个角度来看，印度和俄罗斯的北极资源开发合作计划是具有广阔前景的。印度可以利用俄罗斯和西方之间关系中的困难，加强与俄罗斯的合作，特别是与俄罗斯的北极贸易和经济合作项目。俄罗斯和印度在造船方面有丰富的经验。此外，印度北极船只的船员可以在俄罗斯接受特别培训，包括进行救援行动方面的培训。印度打算通过增加对具有前景的投资项目和发展气候研究来扩大其在北极的存在。在这一领域，俄罗斯和印度可以成为合作伙伴。俄罗斯有兴趣让印度加入俄罗斯北极自然资源开发，特别是在西方制裁的背景之下。与印度的合作将使俄罗斯显著增强本国的出口能力，扩大供货的地理范围，使销售市场多元化，并部分弥补外部制裁造成的损失。俄罗斯和印度在相关合作项目中已经取得了一定的成果。俄罗斯石油公司和印度的 ONGC Videsh 有限公司已经签署了万科尔石油公司 15% 的股份购销协议，并正在谈判，以在未来增加这一份额。俄印两国还计划利用北极液化天然气 -2 工厂的能力建立液化天然气供应合作。但印度投资者对北极地区开发领域的困难、环境风险、高项目成本、较长的投资回报以及目前能源价格低廉等方面存在一定担忧。

二、俄罗斯与韩国的合作

韩国北极长期政策的形成可以追溯到 1993 年。1999 年，国际社会对北极进行了第一次联合研究，来自中国和韩国的极地工作者参加了这一联合项目，韩国科学家乘坐中国雪龙号破冰船参加了白令和楚科奇海的研究。2000 年，韩国科学家与来自北极和南极研究所的俄罗斯研究人员建立了工作联系。虽然关于北极的内容最初没有在韩国国家战略"全球韩国"中有所体现，但在实践中，李明博政府将北极问题纳入其外交政策的议程。2008 年，韩国提交了关于成为北极理事会观察员地位的申请。韩国总统访问了挪威和格陵兰岛，开始在韩国内外宣传其北极政策。2013 年上台的朴槿惠政府加强了在北极的活动。她将北极政策与本国的欧亚外交政策联系起来，为本国北极政策给予了支撑并保障了其持续性。第一阶段，完成李明博政府时期就开始的工作，成为北极国家的正式和非正式对话的永久参与者。朴槿惠总统设定的获得北极理事会常驻观察员地位的任务已于 2013 年 5 月实现。根据在基律纳（瑞典）举行的北极理事会会议的结果，除韩国外，中国、日本、印度、新加坡和意大利五个国家获得了相同的地位。韩国外交部称，这是朴槿惠政府制定的北极政策的第一个重要目标。随后的一些任务,已经具有战略意义,出现在 2013 年 12 月"韩国北极政策"政府文件中。该方案确定了 2013—2017 年韩国应实现的四个北极目标:加强北极国际合作、发展极地科学研究、创造新的商机,包括依托北极理事会作用、确保参与北极战略的机构的安全运作。此外,韩国决定创建一个极地信息服务中心。"韩国政府把与北极战略相关的主要任务分配给 6 个部委:海事和渔业部,外交部,科学、信通技术和未来规划部,贸易、工业和能源部,环境部,土地利用、基础设施和运输部。"①

俄罗斯作为最大的北极大国,作为保障北方海航道运行的国家引起了韩国极大兴趣。对韩国来说,俄韩合作与利用北方海航道这一运输走廊以及在北极和环极地区开发能源的前景密切相关。俄韩北方海航道合作被给予了更高关注,因为,北方海航道对韩国来说具有极大吸引力:最大的韩国港口釜山和城市鹿特丹(荷兰)的极地路线之间的距离约 13 万千米,而经传统的海上路线超过 20 万千米,在航行条件适宜的情况下,航行时间能够减少三分之一。俄韩在化石能源的生产和运输领域也具有合作前景。韩国企业已经对此表现出兴趣。韩国拥有世界上最大的造船综合体,这也是韩国综合国力的重要名片。韩国有能力建造专业化海上船舶——破冰船、勘探船、加强冰级油轮、海上钻井平台以及治理环境污染设备。韩国大宇造船海洋株式会(DSME)正在为俄罗斯亚马尔 - LNG 项目建造破冰液化天然气油轮。TPI Megaline 航运公司也在使用相应冰级船舶参与亚马尔地区的货物运输活动。韩国对参与北极开发采取了平衡做法,这包含了韩国两类与俄罗斯利益相关的北极战略方案。第一方案是积极方案,它将取决于在足够长的运输期间内大规模使用北方海航道的能力。如果韩国对北方海航道的运输潜力有质疑,则可以采取第二种克制战略方案。此种情况下,韩国将不会转向积极使用北方海航道,而会重点参与开发北极地区矿产和能源资源的一些项目,以及其他环境监测和保护气候活动。

三、俄罗斯与日本的合作

"日本是亚洲国家中最早开展极地探索的国家。"②在日本,没有任何政府机构专门执行北极政策,或与其他部门相比牵头负责北极政策的机构。日本北极政策的某些问题分属以下部委的职权范围:教育、文化、体育、科学和技术省在北

---

① Диденко И. И. Оценка уровня освоения Арктики арктическими странами [J]. Глобалистика, 2016(5):19.

② 陆俊元. 中国北极权益与政策研究 [M]. 北京:时事出版社,2016:196.

极从事科学研究;外务省负责北极政策的外交政策方面;土地、基础设施、运输和旅游省负责国家关于世界海洋运输的政策。为了解决北极政策中的实际问题,日本政府建造了三艘破冰船。第一艘是在海上自卫队的控制之下。由于日本自卫队法规定的限制,它只能作为由国家极地研究所进行的南极研究来用。另外两艘破冰船属于日本海岸警卫队,专门用于北海道以北的水域巡逻。2013年4月,日本内阁批准了《海洋政策基本计划》,首次确定了日本北极政策的关键方向:观察北极以及研究北极问题;在该地区进行国际合作;对发展北方海航道的经济可行性进行研究。在北极研究领域,《海洋政策基本计划》规定了以下任务:在国内建立研究网络;全面促进国际合作,包括在日本组织国际会议,派遣日本科学家到海外参会等。2013年7月,为制定综合北极战略,涉日本北极问题各部委和机构举行了会议,参会者包括日本内阁秘书处和办公室,内务和通信部,农业、土地林业和渔业省,经济、贸易和工业省,教育、文化、体育、科学和技术省,土地、基础设施、运输和旅游省,环境和防务省的代表。2015年10月,关于日本在北极地区国家政策的第一个综合思想发布。在国际非政府组织"北极圈"会议上,名为"日本的北极政策"的文件在雷克雅未克提出。这一政策界定了日本在外交、国家安全、环境保护、运输、资源开发、信息、通信、科学和技术等领域的北极政策。政府、工业界代表和科学界的互动保障了此政策的综合性特点。该文件旨在帮助日本通过在北极的积极政策解决整个国际社会面临的问题。文件设置了以下任务:最大限度地发挥国家在科学和技术方面的潜力;关注北极生态系统较为脆弱、自愈能力较低的特点;尊重法治和促进国际合作;尊重北极原住民,保护其传统经济和社会结构权利;重视北极地区安全;努力确保该地区的社会和经济状况与气候和环境变化保持和谐;寻求经济机会,利用北方海航道和开发该地区的资源。

"日本在北极的经济利益涉及两个主要领域:开发北方海航道和开发北极化石资源以及海洋生物资源。"[①] 自2010年初以来,随着俄罗斯北方海航道航行活动显著增加,日本对北方海航道的兴趣也在日益增长。2012年夏天,中国"雪龙"号破冰船通过北方海航道进入大西洋后,日本希望尽一切努力加入北极理事会,哪怕是作为一个观察员。2012年12月,由俄罗斯天然气工业股份公司租赁的俄罗斯"鄂毕"号油轮首次通过北方海航道从挪威向日本运送液化天然气。2013年,日本土地、基础设施、交通和旅游省对北方海航道使用的法律基础进行了专门研究。这表明,日本方面有兴趣发展这条海上航线。2015年6月,日本商界代

---

① 邹鑫. 试析日本北极战略新态势 [J]. 国际研究参考, 2019 (04) : 8-10.

表参加了一次会议,会议讨论了关于俄罗斯打算从 2020 年开始推出对使用外国船舶从俄罗斯近海油田运输石油和天然气的限制。商界代表呼吁日本政府向俄罗斯施加压力,要求俄罗斯拒绝实施这些限制。日本海事公司还碰到了影响其利益的其他问题。首先,日本人认为,由俄罗斯方面设置的过境关税过高,使通过北方海航道货物失去足够的经济吸引力。其次,日本航运公司使用冰级船的获利微薄,因为由于航行季节短暂,这些船只的运营时间不到一年。第三,由于天气条件不稳定,天气预警服务较差,以及缺乏有关海冰迁移的信息,北方海航道的使用变得复杂化。第四,日本人对俄罗斯港口,港湾和北方海航道的其他海上运输基础设施的落后现状表示担忧,以及在不可预见的情况下,俄罗斯摩尔曼斯克港以东港口对大吨位船舶航行的限制措施。综上所述,日本专家做出一个明确的结论:北极尚未做好安全和可靠航行准备。尽管如此,也存在一些积极的信息。亚马尔液化天然气项目框架之下计划建造 10 个用于运输液化天然气的破冰船,这些破冰船是专为北极条件下使用而设计的大型船只。日本商船三井公司也是运输液化天然气船舶公司之一。据一些报道,日本和欧洲之间通过北方海航道的定期海上运输航行将在未来逐渐开始。预计,日本强大的技术潜力将为北方海航道和西北航道开发过程中的生态保护、财政回报、科学规划等相关问题提供技术方案,如建立跟踪冰川迁移的系统、建立导航通知系统、积极利用从日本气象卫星接收的信息等。然而,日本尚未就参与北方海航道开发做出最后结论。据日本专家介绍,很多问题在很大程度上将取决于俄罗斯建立的规则和条例是否完全符合国际标准,包括联合国《海洋法公约》的相关规定。从这一角度来看,在国际海事组织的主持下编写《极地法》具有重要意义。此外,还需要注意北方海航道所涉及的地缘政治问题。"一些日本专家非常重视经千岛群岛从日本到欧洲的北部路线,这仍然涉及日本和俄罗斯之间领土争端问题。为了使这个方案取得成功,首先,必须稳定千岛群岛周围的国际政治局势。"① 日本参与北极大陆架石油和天然气田的开发问题与其能源安全密切相关。俄罗斯大陆架油气资源的使用能够帮助日本降低遭遇化石能源价格剧烈波动下的金融风险。此外,在未来,日本可能成为北极天然气的积极买家。根据预测,日本北极液化天然气合同市场份额的增加将有助于稳定与石油市场有关的全球天然气市场。日本参与北极大陆架开发项目的同时将会带来自己的技术和资金。俄罗斯在极端条件

---

① Загорский А. Т. Международное сотрудничество в Арктике[J]. Международные отношения, 2015(4):15.

和高地震活动条件下建设的工业项目对日本技术的需求很大。日本可以获得适合北方海航道特点的油轮、航行保障船舶以及用于开发北极大陆架的特殊设备的大量订单。问题是,钻井平台和其他类型的特殊设备受到西方对俄罗斯经济制裁影响。虽然日本还没有正式对供应到俄罗斯的石油和天然气设备施加限制,但在与俄罗斯的合作可能会影响七国集团团结的背景下,俄日北极合作还是充满一定变数。

四、俄罗斯与新加坡的合作

在 2011 年申请获得北极理事会观察员地位之前,新加坡在北极并没有积极动作。新加坡的兴趣主要局限于航运领域。2008 年,新加坡国家参股公司 Keppel Corporation,根据俄罗斯卢克石油加里宁格勒州海洋石油公司订单为其建造了 2 艘破冰船。在向北极理事会提交申请后,新加坡外交部就任命了一名特别外交代表,监督获得观察员地位的过程。新加坡一再强调,新加坡在北极地区的利益与其发展国计民生相关,不带有政治性质因素。新加坡在北极理事会成员国中开展了积极的宣传运动,以便获得对其申请观察员地位的支持。新加坡很快满足了必要的要求,加入了北极理事会。新加坡在北极没有官方战略,但从其参与北极地区事务的性质可以看出其北极利益。例如,新加坡指出,北极地区的环境保护、安全保障、可持续经济发展和人力资本开发是其加强北极地区存在的主要动机。自新加坡加入北极理事会以来,这些基本利益受到不同程度的重视,并未发生改变。新加坡是一个岛国,位于低海拔地区(最高点为 163 米),从这个角度来看,北极冰川融化造成的海平面上升是该国极其关切的问题。新加坡支持在北极地区建立和运行可靠的海事基础设施和有效的应急系统。新加坡积极参与了国际法框架下极地水域船舶航行法律《极地法》的制定工作。国际海事组织 IMO 于 2015 年通过该文件,以确保北极和南极的航行安全。作为对国际海洋法包括对北极地区承诺的回应,2015 年 9 月,新加坡与国际海洋法法庭签署了一项联合宣言,新加坡在联合国《海洋法公约》框架内获得了亚洲争端和平管控国的地位。新加坡经济的快速发展得益于国家有利的地缘政治地位。新加坡是仅次于上海的世界第二大商业港口。世界上最受欢迎的海运航线之一穿过新加坡海峡和马六甲海峡(SOMS),货物运输量约占世界份额的三分之一。全球变暖和北极从冰川中逐渐解放出来为北方海航道的发展提供了良好前景。虽然对北方海航道的全面商业航运的发展各方仍存在质疑,但北方海航道货物运输的增长潜力可能会对新加坡作为最大港口之一的地位产生一定影响。此外,北极储藏着大量矿产资源,预计未来这些矿产资源将会大面积开发。新加坡认为,新加坡公司在海港建设,破冰船和防冰自举钻机等领域的北极经济项目中拥有大量商机。例如,新加坡 Keppel 公司目前正在建造 3 艘破冰船,其建造的破冰船总数将达到10 个,并正在寻求巩固其在冰级船舶专业市场的地位。新加坡对保护北极环境十分感兴趣,正在计划开发用于该地区的环保技术。新加坡还积极参与北极的科研活动。例如,Keppel 公司与多家公司合作,正在开发世界上第一台环保钻机。该公司与新加坡国立大学合作,成立了海洋科学研究和工程中心,以进一步调查北极环境的变化。新加坡自获得北极理事会观察员地位以来,通过与该区域主要国家发展长期接触,加强了与之前少有合作的成员国的合作。

"新加坡积极参与北极理事会以及北极圈和北极边界论坛的活动,这些活动有助于加强新加坡与包括俄罗斯在内的北极国家的双边关系。"[①]2016 年 5 月,新加坡总理李显龙首次正式访问俄罗斯。访问期间,欧亚经济委员会(EEC)和新加坡签署了一项关于发展贸易和合作的谅解备忘录。这份文件将对俄罗斯和新加坡双边关系产生积极影响。2016 年 5 月,俄罗斯总统北极和南极国际合作特别代表奇林加罗夫(Чилингаров)表示,两国正在积极发展北极的联合科学研究。未来,考虑到新加坡在建造冰级船舶和钻井平台方面的经验,俄罗斯和新加坡可以加强在该地区的经济合作,俄罗斯还希望新加坡支持其在北极大陆架上的立场。

第四节　中俄共建"冰上丝绸之路"

中国是亚洲国家中参与北方海航道开发的重要代表之一,由于当前中俄共建"冰上丝绸之路"相关问题具有较大的现实意义,我们将其单独成节进行重点研究。中俄共建"冰上丝绸之路"倡议是中俄合作开发北方海航道的具体实践和内容。"2018 年 1 月,中国国务院新闻办公室正式发布《中国的北极政策》白皮书。白皮书中提出中国愿依托北极航道的开发利用,与相关各方共建'冰上丝绸之路'的立场表述,白皮书中所述的'冰上丝绸之路'是指穿越北极圈,连接北美、东亚和西欧三大经济中心的海运航道。北极航道包括东北航道、西北航道和

---

① Иванов Г. В. Национальная безопасность России в Апктике:проблемы и решения[J]. Москва, 2015(4):14-18.

中央航道。其中,东北航道西起西北欧北部海域,东抵符拉迪沃斯托克,途径巴伦支海、喀拉海、拉普捷夫海、新西伯利亚海和白令海峡,是连接东北亚地区与西欧国家的最短海上航道。北方海航道是东北航道的最重要组成部分。中俄合作共建的'冰上丝绸之路'指的就是东北航道中的俄罗斯北方海航道部分。中俄合作共建'冰上丝绸之路'倡议是将中国'一带一路'倡议与中俄北极合作实践有机结合、协同推进的重大互利合作方案,符合'新时代中俄全面战略协作伙伴关系'的两国关系发展定位,同时也符合当今世界'和平与发展'的时代主题。"①

一、"冰上丝绸之路"倡议缘起

近年来,"随着北极自然环境和地缘政治环境的不断变化,北极问题已成为当今国际事务中的核心问题之一,其中北极航道问题又是北极的焦点问题之一。2017 年 5 月,在'一带一路'国际合作高峰论坛上,俄罗斯就北极航道问题向中方提出了共建'邀约'。俄罗斯希望中国能利用北极航道,把北极航道同'一带一路'连接起来。7 月 4 日,中国国家主席习近平在对俄罗斯进行国事访问之际,表示中方欢迎并愿意积极参与俄方提出的共同开发建设滨海国际运输走廊的建议,希望双方共同开发和利用海上通道特别是北极航道。这是中国官方最高层对中俄共建冰上丝绸之路的明确表态,是对共建'邀约'的回应"②。同年 10 月 31 日至 11 月 2 日,中俄两国总理第 22 次定期会晤期间,两国领导人再次就此深入交换意见,提出共同开展北极航道开发和利用合作,加速打造北极航道。2018 年 1 月,中国国务院新闻办公室正式发布《中国的北极政策》白皮书。白皮书中指出,"中国愿依托北极航道的开发利用,与相关各方共建'冰上丝绸之路'"。俄罗斯控制的北方海航道是东北航道最重要的组成部分,所以,在东北航道开发利用中握有主导权的俄罗斯也注定成为中方最重要的合作共建伙伴。

二、"冰上丝绸之路"发展优势

中俄两国选择合作共建的这条北极航道自身有着独特的发展优势和潜力。与传统经过苏伊士运河的南部海洋航线相比,北方海航道是货物经过西北欧国家运往亚太地区的最短路线。国际海洋委员会报告中指出,从圣彼得堡到符拉迪

---

① 王欢. 俄罗斯各界热议"冰上丝绸之路建设"——发挥互补优势 合作应对挑战 [N]. 中国社会科学报,2018(2).

② 李振福. "冰上丝绸之路"与北极航线开发 [J]. 人民论坛·学术前沿,2018(6):9-13.

沃斯托克沿亚欧北部沿岸的海路里程为 14300 千米,经苏伊士运河为 23200 千米,经南非好望角为 29400 千米。距离的缩减会带来货物运输时间的节省、燃料使用的减少、运费的减少,最终会提高国际贸易的质量指标,降低货物成本。按照传统的海运路线,中国与欧洲等进行国际贸易往来,必须经过马六甲海峡、印度洋和苏伊士运河才能到达欧洲各港口。"目前我国去往欧洲的传统航运线路,要途经东南亚、南亚、西亚和北非等区域,其中部分地区的种族、宗教和文化等问题极其复杂,恐怖主义、极端事件频频发生,海盗猖獗,不稳定因素极多,严重威胁航运安全。相比传统航道,北极航道优势明显。"[①]一旦北方海航道所在的北极东北航道正式开通,上海以北港口到欧洲西部、北海、波罗的海等港口,将比传统航道航程短 25%～55%,每年可节省 533～1274 亿美元的国际贸易海运成本。作为东亚连接北欧、东欧及西欧地区的最短航道,相比传统的航道,它可以缩短三分之一的航程。相比传统航道,北极航道的沿线国家比较单一,主要经过俄罗斯北部地区,不稳定因素相对减少。同时,北极圈的特殊地理环境,一定程度上也可以免遭海盗等危险因素的侵袭,提升航行安全程度。北方海航道的特殊优势是,北方海航道沿线的地区自身就坐落着资源产地,北极地区自然资源充足,其开发和发展规模日益扩大,其中也包括一些中国参与开发的项目,而且不仅局限在能源开发领域,还包括基础设施和旅游等领域。

三、中俄共建"冰上丝绸之路"的原因

"进入 21 世纪以后,中俄关系持续保持良好的上升趋势。"[②]为什么中俄两国会选择合作开发北极航道呢?这主要是因为"中俄两国在北极航道的开发上存在着优势互补的特征,并且具有促进中俄两国国内区域发展的利益共同点"[③]。近年来,俄罗斯国内经济发展不景气,且面临欧盟和美国的经济制裁,仅靠自身发展,既耗时又费力,其"经济实力不足以支撑一条洲际航道的商业航行。它需要庞大的经体量实体和国际市场的支持,而世界第二大经济体中国与欧洲国际市场正好满足这一需求。于是俄罗斯不失时机地向中国提出了共建'冰上丝绸之路'的建议,邀请中国参与北极事务,与其共同开发北冰洋的北方海航道,这是一

---

① 孔烽. 提升气象防灾减灾能力助力共建"冰上丝绸之路"[J]. 中国减灾,2018(2):8.

② 钱宗旗. 俄罗斯北极战略与"冰上丝绸之路"[M]. 北京:时事出版社,2017:202.

③ 费帆. 探析中俄共建"冰上丝绸之路"的现实需要与实现路径[J]. 理论月刊,2018(7):12-14.

个明智之举"①。因为,第一,俄罗斯具有北极航道建设的区位和技术优势,以及在北极严寒气候条件下的基础设施建设经验,而中国拥有资金、政策和国际贸易的市场优势。第二,占整个东北航道绝大部分航段的北方海航道完全在俄罗斯的控制之下。东北航道经过的海峡多达 58 个,绝大部分位于俄罗斯境内。因此,俄罗斯在航行主权、海上救援与极寒航行技术方面享有无可比拟的主导权。其三,中国参与北极航道商业运行,可能带动韩国和日本的参与。其四,北方海航道所在的东北航道不仅可以解决欧洲市场的供应问题,也给俄罗斯欧洲地区的市场供应带来方便,从而大幅度提升包括北方海航道在内的整个东北航道的商业价值。

另外,就地缘政治而言,北极航道的合作开发既有助于缓解中国面临的"马六甲困局",又有助于减轻欧美长期制裁对俄罗斯造成的负面影响,为中俄两国在地缘政治的博弈中增加筹码。因此,中俄都有规避地缘政治风险、寻求突破瓶颈钳制的相似诉求。通过合作开发北极航道,两国的地缘性劣势均可获得有效弥补。

就合作趋势而言,北极航道的合作开发符合"新时代中俄全面战略协作伙伴关系"的关系定位。中俄合作开发北极航道,既是双方政治互信的外在体现,又是双方务实合作的具体内容,这既符合"新时代中俄全面战略协作伙伴关系"的关系定位,又符合当今世界"和平与发展"的时代主题。

当前,尽管中俄关系正在不断发展,中俄两国在世界政治舞台上配合默契、相互支持,然而与中俄政治关系相比,双边经贸关系发展相对缓慢。此次俄罗斯向中国提出共建"冰上丝绸之路"的倡议,正是有意改变目前中俄政治关系与经济合作不平衡的局面。通过共同开发北极航道,两国将会在基础设施、资源开发、产业合作和金融合作等领域扩大贸易合作空间,使两国经济联系更加紧密、相互合作更加深入,改善中俄政经合作的不平衡局面。对中俄两国来说共建"冰上丝绸之路"是难得的发展机遇。

四、中俄共建"冰上丝绸之路"的机遇

(一)中方的机遇

1. 缓解我国海运压力

"冰上丝绸之路"为我国提供了一条连接欧亚大陆的便捷海上贸易通道。"北极航道对于我国北方沿海地区来说,因海运航程短而具有时间和运费的经济成

① 陆钢."冰上丝绸之路"的商用价值及其技术支撑[J].人民论坛·学术前沿,2018(6):6-8.

本优势。根据预测,如果北极航道完全开通,我国每年可以节省 533 亿~ 1274 亿美元的海运成本,有助于打破海上通道的单一性局面,实现中国国际航运的多元化。北极航道可以缓解我国海运压力,有助于推动'21 世纪海上丝绸之路'建设。近年来,我国海洋经济得到了长足发展,虽然海运航道不断增加,但仍旧不能满足日益增长的海洋贸易需求。在传统航道面临严峻挑战的形势下,北极航道的开发建设有助于缓解我国海运压力。"①北极航道有望成为"一带一路"最北端的通往欧洲的海运通道,有助于推动"一带一路"建设深入展开,更加全面地融入全球经济一体化大局中去。

2. 提供安全稳定的能源通道

我国能源需求对外依存度较高,中东局势不稳,加之传统南部航道已经几乎饱和,拥堵严重,且存在较大的安全风险,加快建立稳定多元的能源供应渠道对于保障我国能源安全具有重要意义。北极地区及其洋底大陆架蕴藏着丰富的石油、天然气和甲烷水合物,以及大量的矿物,资源开发可以为我国开辟新的海外能源基地。除管道输送之外,北极航道为海上油气资源的运输提供了一条安全的海上通道,是北极资源开发利用的重要保障,有助于缓我解国内部分资源压力,同时在资源开发过程中,为我国企业和技术"走出去"获得了便利条件。

3. 推进我国区域协调发展

"北极航道的开通将对我国沿海地区的产业分工和布局产生影响。'一带一路'倡议带动了我国南部、西南、西北地区的经济的快速发展。北极航道的开通以及北极航运商业化运营的不断发展,将进一步提升中国东部沿海地区的经济优势地位,促进中国北方港口经济和外贸发展,进一步刺激中国内地货源地的布局改革和规划更新,从而为内陆地区经济的发展带来机遇。从宏观上来看,虽然中国经济呈现了持续稳定增长的总体局面,但是比较而言,中国境内存在着南北区域发展不均衡、华北地区产业结构滞后、东北地区劳动力人口流失等一系列问题。"②北极航道的开发利用和有效贯通有助于我国华北、东北地区的经济实现跨越式发展,缩小地区发展差距,促进地区平衡发展。

---

① 孙凯. 从愿景到行动:推进"冰上丝绸之路"建设正当其时 [N]. 中国社会科学报,2018 (2).

② 孙凯. 从愿景到行动:推进"冰上丝绸之路"建设正当其时 [N]. 中国社会科学报,2018 (2).

4. 我国争取北极航道权益道路将由难转易

"中国属于海陆复合型国家,争取北极航道区域的海洋权益存在着时间上的'先动劣势',同时,与北极距离较远使中国又存在空间上的'地缘劣势'。因此,客观上讲,争取北极航道权益对于中国来说将是极大的挑战。"[1] 而"冰上丝绸之路"倡议的提出使中国成为北极航道开发建设的重要参与方,为中国创造了争取相关权益的机会,也为中国未来在地缘政治复杂、大国竞争激烈的北极地区地位和话语权的提升创造了良好条件。

(二)俄方的机遇

1. 有利于扭转俄罗斯所处国际关系困局

"20世纪90年代以来,俄罗斯一直备受欧盟和北约东扩的压力,战略空间被一步步挤压,而后2013年乌克兰危机的持续发酵以及2014年以来欧美和北约的严厉制裁等一系列事件使俄罗斯目前在国际政治博弈中陷入十分被动的苦难局面,战略空间不断受到蚕食。"[2] 在新的国际形势之下,俄罗斯需要在非西方国家中寻找稳定的合作伙伴,努力摆脱当前所处的被动困境。加强与中国的合作能够大大削弱美国控制欧亚大陆的能力,并且迫使美国在一定程度上放松与俄罗斯相对抗的立场,从而为俄罗斯实现国际格局以及亚欧秩序的缓和带来相对现实的前景。合作开发北极航道是俄罗斯进一步与中国拉近关系的良好契机。

2. 助推俄罗斯全面开发北极战略

从政治、经济和社会等多个层面来看,北极对于俄罗斯的战略意义非比寻常。"俄属北极领土的总面积约300万平方千米,约占俄领土总面积的18%,其中包括约220万平方千米的陆地领土和将近80万平方千米的领水面积,还拥有数百万平方千米的专属经济区和大陆架等国家管辖范围区域。俄罗斯北极地区居民占全球北极人口约54%,总数约250万人。北极在俄罗斯国家发展中的比重也同样不容忽视。以能源开采领域为例,北极地区天然气开采量占全俄天然气开采量的80%,石油开采量占全俄石油开采量的60%。"[3] 复兴北方海航道是俄

① 李振福. "冰上丝绸之路"与北极航线开发 [J]. 人民论坛·学术前沿, 2018 (6): 9.
② 李振福. "冰上丝绸之路"与北极航线开发 [J]. 人民论坛·学术前沿, 2018 (6): 13.
③ 赵隆. 共建"冰上丝绸之路"的背景、制约因素与可行路径 [J]. 俄罗斯东欧中亚研究, 2018 (4): 10-14.

罗斯全面开发北极战略的重点方向。"冰上丝绸之路"倡议有助于俄罗斯吸引他国资金、技术和人才来助推北方海航道的复兴,并以此为契机推动俄罗斯北极地区的全方位开发。同时,通过共建"冰上丝绸之路",俄罗斯可在该框架内要求相关国家遵守北方海航道的航行组织程序、破冰服务和普通引航规则、水文和气象服务规章、无线电通讯规则、航行安全和防止船舶污染、保护海洋环境等规则,实践其对北方航道的主权和管辖权主张。

3. 增加财政收入,促进地区经济发展

开发和利用北极航道及油气资源可以促进俄罗斯北极及远东地区发展,巩固俄罗斯在北极地区的政治、军事和经贸地位。在开发利用北极航道方面,俄罗斯拥有初始条件、地缘、资源等方面的优势。但国际石油价格下跌、财政资金短缺、欧美经济制裁等一系列原因致使俄罗斯北极开发资金捉襟见肘。因此,利用中国的资金和技术来开发北极以及远东地区,通过收取护航及其他服务费用,可以增加俄罗斯的财政收入,减缓对西方国家的资金和技术依赖。虽然北极航道是以运输线路为前提,但并不限于此。围绕航道建设的产业园区、科技园区将对沿途经济产生溢出效应和辐射效应,从而带动腹地区域经济发展。

4. 推进"欧亚经济联盟"与"一带一路"倡议对接

"2013 年,中国提出'一带一路'倡议,这在一定程度上使俄罗斯对该倡议在国际上形成的强大势力会进一步削弱其国际地位产生担忧。俄罗斯是对中国一带一路倡议最早做出回应的国家,并在 2014 年提出寻找'欧亚经济联盟'与'一带一路'倡议对接契合点的立场,构建整个欧亚大陆核心地区经济纽带,希望以此来巩固俄罗斯与中国在政治和经济上的战略伙伴关系,并借此发展本国综合国力。"[①]因此,"冰上丝绸之路"倡议可以被看作是俄罗斯推进落实"欧亚经济联盟"与"一带一路"倡议对接的战略选择。中国拥有强大的财经和科技发展潜力,这对俄罗斯的北极开发是非常有利的。俄罗斯也会在与中国合作开发北极中有选择性地利用中国的这些潜力,制定微调节机制,掌握一定分寸。

(三)地区和世界的机遇

"冰上丝绸之路"倡议不仅给中俄两国带来了难得的发展机遇,而且给地区和整个世界发展格局产生了巨大影响。北极航道的开发将突出北极地区的地缘

---

① 李振福."冰上丝绸之路"与北极航线开发 [J]. 人民论坛·学术前沿,2018(6):10.

优势,推动环北冰洋区域的整体发展,从而致使国际政治的重心向北部靠拢。由于北半球地区在世界经济贸易总量中占比极高,北极航道的顺利开发将打破传统运河航道的垄断地位,推动国际经济格局的北移。围绕着北极航道的开发,环北冰洋经济圈有望形成。

"就国际经济贸易而言,北极航道的开发和利用将大大缩短船舶由东亚至欧洲、北美东岸的航运里程,北半球地区贸易往来的经济、时间成本也将随之降低。目前,跨洋海运业务主要是经由苏伊士、马六甲、巴拿马等传统运河来完成的。在全球贸易总量逐年增长的情况下,传统运河普遍地段狭窄的劣势日益暴露,使得船舶排队通行的成本逐年增加。"[1]而经由北极航道相对宽阔的海域通行,船舶跨洋通行的效率将得到显著提升,这无疑更利于国际社会的经济交流和贸易发展。

"就国际航运安全而言,北极航道的开发与利用将有助于减少目前跨国航运中存在的种种安全隐患,给船舶通行提供可靠保障。近年来,西印度洋海域海盗活动愈发猖獗,中东海域政治局势持续不稳,南海争端悬而未决,这些因素都给有关国家船舶的通行安全埋下了安全隐患。无论是东北航道还是西北航道,其沿岸国的局势都相对稳定,船舶救援制度相对健全。"[2]通过对北极航道的开发与利用,经由北极航道通行,可以有效地降低国际航运中船舶所面临的不可控风险。

五、中俄共建"冰上丝绸之路"的挑战

尽管北极航道具有诸多优势和潜力,但不可否认,中俄共同开发利用北极航道以及资源还面临诸多困难和挑战。

(一)自然环境严峻

"北冰洋区域常年处于低温环境,一年中只有两三个月海面冰层能够融化,即一年只有两三个月船舶能够正常航行。由于气温较低,北极资源开发或海上航行一旦出现事故导致石油泄漏,很难自然吸收。北极的极寒天气也会给基础设施项目施工带来挑战。在极寒地带户外作业,当工地上气温低于零下40摄氏度或风速超过每秒10米以上需要立即停工。北极地区生态环境又极为脆弱,北极开发引起的生态环境变化将成为全球治理的新问题。此外,东北航道沿途基础设施落后、港口和补给点少、数据资料缺乏等也是定期通航面临的挑战和需要

---

[1]　费帆．探析中俄共建"冰上丝绸之路"的现实需要与实现路径 [J]．理论月刊,2018(7):12.

[2]　费帆．探析中俄共建"冰上丝绸之路"的现实需要与实现路径 [J]．理论月刊,2018(7):14.

克服的困难。"①

（二）对投资及技术要求高

"维护北极定期航行需要建立和完善水文气象资料、通信、补给和救援网,投入特殊设备,材料和技术,资源勘探和开发需要先进设备和巨大投资,风险较大、成本较高。"②

（三）来自西方国家的担忧和抵制

西方国家与俄罗斯的摩擦,对北极国家之间的相互信任造成严重伤害,同时对北极域外国家参与北极事务带来更多不确定性。西方国家尤其是美国、加拿大等北极周边国家对域外国家加入北极开发队伍还心存疑虑。一些西方舆论也从地缘政治的角度制造"中国威胁论",歪曲中国参与北极事务的目的。在俄美间趋于常态化的地缘政治博弈影响下,两国在北极的相关合作进程必然受到不同程度的影响,在航道的法律地位、自由航行原则等问题上的争议也会逐渐放大,成为北极航道建设的负面因素。

（四）地缘政治竞争的挑战

地缘政治竞争的挑战。"虽然冷战的结束缓解了地缘政治竞争,但并没有根除地缘政治竞争。北极资源开发和航道开通的前景日益明显,重新唤起了一度沉寂的地缘政治竞争。俄罗斯不仅与美国在白令海峡的分界线和东北航道的法律地位方面有不同意见,还与挪威存在巴伦支海领海分界线的争议,更与挪威和丹麦三国就北冰洋罗蒙诺索夫海岭到底属于哪国大陆架的自然延伸竞相举证。这些争议和举措不可避免地会影响到北极航道建设的推进。"③

（五）国际机制不统一的挑战

"截至目前,北极地区尚未像南极地区那样形成一个统一的具有法律约束力

---

① 王欢. 俄罗斯各界热议"冰上丝绸之路建设"——发挥互补优势 合作应对挑战 [N]. 中国社会科学报,2018,(2).

② 王欢. 俄罗斯各界热议"冰上丝绸之路建设"——发挥互补优势 合作应对挑战 [N]. 中国社会科学报,2018,(2).

③ 阮建平. 国际政治经济学视角下的"冰上丝绸之路"倡议 [J]. 海洋开发与管理,2017（12）:5-7.

的安排来有效整合现有的各种国家性、区域性和全球性机制,这就导致北极治理机制的'碎片化'。特别是一些国家、区域性和全球性机制之间的矛盾长期得不到有效解决,限制了北极治理机制的协同效率。目前,俄罗斯和北冰洋沿岸国在中北冰洋大陆架划界问题上尚未达成一致,部分国家的大陆架外部界限提案在范围上相互重叠。"[①] 大陆架外部界限划界争议、航道法律地位等问题可能成为北极航道建设的主要法律障碍。

(六)俄罗斯联邦政府内部各部门意见不统一

俄罗斯北极政策内容广泛,涉及经济、安全、国防、环境保护、科研考察、原住民以及双边和多边合作等。这就导致涉及北方海航道和北极事务部门数量庞大,北极事务决策过程中存在的立法、行政、中央、地方等等行为体交织在一起,每个行为体出于自身利益考量,很难做到协调一致,有时会将政策推向相反的方向。

(七)俄罗斯企业对北极长期投资存疑虑

俄罗斯企业对北极长期投资存在疑虑。俄罗斯北方海航道开发的主要力量是一些实力雄厚的大型企业,政府为了促使这些企业参加北方海航道以及北极各领域开发活动施加了一定压力,但企业结合自身利益考量,并不积极投入北方海航道开发中,主要原因是北方海航道的投资收益回报周期太长,企业不愿承担这样的风险。

(八)中俄关系存在一定的不确定因素

"随着中国的不断发展和在世界上地崛起,两国在包括经济实力在内的各领域发展水平差距逐渐扩大,俄对华的戒备心理会加强。"[②] 这就需要在维护与扩大共同利益的同时,巩固两国互信,促进两国合作持续、健康、稳定向前发展。

六、中俄共建"冰上丝绸之路"的策略

针对中俄共建"冰上丝绸之路"中存的困难和挑战,笔者提出以下几点建议。

---

① 阮建平. 国际政治经济学视角下的"冰上丝绸之路"倡议 [J]. 海洋开发与管理,2017(12):6.

② 钱宗旗. 俄罗斯北极战略与"冰上丝绸之路"[M]. 北京:时事出版社,2017:207.

（一）增强互信和合作共识

"北极航道及资源开发利用涉及多方面的复杂权益博弈和竞合关系,无疑需要合作方强化战略共识与政治互信。所以建议中俄成立由双方政府规划设计,海事、航运、科研、智库以及企业等共同参与的北极航道合作开发建设委员会,或者在两国总理会晤机制框架下设立北极航道合作分委会,负责制定合作开发协调事务规划,增进沟通,减少分歧,促进中俄双方务实合作。中俄在北极问题上的立场差别并不是一种无法解决的深层次矛盾。这种矛盾可以在俄罗斯承认非北极国家也享有联合国海洋法规定的相关权利和相关利益基础上得以解决。"①

（二）发挥互补优势

"中俄两国在合作开发北极航道方面应各自挖掘和发挥自身优势、克服短板。同时,面对诸多合作领域和环节,应突出重点、有的放矢。北极航道建设也可以包括沿线矿产资源勘探开发以及运输、安全保障等多方面的内容。中俄两国合作可以将北极航道开发利用作为重点,兼及基础设施、贸易、技术、海事、资源开发、旅游等其他领域的合作。先规划、实施重要的大型项目,并使其产生示范效应。"②

（三）建立、完善北极航行与资源开发合作所需的政策和法律支撑

"现有涉及北极国际法规存在一定缺陷,相关国际组织未能充分发挥作用,各国北极利益错综复杂使开发和利用北极航道及资源的不确定性上升。如能建立、完善相关法律规则体系,将各项合作至于国际法律体系框架之下,则既可以使合作合规推进,也可以减少俄罗斯国内以及沿线其他国家的质疑,还有利于对推合作持续稳定进行。"③

（四）提高技术创新水平

北极航道和资源开发都是在极为复杂的气候、地理条件下展开的,需要相当

---

① 王欢 . 俄罗斯各界热议"冰上丝绸之路建设"——发挥互补优势合作应对挑战 [N]. 中国社会科学报,2018（2）.

② 王欢 . 俄罗斯各界热议"冰上丝绸之路建设"——发挥互补优势合作应对挑战 [N]. 中国社会科学报,2018（2）.

③ 王欢 . 俄罗斯各界热议"冰上丝绸之路建设"——发挥互补优势 合作应对挑战 [N]. 中国社会科学报,2018（2）.

先进的技术、设备和大量人才,中俄要加强资源整合、技术创新合作,同时引入世界级先进人才、技术和资金,充分满足开发利用北极航道的需求,实现共赢。

(五)加强与国际上利益相关方的互动合作

北极航道及其他资源的开发利用涉及众多主体和多元领域及层次,许多国家都对开发利用北极航道和资源感兴趣,因而会出现利益方面的纷争。因此,中俄需要以开放心态妥善处理与第三方的竞合关系。

综上可知,共同建设"冰上丝绸之路"是中俄两国领导人层面形成的共识,也是中俄北极合作的最新方向。中国以参与北极航道建设为抓手,既可以丰富运输路线,促进对外贸易,又可以利用稳定能源进口渠道,助力国家发展。俄罗斯也可以以共建"冰上丝绸之路"为契机加强北极地区发展与建设,推动地区协调发展,为本国经济注入新动力。"冰上丝绸之路"建设不仅有助于北极地区经济社会的发展,促进全球交通贸易格局的均衡,还有助于缓解全球资源需求与供给的矛盾,促进可持续发展。作为当今世界大国,中俄两国需要本着"尊重、合作、共赢、可持续"的基本原则进行"冰上丝绸之路"建设,既要紧紧抓住"冰上丝绸之路"对本国带来的发展机遇,又要有大国责任感,以共建"冰上丝绸之路"为契机为地区和全球发展做出应有贡献。中俄两国拥有良好的政治关系基础和丰富的合作实践经验,完全可以相信,在两国政府、企业和各相关部门的共同努力下,北极东北航道必定会被打造为助力两国合作与发展的新引擎和新高地。

第五节　俄罗斯北方海航道国际合作开发评价

俄罗斯北方海航道国际合作开发具有重点突出、内容明确、方式灵活等特点。目前,北方海航道国际合作开发依然面临国际分歧与矛盾,俄各级部门行政效率低等挑战。北方海航道的国际合作开发和使用还存在较多的不确定性。但从长期来看,俄罗斯北方海航道国际合作的潜力将不断得以释放,前景广阔。

一、俄罗斯北方海航道国际合作开发的特点

(一)重点突出

俄罗斯在选择北方海航道综合开发伙伴的过程中突出了重点和层次。首先,

俄罗斯认识到借鉴北欧国家北极开发经验来发展本国北极地区的必要性。为实现上述目标,俄罗斯与北欧国家积极发展政府间和地区间北极国际合作,其中包括航道、能源、贸易、科技、教育、人文、文化、环保和技术领域的合作。但相比于环北极国家,俄罗斯把亚洲国家放在更重要的位置,更倾向于与其分歧较少、主要追求经济利益的亚洲国家进行合作。亚洲国家可以为北极地区能源和航道建设项目提供资金,这些资金对发展北方海航道,提升沿岸地区船舶建造能力、港口和航行基础设施建设具有重要作用。尽管经济形势发生了短期变化,北方海航道依然是中国、日本和韩国等非北极国家北极活动的优先方向之一。而在亚洲国家中,中国作为俄罗斯的最重要战略伙伴,是俄罗斯合作开发北方海航道的首选。"自从向外国船只开放北方海航道以来,中国已经经北极地区运输了大约100万吨的货物,到2020年,中国预计将把所有外国货物的1%转移到北极。"①在环北极国家中北欧国家是俄罗斯的重点合作方向。这主要是因为,第一,北欧国家和俄罗斯联邦欧洲北部各行政主体间拥有长期的历史和贸易联系。第二,自然气候条件相似,总体上均气候恶劣、冬季寒冷漫长、夏季短暂凉爽、植物生长期短、地形复杂、含水量大、沼泽众多。从经济地理意义上讲,地区远离国家和世界政治及经济的中心地区,人口数量少,且分布稀疏。综上所述,重点突出、层次分明为俄罗斯北方海航道国际合作开发活动的重要特点。

(二)管控矛盾

俄罗斯与一些同其合作开发北方海航道国家间还存在一些矛盾和分歧。大多数情况下,俄罗斯与这些国家能够考虑合作大局,合理管控分歧,为了各自利益而暂时搁置矛盾。长期经济利益超过其短期的政治利益,合作注定多于矛盾。亚洲国家中的日本和俄罗斯之间在千岛群岛上的领土争端尚未解决,从白令海峡到东北亚的北方海航道将沿着这一争端海域行驶。随着北方海航道的不断开发和发展,日本的地理位置逐渐接近北极资源产地,增加了该国获得必要的原材料的机会,俄罗斯和日本选择了以合作大局为主,不断加强北方海航道综合开发合作。虽然加拿大不断强化在北极的军备,同时与美国和北约关系紧密,但能够在一些重要问题上与俄罗斯成为重要伙伴。尽管俄罗斯和加拿大在划分北极空间问题上存在竞争,但两国坚持一些共同原则,即使在领土争端这个问题上也可

---

① Этапы освоения русской Арктики:политико-экономические аспекты[DB/OL]. https://school-science. ru, 2018-02-20.

以进行合作。首先,两国都赞成通过谈判并根据国际法解决争议问题。俄罗斯和加拿大也希望通过此种方式解决关于罗蒙诺索夫水下山脊的争端,该山脊蕴藏着丰富的石油和天然气资源。其次,两国都支持划分北极空间的扇形原则。扇形原则的应用可以显著增加俄罗斯和加拿大北极空间的控制区。第三,俄罗斯和加拿大支持确保北极海上航道(北方海航道和西北航道)作为内水的地位,这可以为两国带来可观的经济利益。

(三)内容明确

在俄罗斯与相关国家合作开发北方海航道的众多领域中,航道利用和资源开发是最为明确和关键的领域。北方海航道为欧亚市场间最为便捷和安全的海上航道,未来发展前景十分广阔,与传统经过苏伊士运河的南部海洋路线相比,北方海航道是货物经西北欧国家运往亚太地区的最短路线。"在国际海洋委员会报告中指出,从圣彼得堡到符拉迪沃斯托克,沿亚欧北部沿岸的海路里程为14300千米,经苏伊士运河为23200千米,经南非好望角为29400千米。"[①] 距离的缩减会带来货物运输时间的节省,燃料使用的减少,运费减少,最终会提高国际贸易的质量指标,降低货物成本,因此,航道开发是参与合作开发国家的首选。俄罗斯自然资源部预测,喀拉海西南部的矿物原料全年货运量2026年将达到42万吨的最大数量。俄罗斯交通运输部估计,北方海航道货物运输量到2030年将增长到8300万吨,其中,国际货物将高达500万吨。液化天然气、石油、煤炭和金属将成为货物运输的基础。俄罗斯北极地区丰富的资源是各国保障能源安全、丰富能源结构的重要选择。资源开发也注定成为参与北方海航道综合开发国家的首选之一。

(四)方式灵活

俄罗斯在与各方合作开发北方海航道过程中,会综合多种因素,结合彼此特点和优势,寻找利益结合点,采取灵活的合作方式。美国希望沿俄罗斯北极海岸的北方海航道成为国际公共水域。如果这一计划得以实施,俄罗斯不仅会因其他国家使用这条路线而损失巨额收入,而且会增加俄罗斯联邦北极地区军事战略的脆弱性。因此,俄罗斯在与美国进行合作时一般会选择低政治、相对不敏感的领域。例如,俄美在北极的科学研究和环境活动方面的合作一直是而且仍然是

① Медведева Л. М. Северный морской путь: опыт освоения и перспективы развития[J]. Ойкумена, 2014. С. 13: 17–19.

互惠互利的。俄罗斯在与中国这一重要战略伙伴合作开发时,提出了共建"冰上丝绸之路"的倡议。最近 10 几年来,挪威和俄罗斯关系实现了从冷战时期的对抗到合作扩大、联系增多的关系。俄罗斯和挪威可以在沿岸地区、港口和基础设施发展方面交流知识和经验,海洋搜救和处置石油泄漏等领域的合作也将扩大。2011 年,俄挪两国签署条约之后,2012 年,挪威政府注资 210 万欧元支持挪威和俄罗斯在北极地区,包括巴伦支海在内的油气资源开发问题和技术办法评估联合项目。"俄罗斯和挪威在极北地区油气领域合作"项目框架下拟在这一地区进行钻探方法分析、钻井开发、物流、交通和环保领域合作。俄罗斯相关专家对冰岛造船、渔业产品的捕捞和加工技术的开发及应用经验、水产养殖旅游、渔业专家培训非常感兴趣。双方在摩尔曼斯克州进行了成功合作,在那里依靠冰岛投资者的投资成功运营着鱼产品加工厂。除此之外,俄罗斯对冰岛在地热能方面的成功经验也十分感兴趣。冰岛政府正在考虑在北极创建石油和天然气开采国际合作中心,中心拟建在特罗姆瑟。北方海航道的利用、北极铁路、公路和航空体系现代化为俄罗斯和芬兰两国的合作提供了新机遇。近年来,俄罗斯和芬兰两国在依托多种运输方式结合、提高运输市场有效性、运输过程中利用信息技术降低运输成本方面进行了合作。

二、俄罗斯北方海航道国际合作开发的挑战

(一)国际分歧与争端

国际分歧与争端是北方海航道国际合作开发的主要挑战与阻碍。分歧与争端的原因一部分源于北极利益划分,另一部分源于其他尚未解决的矛盾。美国等国家希望沿俄罗斯北极海岸的北方海航道成为国际公共水域。如果这一计划得以实施,俄罗斯不仅会因其他国家使用这条路线而损失巨额收入,而且会增加俄罗斯联邦北极地区军事战略的脆弱性。"乌克兰危机爆发后,美欧以及美国的东亚盟国相继启动多轮对俄罗斯的制裁,内容扩展到禁止向俄出口用于深海、北极资源开发的技术,终止与俄罗斯已经开展的和将要开展的合作项目,以及对俄石油公司和银行的制裁,这些制裁严重影响到俄罗斯北极地区发展战略的开展速度。"[1]亚洲国家中的日本和俄罗斯之间在千岛群岛上的领土争端尚未解决,从

---

[1] 王志民,陈远航.中俄打造"冰上丝绸之路"的机遇与挑战[J/OL].东北亚论坛,2018(02).

白令海峡到东北亚的北方海航道将沿着这一争端海域行驶。所有这些问题将成为国际合作开发北方海航道的阻碍因素。

（二）俄各级部门行政效率低

行政效率低、腐败和严重官僚主义是俄罗斯各级行政部门长期存在的问题。北方海航道沿线港口行政手续繁复，工作效率低下，最简单的手续办理也需要及其复杂的审批过程。官僚主义和低效率的办公过程甚至影响到了航道航行领域。要想从北方海航道管理部门得到通行许可，需要船舶进入水域前 15 天内提交申请。相比之下，苏伊士运河通行只需要在 48 小时内递交申请即可。

（三）俄内部对国际合作存疑虑

"北方海航道开发过程中存在技术和生产落后、投资限制、劳动力不足等诸多问题。这些问题的解决需要合理的联合国家和企业的力量，充分学习国际经验。"[1] 俄罗斯北极政策内容广泛，涉及经济、安全、国防、环境保护、科研考察、原住民以及双边和多边合作等。这就导致涉及北方海航道和北极事务部门数量庞大，北极事务决策过程中存在的立法、行政、中央、地方等等行为体交织在一起，每个行为体出于自身利益考量，很难做到协调一致，有时会将政策推向相反的方向。俄政府内部对国际合作开发北方海航道意见并不统一，一些精英对此态度保守，存在较大疑虑。

（四）航道收费过高

目前使用北方海航道进行货物运输的花费较为高昂，包括高昂的破冰船领航费用、过境和海关服务费用和保险费用。这些因素使北方海航道的竞争力降低，使国际合作前景充满不确定性。"过境北方海航道的散货运输在 2014 年以后消失，经北方海航道货物每吨收取 20～30 美元的关税（相比之下，苏伊士运河运输费用为 5 美元），在石油价格高位情况下还有获利空间，但随着石油价格的下跌，10～15 天的路程节省获利已经不大，失去了经济吸引力。"[2]

---

① Гайноченко Т. М. Северный морской путь как элемент межконтинентальных коммуникаций: угрозы и возможности [J]. Экономика, 2014（2）: 18.

② Матвеев О. В. Северный морской путь как кластер российской экономики: история и политика [J]. Исторические науки и археллогия, 2019（2）: 16-18.

（五）投资环境有待改善

制度性障碍甚至阻碍了外国投资进入国家资源开发领域。第一，对外国投资人持俄罗斯油气公司股票的禁止措施成为主要投资限制。第二，"什托克曼"（Штокман）和"萨哈林 2 号"（Сахалин-2）项目证明，外国投资者的利益没有得到有效保护。对个人财产权利的保护不力让各级官员开始利用各种官僚主义的限制措施作为打压外国投资者的手段。投资环境恶化程度不断加剧的另外一个原因是缺少投资合作经验。俄罗斯跨政府间经济合作开始发展的时间并不长。俄罗斯与任何一个向北极投资的国家都没有自由贸易区。

（六）客户投入过大

外国船只企业要想利用北方海航道进行货物运输，需要投入大量资金，需要派出专业化的冰级船舶，冬天还需要使用加强型冰级船舶，邮轮需要为双壳油轮，船只需装配专门的应对紧急情况装置，船员需经过专门北极环境工作培训。

（七）航道无法充分保障集装箱货物运输

集装箱船需要严格按计划进行，要遵循确切时间进行装载、运输和卸载，这样能够最大限度地提高物流效率和降低成本。因此，对集装箱运输来说，可预测性是一个非常重要的因素。与南部航线不同，由于季节性和日常变化以及冰盖的存在，北方海航道上的条件难以预测。北方海航道沿线上的天气突然变化可能会破坏船舶到达目的地港的时间，这将导致需要缴纳罚款，或需要破冰的支持，这些不可抗力将增加运费成本。

三、俄罗斯北方海航道国际合作开发的前景

（一）俄罗斯与环北极国家合作前景

环北极国家是俄罗斯借助国际合作开发北方海航道的重点区域和方向。环北极国家在国际社会中扮演着重要角色。环北极国家最近几十年在经济和社会发展领域取得了卓越成绩，为北极开发和世界发展做出了贡献。特殊的社会经济发展模式将大多数环北极国家变成高工业创新竞争力的繁荣国家，这些国家实现了工业和科教的一体化，人民生活水平大幅提升。不久以前，关于北极发展、俄罗斯北极及次北极区域发展问题在很多时候还被排除在欧洲和全球合作框架之外。北极地区的运输通道、自然资源、社会民族和地缘政治潜力还没有引起人

们的关注。没有环北极各国、世界各国的积极参与,巨大的北极经济、人口和文化潜力就无法得到有效释放。没有国际经验的引入,不可能解决北极发展所涉及的现实生态、人文、经济等问题。八个环北极国家北极发展的优先方向包括:巩固主权、巩固北极和全球安全、航道使用、稳定发展、勘探和开发北极自然资源、分析气候变化趋势、灾难预防、原住民文明保护等方面。

"在各国对北极兴趣不断上升的背景下,环北极国家认识到依靠俄罗斯北极地区航道、资源以及解决俄罗斯北极地区行政主体生态问题来保护欧盟和环北极国家能源、运输通道和生态安全的必要性。"[①] 俄罗斯也认识到借鉴环北极国家北极开发经验来发展本国北极地区的必要性。为实现上述目标,俄罗斯与环北极国家积极发展政府间和地方间北极国际合作。其中包括航道、能源、贸易、科技、教育、人文、文化、环保和技术领域的合作。此外,环北极国家积极参与北极理事会、北欧部长委员会等国际组织工作。俄罗斯与环北极国家需要共同解决以下问题:发展基础设施、提高投资吸引力、经济多元化、扩大自然资源的深加工、解决北冰洋大陆架包括斯瓦尔巴地区矿产资源开发方面的争议和矛盾、保护生态安全并保持全球生态平衡、保护生物多样性等。在环北极国家中,北欧国家北极战略的共同特点是希望北极成为和平、稳定和安全的区域。实现此目标的最重要工具是发展多边国际合作。所有上述国家均从战略角度对与俄罗斯和俄罗斯北部及西北部行政主体在工业、教育、科研、人文和生态等广泛领域展开不同形式的合作表现出极大兴趣。2011 年 5 月 12 日,在格陵兰岛努克市签署的首个俄罗斯参与之下的北极国家北极海上搜救合作协议的落实工作引起了各方的重视。北欧国家的国际战略优先方向永远都包括俄罗斯。瑞典、丹麦和芬兰的利益历史上主要与波罗的海相关,而对于挪威来说,重点方向是俄罗斯西北部地区和巴伦支海区域。在这里,双边国家联系将逐渐获得多边特点,只有在人力和物力充分调动协调的基础上,这种关系才能获得有效发展。而无论如何,都必须有俄罗斯的参与。

与传统经过苏伊士运河的南部海洋路线相比,北方海航道是货物经西北欧国家运往亚太地区的最短路线。"在国际海洋委员会报告中指出,从圣彼得堡到符拉迪沃斯托克沿亚欧北部沿岸的海路里程为 14300 千米,经苏伊士运河为 23200 千米,经南非好望角为 29400 千米。"[②] 距离的缩减会带来货物运输时间的节省,

---

① Дякина С. П. Международные и стратенические аспекты освоения арктического пространства России [J]. Международные отношения, 2015(4):20-22.

② Медведева Л. М. Северный морской путь:опы освоения и перспективы развития[J]. Ойкумена, 2014. C. 13.

燃料使用的减少,运费减少,最终会提高国际贸易的质量指标,降低货物成本。

对于俄罗斯来说,加强与环北极国家的合作为其航道开发、合理利用自然资源、发展和更新基础设施、加快工业发展、推动投资合作创造了重要机遇。相比于环北极国家向俄罗斯国内市场的主动经济扩张,这种合作的方式会对俄罗斯经济发展更为有利。在宏观经济条件具备的条件之下,这将为保持俄罗斯经济快速发展注入动力。包括环北极国家在内的外国船只和商业界对北方海航道的兴趣由两方面构成,首先,从经济利益角度,北方海航道能够成为连接欧洲、远东和北美货物贸易运输活动的通道。在北方海航道各项保障工作稳定运行情况下,北方海航道能够分担大量苏伊士运河等传统海上航线的跨境货物运输任务,成为其可靠后备航道,极端情况下对其构成一定竞争。其次,北方海航道是北极地区资源运输的重要通道。通过北方海航道运输北极地区油气资源要比建设油气运输管道效益更高。

虽然存在一些困难与挑战,但俄罗斯与环北极国家的长期合作还是具备一定潜力的。第一,环北极国家和俄罗斯联邦欧洲北部各行政主体间拥有长期的历史和贸易联系。第二,自然气候条件相似。总体上均气候恶劣、冬季寒冷漫长、夏季短暂凉爽、植物生长期短、地形复杂、含水量大、沼泽众多。从经济地理意义上讲,地区远离国家和世界政治及经济的中心地区,人口数量少,且分布稀疏。第三,俄罗斯与环北极国家的北极经济发展条件和环境比较类似,在很多方面存在较大互补性。第四,俄罗斯与环北极国家存在较多共同利益,例如,环北极国家可以利用俄罗斯北方海航道发展与亚太地区贸易,俄罗斯可以借鉴其他环北极国家经验更好的开发北方海航道以及整个俄罗斯北极地区等,俄罗斯与环北极国家在包括合作开发北方海航道等方面存在较大共同利益。未来一段时间,俄罗斯与环北极国家的长期经济利益将代替短期政治利益,搁置矛盾分歧,为了实现共同利益展开合作是长期趋势。

(二)俄罗斯与亚洲国家合作前景

近些年来,北极地区形成了适宜国际合作的稳定良好的国际环境。各国在北极地区的合作表现出多样化特点,在一定程度上为世界其他欠稳定地区树立了榜样。虽然乌克兰危机之后,俄罗斯和西方国家间的矛盾变得尖锐对其北极建设性合作造成了不良影响。但从战略角度来看,北极国家在这一地区的长期经济利益超过其短期的政治利益,因此北极注定会合作多于矛盾。最近几年,北极地区国际合作领域呈现出宽领域、多样化特点,国际合作发展总体趋势良好。

亚洲国家对北极的兴趣为俄罗斯北极地区国际合作注入了新动力。亚洲国家可以为俄罗斯北极地区项目提供资金,这些资金对发展北方海航道,提升沿岸地区船舶建造能力、港口和航行基础设施建设、资源开发具有重要作用。目前,亚洲国家提供的动力还没有充分显现。2014年没有一支亚洲船舶经过北方海航道。亚洲国家积极参与的合作项目一般都是在俄罗斯已经成功做好铺垫,为合作扫清障碍之后。俄罗斯北极地区国际合作中的主要障碍为欠佳的投资环境。亚洲各国认为,不良的投资环境是阻碍其对北极地区投资的最主要障碍。最简单的手续办理也需要极其复杂的审批过程。官僚主义和低效率的办公过程甚至影响到了航道航行领域。除此之外,各种问题的协调,获取航行路线信息等工作还要耗费大量时间。外国投资者的利益没有得到有效保护。对个人财产权利的保护不力让各级官员开始利用各种官僚主义的限制措施作为打压包括亚洲投资者在内的所有外国投资者的手段。加剧投资环境恶化的另外一个原因是缺少投资合作经验。俄罗斯跨政府间经济合作开始发展的时间并不长,俄罗斯与任何一个向北极投资的国家都没有自由贸易区。

为了吸引亚洲国家投资者参与开发俄罗斯北方海航道,清除现有的制度性障碍和壁垒是必要的。由于,向北方海航道沿线基础设施投资本身就存在极高的不确定性,所以俄罗斯政府应该采取必要的专门化国家保障机制来对投资者和俄罗斯国家间的责任进行严格的划分。考虑到具有极大工作经验的大型船舶企业、造船企业、物流企业等为代表的潜在国外投资者的数量稀少情况,俄罗斯各级政府机构更应主动采取措施促成北方海航道相关国际合作的进行。北方海航道管理局在这一过程之中应该发挥重要作用。而北方海航道管理局目前并未发挥应有的作用。除此之外,俄罗斯远东和北极发展部也应该发挥一定的作用。这些机构首先应该吸引一些大型国际企业参与到北方海航道货物运输活动中,产生示范效应,从而吸引其他企业向北方海航道开发领域进行投资。

"俄罗斯与亚洲国家在北方海航道合作领域利益的互补性较大。"[1]中国、日本和韩国等亚洲国家经济正处于快速发展时期,对实现资源运输渠道和海上货物运输通道多元化的愿望强烈,而这些都是俄罗斯所具有的优势。俄罗斯经济发展和北方海航道开发所需要的大量资金和技术是亚洲国家具有的优势。相比于环北极国家,亚洲国家与俄罗斯的分歧较少,亚洲国家参与北方海航道综合开发活动主要出于经济目的,从这一角度来看,与亚洲国家进行合作让俄罗斯更加放心。在亚洲国家中,作为世界第二大经济体的中国是俄罗斯最重要的战略伙伴,

---

① 肖洋.中俄共建"北极能源走廊":战略支点与推进理路 [J].东北亚论坛,2016(05):8-12.

两国在众多国际和地区问题上立场相似或一致,相互支持,两国关系已经升级为"新时代中俄全面战略协作伙伴关系",两国领导人还提出加强北极各领域合作,共同建设"冰上丝绸之路"的倡议,这将为两国合作开发北方海航道注入新的动力。总的来说,俄罗斯与亚洲国家在北方海航道合作前景是巨大的,产生的问题完全可以通过平等协商和对话的方式得以妥善解决。

(三)俄罗斯北方海航道国际合作开发综合前景

北方海航道是俄罗斯北极地区的主要航运线路,是俄罗斯北极交通体系的基础与轴心。北方海航道通过北极诸海,连接欧洲和远东港口。"相关统计显示,2021年前,北方海航道货运量将增长10倍,达到1500百万吨每年。根据俄罗斯原子能公司预测,沿北方海航道的货物运输量将在2024年达到4000万吨,到2029年将增加到8000万吨。根据俄罗斯自然资源部的预测,喀拉海西南部的矿物原料全年货运量2026年将达到42万吨的最大数量。俄罗斯交通运输部估计,北方海航道货物运输量到2030年将增长到8300万吨,其中,国际货物将高达500万吨。"① 液化天然气、石油、煤炭和金属将成为货物运输的基础。

导致北方海航道货物运输量急剧下降的原因有以下几个方面:第一,2010—2013年过境运输量增长期间,除了新建的港口和水文工程量显著增加之外,北方海航道的基础设施供应增长不多。第二,使用北方海航道的经济环境发生了重大变化,主要原因是石油价格急剧下跌,因此碳氢化合物原材料和产品价格急剧下跌,船舶燃料价格下降。在此背景下,与通过苏伊士运河的传统货运路线相比,使用航程虽然较短的北方海航道收益不大,况且,船舶在冰原之间的移动需要增加具体的燃料消耗。欧洲和东南亚市场之间的碳氢化合物价格差距有所缩小,从而降低了这些市场之间运输的盈利空间。

国际合作开发和使用北方海航道依然面临较多挑战和困难。国外货运企业只有在北方海航道运输能够为其带来利润、俄方能够保障航行服务稳定和可靠情况下才会使用北方海航道。外国企业对北方海航道的担忧主要包括:第一,目前使用北方海航道进行货物运输的花费较为高昂,包括高昂的破冰船领航费用、过境和海关服务费用和保险费用。这些因素使北方海航道的竞争力降低,使国际合作前景充满不确定性。第二,外国船只企业要想利用北方海航道进行货物运输,

---

① Объём перевозок по СМП в 2018 г. увеличился в 2 раза[DB/OL]. https://neftegaz.ru, 2019-02-20.

需要投入大量资金,需要派出专业化的冰级船舶,冬天还需要使用加强型冰级船舶,邮轮需要为双壳油轮,船只需装配专门的应对紧急情况装置,船员需经过专门北极环境工作培训。第三,部分北方海航道沿线港口行政手续繁复,工作效率低下。第四,外国船企对北方海航道能够提供可靠的破冰以及信息保障服务持怀疑态度。第五,外国船企认为,船舶入水行政手续繁复,官僚主义严重。需要预先提供船舶相关信息,船舶进入各港口程序复杂。第六,航运季节较短,外国船运公司维持使用不到一年的冰级船,利润空间下降。第七,北方海航道沿线天气条件不稳定,天气预警服务状况不佳,以及缺乏有关冰川迁移的信息,这给航行造成了很大的困难。第八,俄罗斯港口、港湾和其他北极地区海上运输基础设施状态不佳,以及因一些不可预见情况,摩尔曼斯克以东地区对大容量船舶存在限制。第九,亚洲国家中的日本和俄罗斯之间在千岛群岛上的领土争端尚未解决,从白令海峡到东北亚的北方海航道将沿着这一争端海域行驶。第十,乌克兰危机爆发后,美欧以及美国的东亚盟国相继启动多轮对俄罗斯的制裁,内容扩展到禁止向俄出口用于深海、北极资源开发的技术,终止与俄罗斯已经开展的和将要开展的合作项目,以及对俄石油公司和银行的制裁,这为北方海航道国际合作开发蒙上了阴影。

从北方海航道货物运输商业化角度来看,除了本书所讨论的一些技术和基础设施风险之外,有必要强调使用北方海航道进行集装箱运输的困难。这是在可预见的将来将北方海航道转变为跨境运输干线的一个重要劣势。集装箱船需要严格按计划进行,要遵循确切时间表进行货物装载、运输和卸载,这样能够最大限度地提高物流效率和降低成本。因此,对集装箱运输来说,可预测性是一个非常重要的因素。与南部航线不同,由于季节性和日常变化以及冰盖的存在,北方海航道上的条件难以预测。在北方海航道沿线上的天气突然变化可能会破坏船舶到达目的港口时间,这将导致需要缴纳罚款,或需要破冰的支持,这将增加运费成本。北方海航道上的风险因素包括漂流的冰山,其对船体的机械影响危险巨大。目前气候变化导致的冰情逐渐缓解并不那么明显,融化的海冰可能导致北极地区天气条件的不受控制变化,使航行比现在更难以预测。大多数专家一致认为,大风、极度海浪、冰山形成、海岸侵蚀加剧以及沿海基础设施遭受损害的风险逐渐增加。因此,在不久的将来,使用北方海航道的前景主要依靠散装货物的运输。与集装箱船不同,这些船只不需要如此精确地按照时间表行事,因此,它们较少受到北方海航道多变的天气条件变化的影响。总的来说,各国认为北方海航道国际合作开发虽然具有商业上的潜在吸引力,但由于不安全、不可靠和不稳定的航行等因素影响,北方海航道的国际合作开发和使用还存在较多的不确定性。

　　尽管存在较多困难和挑战,经济形势发生了短期变化,但俄罗斯北方海航道国际合作开发的前景是广阔的。自从俄罗斯向外国船只开放北方海航道以来,中国已经经北极地区运输了大约 100 万吨的货物,到 2020 年,中国预计将把所有外国货物的 1% 转移到北极。对中国来说,这条路线不是替代方案,而是向世界主要市场提供产品的传统方式的补充,尤其是"海上丝绸之路"。它的使用将提高中国运输通道的多元化,增加中国产品供应的可靠性,通过降低运输成本提高经济效益。与通过苏伊士运河的传统路线相比,使用北方海航道的距离减少了 4000 海里。与"海上丝绸之路"相比,经北方海航道从上海到汉堡的航程减少了近三分之一。相比于"海上丝绸之路",在北方海航道的其他优势中,我们可以注意到它的低负载量。"海上丝绸之路"在马六甲海峡和苏伊士运河具有瓶颈,大量船只通过它们容易造成延误。北方海航道的特殊优势是,北方海航道沿线地区自身就坐落着资源产地,北极地区自然资源充足,其开发和发展规模日益扩大,其中也包括一些中国参与开发的项目,而且不仅局限在能源开发领域,还包括基础设施和旅游领域。中国和欧洲之间的过境运输,中国商品和技术的出口,以及俄罗斯资源进口到中国将创造一个协同效应,在提高北方海航道使用效率的同时,中国参与的俄北极项目也会得到发展。2012 年,中国"雪龙"号破冰船穿过北方海航道进入大西洋,这也激发了日本等国家加强与俄罗斯合作开发北方海航道的热情。日本目前在使用北方海航道方面的利益包括向该国提供能源资源,以及从日本向欧洲市场出口货物(集装箱运输)和汽车。随着北方海航道的不断开发和发展,日本的地理位置逐渐接近北极资源产地,增加了该国获得必要的原材料的机会,降低了未来因与中国和欧洲国家竞争可能出现的风险。未来北方海航道的商业化使用在很大程度上依赖于中国和日本等世界能源消费大国以及积极展开亚欧贸易国家的需求。亚马尔液化天然气项目已经在中国的参与下启动,目前它是实现北方海航道稳定商业航运的最有前途的项目。增加中国、日本等国家在北极大陆架上生产液化天然气的合同市场份额将有助于稳定与石油市场挂钩的全球天然气市场。

　　当前,北方海航道国际合作的命运在很大程度上取决于俄罗斯北极地区矿产资源的开发。没有北方海航道也不可能顺利实现对俄罗斯北极自然资源的顺利开发,这首先就包括化石资源。目前,俄罗斯北极地区的地缘政治形势和可能发生的冰情变化为北方海航道开发创造了良好条件。进入 21 世纪,恢复和发展北方海航道对于俄罗斯来说具有特殊意义。当前北方海航道被视为欧亚大陆跨境海上交通走廊,是俄罗斯优先发展的项目。北方海航道船舶航行需要具备以下条件:第一,专业化的船队。在苏联解体后,以及苏联解体后的头十年这一队伍的功能已经下降。第二,海洋沿岸的港口系统。第三,系统化的后方发展基地,主要包括拥有不冻港的摩尔曼斯克、阿尔汉格尔斯克等。第四,大量的货物运输订单。第五,基础设施网络。主要包括能够保障北方海航道航行的安全性和可靠性的气象观测站、海洋地理和卫星服务、应急服务基地网络、机场等设施。"2015年12月,俄罗斯诺瓦泰克公司和中国丝绸之路基金签署向亚马尔液化天然气项目提供15年7.3亿千万欧元贷款的协议。2016年1月,俄罗斯联邦政府签署《关于批准中俄两国落实亚马尔液化天然气合作协议》。"①

综合各方面因素来看,北方海航道国际合作开发虽然具有商业上的潜在吸引力,但由于不安全、不可靠和不稳定的航行等因素影响以及西方与俄罗斯之间的矛盾与分歧,北方海航道的国际合作开发和使用还存在较多的不确定性。但从长期来看,随着相关国家经济发展对化石能源进口数量和进口渠道多元化的需求的上升,传统海洋航线日渐饱和背景下开展亚欧贸易各国对可靠、便捷、安全的海洋航道需求的上升,世界经济不断融合、长期经济利益逐渐超过短期政治利益、合作趋势不断加强,俄罗斯不断改善北方海航道国际合作环境和吸引力,俄罗斯北方海航道国际合作的潜力将不断得以释放,国际合作开发北方海航道为大势所趋,前景广阔。

本章小结

本章首先分析了俄罗斯通过国际合作开发北方海航道的动因:利用国外资金和技术,增加财政收入等;梳理了俄罗斯与环北极国家以及亚洲国家北方海航道合作情况;重点论述了"冰上丝绸之路"倡议缘起和发展优势,以及中俄共建"冰上丝绸之路"的原因、机遇、挑战与策略。中俄两国拥有良好的政治关系基础和丰富的合作实践经验,在两国政府、企业和各相关部门的共同努力下,北方海航道必定会被打造为助力两国合作与发展的新引擎和新高地。俄罗斯北方海航道国际合作开发具有重点突出、内容明确、方式灵活等特点。国际分歧与争端、俄各级部门行政效率低等是北方海航道国际合作开发面临的挑战。虽然北方海航道的国际合作开发和使用还存在较多的不确定性,但从长期来看,俄罗斯北方海航道国际合作为大势所趋,前景广阔。

---

① Тимошенко А. И. Арктика и Северный морской путь[J]. Научный вестник, 2017(4).

第四章 俄罗斯北方海航道开发走势分析

本章通过对俄罗斯北方海航道开发前景的预测,对俄罗斯北方海航道未来开发潜力的分析,全面综合地论证与分析了俄罗斯北方海航道开发走势。我们结合相关专业理论,参照北方海航道开发历史经验,基于北方海航道开发现实,提出俄罗斯北方海航道立体开发新模式。此外,我们为北方海航道未来顺利开发与发展提出了具体途径和方案。

第一节 俄罗斯北方海航道开发的前景预测

北方海航道开发前景受到多种因素的影响,其中包括诸多内部因素,例如,包括亚马尔项目在内的一系列资源开发项目的落实、北方海航道及其沿岸地区基础设施的建设速度以及相关收费政策等。同时,也包含诸多外部因素,例如,气候变化,生态安全趋势的变化,世界其他国家合作伙伴船舶建造和货物运输转至北方海航道方向的计划以及北极国际形势变化和纷争等。以下是对北方海航道综合开发活动各领域发展前景的预测和分析。

一、综合交通系统将不断扩展

解决国家北极地区战略问题和地区经济社会综合发展问题的重要因素之一是建立统一的地区交通体系,这一体系包括北方海航道、综合的河海交通工具、航空、管道、铁路、公路以及港口、通讯等沿岸基础设施。北极交通基础设施的发展和现代化是俄罗斯联邦北极政策的优先方向,而北方海航道是北极综合交通系统发展的轴心。除了北方海航道自身水域之外,俄罗斯广阔的北极沿岸地区以及北德维纳河、伯朝拉河、鄂毕河、叶尼塞河、勒拿河、因迪吉尔河以及科雷马河也濒临或注入北方海航道所在海域。这些河流线路也构成了连接北部海洋航道的统一水路交通系统。俄罗斯联邦总统普京曾在国情咨文中强调,"巩固科学、交通、航行和军事基础设施对于保障俄罗斯北极地区利益具有重要意义。要将北方海航道打造为全球的、具有竞争力的交通系统,其应该在俄罗斯北极和远东地区发展中发挥重要的战略性作用"①。随着河流疏浚等工作的展开,北方海航道沿岸基础设施的不断完善,俄罗斯北极综合交通体系将会更好地发挥功能和作用。"北纬铁路"等铁路和公路网络的建设和与水路网路的成功对接会使北极综合交通体系不断铺展和扩大。

二、技术和工具水平将不断提升

"高水平的技术和设备工具是助力俄罗斯北方海航道,乃至整个俄罗斯北极地区开发和发展的推进器。"②俄罗斯对北极地科学考察长期处于世界领先地位。在苏联长达40多年的北冰洋研究工作中俄罗斯积累了丰富的北冰洋海底研究数据,很多在世界上是独有的。俄罗斯联邦政府制定的旨在推进北极科技创新的任务包括:开发能够适用于北极地区自然和气候条件的材料,引进用于北极研究工作的技术手段和设备;协调和整合国家、科学、商业和教育资源,建立竞争力强大的科技部门,利用先进技术,开发新的技术或者使现有技术适应北极地区条件;实施俄罗斯联邦科研考察队发展计划,其中包括在深海研究中使用机器人;开发和利用新型技术和工艺,合理利用自然资源,开发海洋矿床和水生物资源,预防并清除冰区石油泄漏等技术。北方海航道复兴和新一轮北极开发活动可能成为展示俄罗斯本国和世界经验、为众多领域技术发展提供持续动力的一项综合项目。在科技主导经济发展的时代,俄罗斯将会在已经取得的科技发展成果基础之上,不断加大对北方海航道开发技术和设备研发的重视程度和投入力度,逐渐摆脱对国外相关技术的依赖,不断提升自身技术和设备的研发能力和水平。

俄罗斯北方海航道开发过程中最关键的工具是破冰船。建造和完善破冰船队伍,提升破冰护航服务水平对北方海航道发展具有重要意义。"目前北方海航

---

① Куватов В. И. Потенциал Северного морского пути Арктическрй зоны России. Факторы и стратегия развития[J]. Науковедение, 2014(6):16.

② 李振福,谢宏飞. 俄罗斯的泛北极权益政策实践及其对中国的启示 [J]. 俄罗斯东欧中亚研究,2016(02):7-9.

道上现役核动力破冰船 7 艘,柴油电力破冰船 9 艘。核动力破冰船的主要意义在于使北方海航道实现全年通航。当前俄罗斯现有破冰船不足以支撑北方海航道货物通过量的实质性增长。"[1]根据相关预测,单是保障杜金卡至摩尔曼斯克间的航行就需要 10 艘破冰船。"俄罗斯在建三艘双排水宽体核动力破冰船'北极号'(2020 年试航)、'西伯利亚号'(2021)和'乌拉尔号'(2022)。"[2]这几艘破冰船既可以在北方海航道执行任务,又可以在西伯利亚诸河口执行任务。区别于苏联时期建造的破冰船,这几艘破冰船的特点是排水量大、核功率大。新建造的破冰船将能够保障 12 万吨排水量船舶航行。一定天气条件下,一艘破冰船可以为两艘船舶提供破冰服务。俄罗斯目前拥有世界上最大的破冰船队,这是俄罗斯从跨境运输活动中获取利益的重要工具。俄罗斯对破冰船建造非常重视,认为必须保留且巩固俄罗斯国家提供专业化破冰服务的实力。关于北极海冰将在几十年后完全融化的思想对这一进程产生了阻碍。这是对气候变化的一种极端想法,即使海冰会部分融化,到时候为了防止船舶与浮动冰山相撞也会需要破冰船。俄罗斯从破冰船为外国船只提供破冰保障服务费用中获利。而且,破冰船的功能并不局限于商用目的,还可以配合俄罗斯北极军事保障体系活动,是俄罗斯国家科技乃至综合实力的体现,因此,俄罗斯将会不断扩充本国破冰船数量,不断壮大俄罗斯破冰船队伍。

三、能源开发和货物运输量将不断增长

俄罗斯北极大陆架地区储藏着丰富的化石资源。俄罗斯积极利用本国北极地区丰富的资源优势,实施了一系列资源开采项目,助力国家经济发展,为北方海航道提供货物运输来源支撑。例如,"亚马尔液化天然气项目是一个进行天然气开采、液化和供应的综合项目。2017 年 12 月,亚马尔项目第一条生产线投产。第三条生产线于 2018 年底启动。每年的产能高达 1740 万吨。在工作高峰期,项目现场有多达 3.6 万人工作"[3]未来,随着亚马尔等资源开发项目开发经验的不断积累,相关能源勘探、开发、加工、保存和运输技术的不断提升,北方海航道开发对过货量需求的不断扩大,亚洲相关国家对北极能源开发项目兴趣的日渐浓

---

① Севморпуть2. 0[DB/OL]. https://icebreakers. tass. ru, 2019-02-20.

② Севморпуть2. 0[DB/OL]. https://icebreakers. tass. ru, 2019-02-20.

③ Матвеев О. В. Северный морской путь как кластер российской экономики:история и политика[J]. Исторические науки и археллогия, 2019(2):12.

厚,西方国家逐渐放松相关技术和设备的封锁,俄罗斯北极地区特别是大陆架地区能源开发量必将会逐渐扩大。未来,北方海航道通过货物类型和货物来源基地主要包括:自西向东方向的液化天然气、铁矿石、石油和凝析气;自东向西方向的煤炭、鱼类、精炼油和液化天然气等。在不断提高能源开采数量的同时,俄罗斯也会持续关注一些包括降低生态风险、提升油气资源开采率等问题。

自1996年以来,北方海航道的运输量开始上涨,虽然个别年份出现下降,但总体处于上涨趋势。例如,"2014年,货运量为398万吨,2015年为543万吨,2016年北方海航道货物运输量为750万吨,2017年较2016年增长了42.6%为1070万吨,2018年较2017年增长了84.11%为1970万吨,2019年达到了3000万吨"[1]。当前俄罗斯对复兴北方海航道、开发北极地区非常重视,为相关开发活动提供了相关政策支持和保障。一系列俄罗斯北极地区大陆架化石资源开发项目的顺利实施为北方海航道提供了货物来源保障。相关运输工具和技术能力的逐渐提升保障了货物运输活动的顺利进行。亚太地区和欧洲地区贸易量的逐渐增加,传统国际海洋航线的日渐饱和,亚洲等国家会将更多货物运输活动转移到北方海航道上进行。综合多方因素考虑,俄罗斯在2020和2030年北方海航道货物运输量分别达到3500万和6500万吨是可以实现的,而且未来航道货物运输量还将不断扩大。

四、基础设施将不断完善

"北方海航道竞争力的重要影响因素是基础设施建设。所以俄罗斯认识到,必须实现新的港口网络和搜救设施现代化,装备救援船舶,建立培训基地。"[2]货运量的增加离不开河港和河道的发展和完善。一些地区河、海基础设施对接以及海洋和铁路交通对接不充分是北方海航道沿线综合联运发展水平较低的主要原因。软件基础设施需要配合硬件基础设施共同发展。软件基础设施主要包括以下方面:船舶调度和管理、天气情况预报、监测、信息保障与发布。信息基础设施囊括所有将北方海航道运输活动变得可能、变得有吸引力、变得安全有效的服务工作。北方海航道的安全性问题也是一个尖锐问题,这一问题涉及苏联解体之后相关机

---

① Объём перевозок по СМП в 2018 г. увеличился в 2 раза[DB/OL]. https://neftegaz.ru, 2019-02-20.

② Колосов П. Ф. Надёжные помощники в освоении Арктики [J]. Наука в России, 2014 (5): 12-18.

构和制度协调不足,相关企业创建各自适应其需求的系统等,这些系统应该被纳入统一的管理网络中去。北方海航道开发和大陆架矿产资源项目的发展前景与相关航行救援体系和有效的石油、石油产品泄漏的预警和消除体系密切相关,需要加大对更新救援设施,提升海洋救援和协调中心工作的资金投入。除此之外,还应个别关注领航人员和舰长的专业技能问题。"亚马尔液化天然气"项目对北方海航道开发产生了重要影响。在此背景下一些仅仅服务亚马尔项目功能单一的港口将会发挥多方面功能,将成为推动北方海航道开发与发展的重要支撑点。

建设大型基础设施项目是俄罗斯对北方海航道进行重点性开发的最主要体现。俄罗斯在新建和完善北方海航道相关基础设施方面已经取得了一定成绩。萨贝塔国际港口建设项目是北方海航道发展的转折点和资源丰富的亚马尔半岛及鄂毕湾发展的里程碑,该港口旨在运输亚马尔项目液化天然气,并确保全年通过北方海航道航行。除了建设新的北极萨贝塔港口之外,还创建了新的港口(运输和物流)综合体和航运码头瓦兰杰伊、印迪加、佩琴加和哈拉萨韦。沿海航行的港口点系统正在恢复,包括岛屿领土——新地岛群岛、法兰士约瑟夫地群岛、新西伯利亚群岛、弗兰格尔岛等。为了开发北方海航道,俄罗斯还向其他基础设施项目进行了投资。在萨贝塔港口建设"乌特列尼伊"海运码头,用于液化天然气和凝析气的转运。良好的基础设施是北方海航道得以顺利开发的最重要前提。基础设施建设水平将直接影响交通、物流等其他领域功能的有效发挥。因此,俄罗斯将会在现有基础设施项目基础上,逐步扩大新的基础设施项目建设数量,完善已有基础设施功能,为北方海航道开发提供强大的基础设施保障。

五、国际合作将不断加强

"国际合作开发北方海航道是实现北方海航道有效开发与发展的重要途径。北方海航道开发过程中存在技术和生产落后、投资限制等诸多问题。这些问题的解决需要合理的联合国家和企业的力量,充分学习国际经验。"[①]在投资、建设交通设施、资源开采和环保等领域开展同世界各国以及国际公司合作,在与相关国家和国际公司建立伙伴关系的同时维护自身的利益。北方海航道的顺利开发需要来自外部的先进技术和资金,需要借鉴其他国家的相关经验,需要吸引国外企业利用北方海航道和参与能源开发项目。仅凭俄罗斯一家之力,很难在短时间内

---

① Гайноченко Т. М. Северный морской путь как элемент межконтинентальных коммуникаций: угрозы и возможности [J]. Экономика, 2014(2): 14-18.

取得巨大成绩，俄罗斯需要更进一步向相关国家敞开北方海航道国际合作大门。未来，俄罗斯会进一步巩固和深化与亚洲国家的合作，中国、日本、韩国等亚洲国家对包括开发北方海航道和大陆架资源充满兴趣，并且已经参与相关合作项目之中，俄罗斯与这些国家已经积累了一定的合作经验。中俄两国合作具备良好的政治基础和成功的实践经验，两国关系已经上升到"新时代中俄全面战略协作伙伴"关系的新高度，在新的关系定位之下，中俄共建"冰上丝绸之路"倡议已经进入实际落实阶段，中俄两国会抓紧合作契机，进一步推动共建"冰上丝绸之路"的落实工作。国际合作开发北方海航道为大势所趋，未来，俄罗斯与西方国家在北方海航道合作问题上可能会暂时搁置政治矛盾，共同追求经济利益，在一定程度和部分领域中展开合作。

六、俄罗斯北方海航道未来开发面临的不确定性

俄罗斯北方海航道未来长期开发与发展的前景广阔，潜力巨大。但在开发过程中也必然存在一定的困难与挑战，为其带来一定的不确定性。这些挑战与困难主要包括：自然环境恶劣、大风、极度海浪、冰山、海岸侵蚀加剧以及沿海基础设施遭受损害的风险增加；除了破冰船队服务外，外国船只必须支付俄罗斯方面规定的高额运输关税，这些关税使得通过北方海航道交付货物的经济吸引力下降；航运季节较短，外国船运公司维持使用不到一年的冰级船，利润空间下降；北方海航道沿线天气条件不稳定，天气警报服务状况不佳，以及缺乏有关冰川迁移的信息，这给航行造成了很大的困难；行政效率低，俄罗斯行政体系中存在根深蒂固的官僚主义作风和严重的腐败现象；西方国家的经济制裁和与日本等国的领土争端；国际能源价格涨跌对严重依赖资源出口的俄罗斯具有重要影响，这也会在一定程度上影响北极大陆架能源开发和北方海航道货物运输活动。

综合多方面因素考虑，虽然发展潜力巨大，但当前北方海航道即使在最好的情况下也无法立即成为世界规模的跨境海洋运输线路。"2014年，苏伊士运河航线货物通过量为9.62亿吨，这一数字几乎是北方海航道10年后预测货物通过量的12～15倍。"[①] 目前，北方海航道年货物通过量远远少于苏伊士运河航线货物通过量。对于俄罗斯来说，开发和发展北方海航道的主要目的并不是把北方海航道在短期内打造为苏伊士运河等传统海洋航线的替代航线，更多的是在服务

---

① Диденко И. И. Оценка уровня освоения Арктики арктическими странами [J]. Глобалистика, 2016（5）：20.

本国运输的同时,逐渐发展北方海航道的跨境运输功能,服务国内发展,为俄罗斯北方地区寻找走向世界的突破口等战略目的。

目前关于北方海航道的开发活动存在两种极端观点:一种是极端乐观,另一种是极端悲观。两种观点都是不正确的。北方海航道既不是神话也不是乌托邦。它会为俄罗斯、相关地区和世界带来不少利益,但是这需要有关于航道利用方面的周密政策环境,不应一时兴起,也不应不惜任何代价地去开发,而应建立在全方位的盈亏分析的基础之上。俄罗斯联邦在此过程中发挥的作用不应是无限的划拨联邦财政资金,而是应该清除障碍,创造针对各相关方面的刺激体系。只有在此条件下,北方海航道才能真正发挥服务俄罗斯国内发展和连接欧洲以及亚太桥梁的作用。

第二节　俄罗斯北方海航道未来开发潜力分析

北方海航道相较于传统海洋航线来说,并不具备绝对优势,但却具备一系列相对优势。北方海航道对于运输供货准确性要求低、破冰服务费用较低的堆装货物具有较大吸引力,对运输集装箱船舶的吸引力不大。虽然俄罗斯北方海航道开发活动在未来还面临较多的不确定性,但其开发潜力是巨大的,以下对北方海航道未来开发潜力进行了分析。

一、俄罗斯北方海航道的比较优势

评价北方海航道比较优势时需要将其同其他服务于亚欧间船舶往返航行的海洋航线进行对比。目前最主要的是苏伊士运河—马六甲海峡航线。亚欧间货物运输量的95%都需要通过此航线。目前,北方海航道在最良好的状况之下也无法对其构成竞争,但可以作为风险多元化的分担航线。马六甲海峡—苏伊士运河航线通航能力有限,沿线个别地区政局不稳和海盗袭扰使亚洲等国家开始寻找并支持发展其他可供选择的海上航线,这些线路主要包括:第一,跨欧亚大陆的陆路交通线路。在中国"丝绸之路经济带"倡议的框架之下此线路在不远的将来会得到极大发展。这条线路主要服务于中国的中西部货物外运,但在东部沿海地区暂时还缺乏可替代的海上路线。第二,一系列经过西半球的海上贸易航线,其中包括:西北航道、经巴拿马运河航道和未来经尼加拉瓜运河航道。第一条航道综合各方面因素考虑目前不如北方海航道。另外两条航道服务对象和北方海航道并不相同,在一定条件下,可以向北方海航道分流马六甲海峡航道货物流,发挥分散风险的作用。目前,已有的海上航线各自碰到了一些限制和问题,克服这些问题的途径暂时并不明朗。与此同时,亚洲等国家对北方海航道的兴趣已经达到顶峰,如果近期航道相关通航成本会降低,这些国家也会持续保持浓厚兴趣,因此,北方海航道发展前景是非常巨大的。

北方海航道距离优势明显。北方海航道依然是俄罗斯以及中国、日本和韩国等非北极国家北极活动的优先方向之一。"自从向外国船只开放北方海航道以来,中国已经经北极地区运输了大约100万吨的货物,到2020年,中国预计将把所有外国货物的1%转移到北极。"[①]对中国来说,此路线不是替代方案,而是向世界主要市场提供产品的传统方式的补充,尤其是海上丝绸之路。它的使用将提高中国运输通道的多元化,增加中国产品供应的可靠性,通过降低运输成本提高经济效益。与通过苏伊士运河的传统路线相比,使用北方海航道的距离减少了4000海里。与"海上丝绸之路"相比,经北方海航道从上海到汉堡的航程减少了近三分之一。

北方海航道船舶负荷量小,距离资源产地近。"海上丝绸之路"在马六甲海峡和苏伊士运河处几乎已经饱和,大量船只通过它们时容易造成延误。北方海航道距离资源产地较近。北方海航道的特殊优势是,北方海航道沿线地区自身就坐落着货物产地,俄罗斯北极地区自然资源充足,其开发和发展规模日益扩大,其中也包括一些中国参与开发的项目,而且不仅局限在能源开发领域,还包括基础设施和旅游领域。中国和欧洲之间的过境运输,中国商品和技术的出口,以及俄罗斯资源进口到中国将创造一个协同效应,在提高北方海航道使用效率的同时,中国参与的俄北极项目也会得到发展。

北极地区总体政治环境稳定,敏感度低。并且,航道附近区域气候恶劣,海盗活动少,有利于船舶规避高敏感水域风险。政治环境稳定,不易发生直接的军事冲突,并且海上治安情况良好,能有效抑制海盗和海上恐怖主义活动的发生,利于营造较为安全的国际通航环境。因此,可以节省大量船舶保险费、护航费等,从而降低船舶运营成本。

---

① Конышев В. Н. Освоение природных ресурсов Арктики: пути сотрудничества России с Китаем в интересах будущего[J]. Приоритеты России, 2012(2): 20-24.

二、俄罗斯北方海航道的经济有效性

北方海航道从长期来讲,将会受到不同结构性因素影响。与其说俄罗斯把北方海航道视为能够在当前获利的商业项目,不如说是视为实现北极沿岸地区发展的长期战略项目。其他国家,如中、日、韩等亚洲国家对北方海航道的兴趣越来越浓厚,这说明北方海航道在获利微薄的初始阶段也可能获得发展。未来,当欧亚间往返运输货物的运输企业将运输活动从传统南部海洋路线逐渐向北方海航道转移时,北方海航道将极具商业吸引力。因此,在评价北方海航道短期发展前景时必须考虑运输企业的当前运输花费成本。受不同因素影响,使用北方海航道运输企业成本花费受多种因素影响差别明显。因此对运输企业花费和效益的计算和分析只能针对固定货物、具体类型的船舶和具体航段。北方海航道的主要竞争优势是相比于经苏伊士运河和马六甲海峡等传统海洋航线由于航程缩短带来的较低燃料消耗。可是,在大多数情况下这一优势会被高昂的跨境运输关税和其他花销所抵消。北方海航道近期对海洋运输的主要船型——集装箱货船的吸引力相对不大。目前,影响北方海航道竞争力的主要因素是严酷的天气条件、破冰船数量不足且费用较高、高额的保险费用、破冰船护航服务费用以及政府官僚主义造成的障碍。近期,散装货物运输在北方海航道运输活动中占据着核心位置。低附加值产品的运输活动潜力巨大。"北方海航道对于运输供货准确性要求低、破冰服务费用较低的堆装货物运输具有较大吸引力。"[1]

三、俄罗斯北方海航道对不同船型的吸引力

在评价货物运输盈利性时的最重要因素是货物类型。传统货物运输类型主要包括两类,分别是散货运输和定程运输。散货运输主要运输的是石油、煤炭、铁矿石和谷物等原料。依据合同,运输堆装货物往往利用邮轮和散装大型货船。此种运输方式对基础设施要求不高,还由于此种运输方式运输量往往不大,所以被认为是最适合北方海航道行使的船舶类型。由于天气和冰区环境复杂等原因造成的货物运输时间的不确定性对堆装货物运输影响较小。堆装货物沿北方海航道完全可以靠距离和时间的缩减以及相对传统海洋航线较低的燃料消耗而取胜。

---

① Диденко И. И. Оценка уровня освоения Арктики арктическими странами [J].
Глобалистика, 2016(5):20.

定程运输需要固定航线和固定的货物运抵时间和货物价格,操作过程类似固定线路、固定时间和固定站点的公共汽车,只是船舶装运的不是乘客而是货物。此种运输方式最大的优点是对货物运输数量要求不高。每一个卖方可以不需要专门船舶运输自己的商品而是可以将自己的货物和其他卖方的货物同装一船进行运输,这大大降低了运输成本。定程运输运送的是工业生产中的成品或半成品。定程运输主要靠集装箱船舶运送货物。由于目前相对严峻的自然条件、落后的基础设施等因素,北方海航道对于要求准确时间表的集装箱船舶吸引力不高,集装箱船需要严格按计划进行,而且他们要遵循的确切时间表的装载、运输和卸载,这样能够最大限度地提高物流效率和降低成本。因此,对集装箱运输来说,可预测性是一个非常重要的因素。与南部航线不同,由于季节性、日常变化以及冰盖的存在,北方海航道上的条件难以预测。在北方海航道沿线上的天气突然变化可能会破坏船舶到达目的港口时间,这将导致缴纳罚款,或需要破冰的支持,这种不可抗力将增加运费成本。

考虑到季节性因素的影响,对北方海航道的使用可以采取混合式的运输策略,也就是在一年当中利用不同海洋航线的运输方式。有专家对适合北方海航道航行季节内通过北方海航道通航的船舶和通过苏伊士运河船舶费用进行了对比发现,"至少在三个月的航期之内只要燃料和破冰护航大幅度降低的情况下选择北方海航道才会盈利"[1]。即使是在此种情况下北方海航道同全年通航的苏伊士运河相比竞争力还是不足。但未来随着北方海航道相关基础设施的不断完善、破冰技术的不断发展、破冰费用的逐渐降低、行政环境的不断改善,北方海航道未来发展潜力是非常巨大的,前景是广阔的。

第三节　俄罗斯北方海航道开发的新模式与实现途径

北方海航道的顺利开发与发展离不开科学的开发模式和具体的实现途径。本节内容将详细解析北方海航道立体开发新模式,对构建此模式的理论和现实依据进行分析,论述此模式构建的原则。从加大政府投入、加强基础设施建设等几个方面提出实现北方海航道开发的关键途径。

---

[1]　Куватов В. И. Потенциал Северного морского пути Арктическрй зоны России. Факторы и стратегия развития[J]. Науковедение, 2014（6）：18.

一、俄罗斯北方海航道开发的新模式

（一）"俄罗斯北方海航道立体开发新模式"解析

我们结合相关专业理论,参照北方海航道开发历史经验,基于北方海航道开发现实,提出以重点项目为牵引,以基础设施为支撑,以吸引外资为手段,以国际合作为途径,形成以点布局,以轴串联的北方海航道立体开发新模式。以下对此新模式的各构成要素进行了分析与解读。

第一,重点项目应在北方海航道立体开发新模式中发挥牵引和带动作用。重点项目应该成为北方海航道开发的主要推动力。当下,俄罗斯政府正在对北方海航道进行重点性开发。发挥重点项目的牵引和带动作用也体现在其重点性开发实践当中,实践证明,其成效是显著的。通过对北方海航道开发现实的分析,我们可知,虽然北方海航道开发是一项综合性开发活动,但并不意味着俄罗斯在航道开发所涉及的所有领域能够同时开花,短时间内齐头并进,没有侧重和主次。俄罗斯需要推出更多的重点项目,推动其优先发展,以此来带动基础设施、资源开发、设备建造等各领域发展,逐步实现北方海航道各开发领域水平的共同提升,进而提高北方海航道开发活动的跨越式发展。

第二,基础设施应在北方海航道立体开发新模式中发挥支撑作用。如果我们把北方海航道开发活动比喻成一列火车,那么,在北方海航道开发新模式中重点项目是牵引整个火车前行的车头,而发挥支撑和基石作用的轨道和桥梁就是基础设施建设。没有良好的基础设施作为支撑,即使装载的货物再足、牵引的力量再大,火车也无法顺利向前行驶。当下,北方海航道沿线上的大多数港口都需要进行大修、重建和疏浚才能接收现代船只,需要配备现代紧急救援设备,还必须开发导航、通信、环境控制和安全监控系统。俄罗斯港口、港湾和其他北极地区海上运输基础设施状态不佳,这些都是北方海航道开发的掣肘。要实现北方海航道的顺利开发,必须充分认识到相关基础设施的支撑作用,加强基础设施建设速度和水平,支撑北方海航道开发活动的顺利开展。

第三,充分吸引国外资金应成为北方海航道开发活动的重要手段。北方海航道开发活动的顺利展开需要大量资金投入。在国内资金缺乏的现实情况下,俄罗斯应创造良好投资环境,充分吸引外部资金投入来发展相关项目、建设基础设施等。

第四,国际合作应成为北方海航道开发活动的主要途径。北方海航道开发过程中存在技术和生产落后、投资限制等诸多问题。这些问题的解决需要合理的联合国家和企业的力量,充分学习国际经验。北方海航道的顺利开发需要来自外部的先进技术和资金,需要借鉴其他国家的相关经验,需要吸引国外企业利用北方海航道和参与能源开发项目。仅凭俄罗斯一家之力,很难在短时间内取得巨大成绩,俄罗斯需要更进一步向相关国家敞开北方海航道国际合作大门。为国际合作创造良好政策和投资环境,着力推动包括中俄共建"冰上丝绸之路"在内的国际合作开发北方海航道项目,聚集各国力量与智慧实现北方海航道的顺利开发。

第五,俄罗斯北方海航道立体开发新模式应以点布局中的"点"指的是北方海航道沿岸北极地区的各行政主体、城市和居民点。"以点布局"是指:北方海航道为北极地区各城市和居民点提供了便利的交通运输服务,推动了生产要素的流通,促进了各"点"的发展。同理,要实现北方海航道的顺利开发也必须充分发挥各行政主体和城市的功能和作用。将各"点"的发展规划和战略融入整个北方海航道开发战略中,科学布局和谋划各"点"在推动北方海航道发展中分担的角色和作用。以北方海航道为轴心和网络连接各点、推动技术、人才、资本等生产要素在各点之间流通,实现各"点"快速发展。以各"点"的发展成果反推北方海航道的开发和发展。

第六,俄罗斯北方海海航道立体开发新模式以轴串联中的"轴"指的是北方海航道。"以轴串联"指的是以北方海航道这一"轴"将北极地区海、陆、空综合交通网络串联起来,将综合的河海交通工具、航空、管道、铁路、公路以及港口、通讯等沿岸基础设施串联起来,为俄罗斯国内和国际跨境运输提供综合交通服务,推动生产要素的自由流通,促进俄罗斯北极地区和俄罗斯国家经济发展,推进相关国家运输通道多元化和经济发展。

此外,我们提出的北方海航道开发模式具有立体性特点,这是由组成开发模式的各部分的功能和作用决定的。首先,重点项目的牵引作用决定了此模式并非静止的,而是具有动态性特点;其次,基础设施的支撑作用决定了此模式的立体性特点;再次,以轴串联起的网络决定了此模式内部要素的关联性特点。综合以上表述,我们认为此开发模式具有立体性特点。此外,区别于传统俄罗斯北方海航道开发方法和经验,此模式是基于区域经济学理论和开发实践形成的全新模式。

(二)"俄罗斯北方海航道立体开发新模式"的构建依据

俄罗斯北方海航道立体开发新模式的构建具有相关理论和现实依据与支撑。

1. 理论依据

第一,点轴理论。北方海航道开发新模式中的"以点布局"和"以轴串联"正是体现了区域经济学中点轴理论。"点轴理论中的'点'指各级居民点和中心城市,而'轴'指的是由交通、通讯干线和能源、水源通道连接起来的'基础设施束';点轴理论中的'轴'对附近区域有较强的经济吸引力和凝聚力。轴线上所聚集的社会经济设施通过产品、信息、人员、技术等对附近区域具有扩散作用。扩散的物质和非物质要素作用于附近区域,与区域生产力要素结合起来形成新的生产力,进而推动社会经济向前发展。点轴理论是增长极理论的进一步延伸。"[1]以北方海航道为轴心的北极综合交通系统为北极地区各城市和居民点提供了便利的交通运输服务,推动了生产要素的流通,促进了以轴串联起来的各点的共同发展。

第二,增长极理论。北方海航道开发模式中的"以重点项目为牵引"借鉴了区域经济学中的增长极理论。"增长极是围绕推进性的主导工业部门而组织的有活力的高度联合的一组产业,它不仅能迅速增长,而且能通过乘数效应推动其他部门的增长。因此,增长并非出现在所有地方,而是以不同强度首先出现在一些增长点或增长极上,这些增长点或增长极通过不同的渠道向外扩散,对整个经济产生不同的最终影响。"[2]我们借用此理论,认为,优先发展起来的重点项目将发挥扩散作用,带动俄罗斯北方海航道其他开发领域的推进和发展。

第三,国际合作与一体化理论。北方海航道开发模式中的"以国际合作为途径"借鉴了地缘经济学中的国际合作与一体化理论。国际合作开发北方海航道是实现北方海航道有效开发与发展的重要途径。这也是国际经济一体化趋势发展的要求。国际经济一体化是指,在一定地区范围内各成员国间实行的合作,消除贸易、投资等生产要素的流通障碍,而对成员国以外国家实行贸易保护主义。其目的是通过规模经济,在区域内进行国际新分工,调整产业结构,促进资本、技术、劳动力等生产要素的流动,从而提升成员国经济实力及国际竞争力,实现规模效益,促进经济一体化纵深发展,在动态中增扩成员国数量。国际区域经济一体化的目的就是建立区域统一市场,利用市场机制来带动区域经济发展。地缘经济的组织形式之一就是国家之间的经济合作关系。

---

[1] 点轴理论 [DB/OL] https://baike. baidu. com/item/ 点轴理论 /422145?fr=aladdin, 2020-03-12.

[2] 高洪深. 区域经济学 [M]. 北京:中国人民大学出版社,2013:156.

2. 现实依据

第一,重点项目开发现实。当下,俄罗斯政府正在对北方海航道进行重点性开发。发挥重点项目的牵引和带动作用也体现在其重点性开发实践当中,实践证明,其成效是显著的。俄罗斯需要推出更多的重点项目,推动其优先发展,以此来带动基础设施、资源开发、设备建造等各领域发展,逐步实现北方海航道各开发领域的共同提升,进而提高北方海航道开发活动的跨越式发展。

第二,基础设施建设现实。当下,北方海航道沿线上的大多数港口都需要进行大修、重建和疏浚才能接收现代船只,需要配备现代紧急救援设备,还必须开发导航、通信、环境控制和安全监控系统。俄罗斯港口、港湾和其他北极地区海上运输基础设施状态不佳,这些都是北方海航道开发的掣肘。要实现北方海航道的顺利开发,必须充分认识到相关基础设施的支撑作用,加强基础设施建设速度和水平,支撑北方海航道开发活动的顺利开展。

第三,国际合作现实。"当下,北方海航道开发过程中存在技术和生产落后、投资限制等诸多问题。这些问题的解决需要合理的联合国家和企业的力量,充分学习国际经验。"[①] 俄罗斯需要更进一步向相关国家敞开北方海航道国际合作大门。为国际合作创造良好政策和投资环境,着力推动包括中俄共建"冰上丝绸之路"在内的国际合作开发北方海航道项目,聚集各国力量与智慧实现北方海航道的顺利开发。

(三)"俄罗斯北方海航道开发新模式"的构建原则

俄罗斯北方海航道开发新模式的构建依据了以下几条原则。

第一,点轴发展原则。北方海航道为北极地区各城市和居民点提供了便利的交通运输服务,推动了生产要素的流通,促进了各"点"的发展。同理,要实现北方海航道的顺利开发也必须充分发挥各行政主体和城市的功能和作用。以北方海航道这一"轴"将北极地区海、陆、空综合交通网络串联起来,将综合的河海交通工具、航空、管道、铁路、公路以及港口、通信等沿岸基础设施串联起来,为俄罗斯国内和国际跨境运输提供综合交通服务,推动生产要素的自由流通,促进俄罗斯北极地区和俄罗斯国家经济发展,推进相关国家运输通道多元化和经济发展。在构建北方海航道立体开发新模式时必须结合点轴发展原则。

---

① Гайноченко Т. М. Северный морской путь как элемент межконтинентальных коммуникаций: угрозы и возможности [J]. Экономика, 2014 (2): 16–19.

第二，国际合作原则。俄罗斯在北方海航道开发中应在充分发挥本国力量的同时，学会借用外力来推动自身发展。在北方海航道开发过程中仅凭俄罗斯一家之力，很难在短时间内取得巨大成绩，俄罗斯需要更进一步向相关国家敞开北方海航道国际合作大门，吸引国外资金和技术，在互利共赢中实现共同发展。

第三，统筹规划原则。北方海航道开发活动应是系统性开发活动。开发系统内部各要素之间相互关联，层次分明。北方海航道开发活动不应是片面的、割裂的，而应是系统性开发活动，经过精心布局、周密安排、有重点、有层次、分阶段的开发活动；应该是统筹不同主体，不同力量进行科学规划的开发活动。在构建北方海航道立体开发新模式时必须结合统筹规划原则。

二、俄罗斯北方海航道开发的实现途径

（一）加大政府投入

为实现北方海航道的有效开发和长期发展，政府必须加大资金投入力度，没有资金的支持，资源开发、基础设施建设、破冰船建造、物流等行业就无法实现快速发展。

首先，政府投资应该瞄准关键领域和项目，俄罗斯对北方海航道进行重点性开发就是认清了北方海航道综合开发活动无法做到各领域同时遍地开花的现实，因此，必须找准重点，培育重点领域和重大项目来辐射和拉动其他领域全面发展。俄罗斯政府应着重加强对以下重点领域的资金支持力度：开发用于在北极条件下搜寻、勘探和开发海上油气资源的现代化设备和技术；建设和完善基础设施，特别是运输、工业和能源基础设施；发展海上、陆地和空中运输设施，包括破冰船队、铁路设施和北极航空；建立现代的信息和电信基础设施，以便为整个俄罗斯联邦北极地区的人口和经济实体提供通信服务；提高自然资源开采的效率，降低生产的成本，建立有效的补偿机制，提高劳动生产率；实现各个北极地区经济发展平衡，缩小领先和落后地区之间的发展差距；开发现代化导航和水文气象系统；建立对北极领土和水域进行连续综合空间监测的手段。

其次，政府应创新融资手段。目前，俄罗斯北方海航道一些重大项目建设的资金来源除了政府直接投资之外，还包括境内外企业等资金投入。在俄罗斯政府资金短缺的现实情况下，丰富融资手段对于缓解俄罗斯财政紧张状况、实现本国相关企业利益、巩固国际合作具有重要意义。

（二）加强基础设施建设

北方海航道开发与沿岸港口等基础设施体系密切相关。虽然俄罗斯政府已经重点实施了一批重点港口和码头建设项目，但这未从根本上改变俄罗斯北方海航道沿岸基础设施落后的总体现状。大部分港口均季节性使用，接收货物后向河流转运。货物接收单位往往分散在海洋沿岸的广阔空间内，特别是北极地区的内部地区。这些地区往往与俄罗斯人员密集的公路网联系不密切，没有通向铁路的通道。因此，主要接收货物的港口分布在北极地区注入海洋的河口地带。除个别河流外，所有北部地区河流航道均不深，码头附近河水较浅的水流无法供大宗货物运输船舶通过。目前，北方海航道大多数海港的货运量和水平均不高。落后的基础设施抑制了北方海航道运输能力的提升、沿岸资源的开发以及北方海航道东西两段的协调发展。为实现北方海航道的长期发展，基础设施建设仍然是最关键和最迫切需要解决的问题之一。首先，俄罗斯应该着力改造和新建港口基础设施，这是北方海航道顺利实现运输活动的基础。其次，俄罗斯应该不断完善北极综合交通物流设施，疏浚连接北方海航道的北部河道，铺设能够连接北方海航道、实现货物转运的北极陆上公路和铁路设施，这一工作对于发挥以北方海航道为轴心的北极综合交通体系的发展具有重要意义。此外，俄罗斯还应重视涉及北极资源勘探和开发的相关基础设施项目，扩大大陆架资源开采数量，支撑北方海航道货物运输来源。

（三）鼓励技术和设备创新

"高水平的技术和设备工具是助力俄罗斯北方海航道，乃至整个俄罗斯北极地区开发和发展的推进器。"[①] 目前，破冰船是实现北方海航道有效开发的最关键设备。没有破冰的支持，北方海航道的发展根本不可能顺利实现。虽然，俄罗斯是世界上拥有最大规模破冰船队伍的国家，俄罗斯也是世界上唯一拥有核动力破冰船队伍的国家，但实现北方海航道的大规模开发，当前俄罗斯破冰船队伍的数量依然是不足的，况且俄罗斯显然面临着"新老交替"和"发展中断"的危险：旧的核动力破冰船将停止使用，而新的破冰船将无法立刻取代它们。因此，俄罗斯必须提前谋划，为破冰船队增添新的力量，不断提高破冰船的技术水平，以适应未来不断扩大的航道运输需求。其次，俄罗斯必须不断强化北冰洋大陆架油

---

① Журавлёв П. С. Арктическая стратегия России：оценки，вопросы и проблемы реализации ［J］. Научная жизнь，2013（2）：18.

气资源勘探和开采技术。在国际跨境货物运输前景短期之内并不明朗,以及西方国家对俄罗斯实施制裁,包括对油气资源开发设备和技术封锁的背景之下,为实现俄罗斯北极资源的顺利开发,为北方海航道发展提供充足的货物来源,俄罗斯必须加强对相关技术和设备的研发步伐。此外,俄罗斯还应开发能够适用于北极地区自然和气候条件的材料,引进用于北极研究工作的技术手段和设备;协调和整合国家、科学、商业和教育资源,建立竞争力强大的科技部门,利用先进技术,开发新的技术或者使现有技术适应北极地区条件;实施俄罗斯联邦科研考察队发展计划,其中包括在深海研究中使用机器人;开发和利用新型技术和工艺,合理利用自然资源,开发海洋矿床和水生物资源,预防并清除冰区石油泄漏等,以现代化的技术和设备武装北方海航道,实现其有效开发和长远发展。技术和设备研发的基础是人才。俄罗斯政府应注重相关北极专业人才的培养,建立社会服务网络,包括教育、保健、文化和体育领域的网络;发展住房和公共服务;健全相关人才引进制度和政策,为人才成长和发展提供良好政策环境。

(四)加强国际交流与合作

"与相关国家合作开发北方海航道是实现北方海航道有效开发与发展的重要途径。北方海航道开发过程中存在技术和生产落后、投资限制等诸多问题。这些问题的解决需要合理的联合国家和企业的力量,充分学习国际经验。"[①] 在投资、建设交通设施、资源开采和环保等领域开展同世界各国以及国际公司合作,在与相关国家和国际公司建立伙伴关系的同时维护自身的利益。北方海航道的顺利开发需要来自外部的先进技术和资金,需要借鉴其他国家的相关经验,需要吸引国外企业利用北方海航道和参与能源开发项目。首先,俄罗斯应该进一步巩固和深化与亚洲国家的合作,中国、日本、韩国等亚洲国家对包括开发北方海航道和大陆架资源充满兴趣,并且已经参与相关合作项目之中,已经形成了一定的合作经验。中俄两国合作具备良好的政治基础和成功的实践经验,两国关系已经上升到"新时代中俄全面战略协作伙伴"关系,在新的关系定位之下,中俄共建"冰上丝绸之路"倡议已经进入实际落实阶段,俄中两国应该抓紧合作契机,进一步推动共建"冰上丝绸之路"的落实工作。其次,西方国家的制裁涉及俄罗斯北极相关开发设备和技术,在以亚洲方向为重点的合作方案基础上,俄罗斯应寻求

---

① Гайноченко Т. М. Северный морской путь как элемент межконтинентальных коммуникаций: угрозы и возможности [J]. Экономика, 2014(2):17.

暂时搁置矛盾,吸引相关环北极国家参与到北方海航道综合开发活动中来。国际合作开发北方海航道的顺利实现,需要俄罗斯不断改善其投资环境,提高行政效率、优化相关收费项目,从不同层次和领域提高北方海航道吸引力,在互利共赢的原则基础上实现北方海航道的顺利开发。

本章小结

在本章内容中,我们首先对北方海航道的发展前景进行了预测,认为未来俄罗斯北极能源开发量将不断扩大、航道货物运输量将不断提升、破冰船建造数量将不断扩大、基础设施将不断完善、北极综合交通体系将不断扩展、技术和设备水平将不断提升、国际合作将不断加强。北方海航道虽然长期发展前景广阔,但依然存在自然环境恶劣、行政效率低下、国际分歧与矛盾等诸多挑战,这为北方海航道未来的开发与发展带来了一定不确定性。从北方海航道的比较优势、经济有效性、对不同船型的吸引力几个方面对北方海航道未来开发潜力进行了分析。结合相关专业理论,参照北方海航道开发历史经验,基于北方海航道开发现实,提出北方海航道立体开发新模式。最后,本章重点分析了北方海航道开发的实现途径。

结　论

　　本书结合相关专业理论对俄罗斯北方海航道开发的现实、国际合作问题以及北方海航道开发走势进行了深入研究,分析了俄罗斯各时期北方海航道的开发动因、开发战略、开发实践、开发成效、开发前景,并对包括中俄共建"冰上丝绸之路"在内的国际合作开发北方海航道问题进行了分析,目的就是要总结各阶段俄罗斯北方海航道开发中所体现出的共性问题,深入了解类似于北方海航道开发等区域开发问题中的共同方法、问题、经验与规律,探索相关问题的有效解决路径和方案,为我国更加有准备地参与北极开发,更加有效地参与共建"冰上丝绸之路"提供理论借鉴。我们通过对俄罗斯北方海航道开发活动的综合分析与论证得出以下结论。

　　第一,综合多方面因素考虑,俄罗斯北方海航道的开发潜力巨大,开发前景广阔。北方海航道在短时间内形成与传统国际海洋航线的竞争能力还有相当的难度,北方海航道无法立即成为世界规模的跨境海洋运输线路。就目前来说,航道的战略意义暂时大于其经济意义。考虑到北方海航道自身具备的诸多优势,以及对周边各国的吸引力,其开发潜力和开发前景是巨大的,未来北方海航道的经济意义与战略意义将同时充分显现出来。目前,北方海航道年货物通过量远远低于苏伊士运河等传统海洋航线货物通过量。对于俄罗斯来说,开发和发展北方海航道的主要目的并不是把北方海航道在短期内打造为苏伊士运河等传统海洋航线的替代航线,而更多的是在服务本国运输的同时,逐渐发展北方海航道的跨境运输功能,为俄罗斯北方地区寻找走向世界的突破口。北方海航道会为俄罗斯、地区和世界带来不少利益,但这需要有关于航道开发与利用方面的周密政策环境,不应一时兴起,也不应不惜任何代价去开发,而应建立在全方位的盈亏分析的基础之上。俄罗斯国家在此过程中发挥的作用不应是无限地划拨联邦财政资金,而是应该清除开发障碍,创造针对各相关方面的刺激体系。只有在此条件下,北方海航道才能真正发挥服务俄罗斯国内发展和连接欧亚桥梁的作用。

　　第二,包括中俄共建"冰上丝绸之路"在内的国际合作开发北方海航道为大势所趋。虽然俄罗斯对国际合作开发北方海航道问题还存在疑虑和顾忌。但从长期来看,合作开发北方海航道是大趋势,符合俄罗斯自身和参与国家的共同利益。在当前全球性风险逐渐增多、化石资源等自然资源利用方面的不确定性不断上升背景之下,北方海航道的顺利开发需要来自外部的先进技术和资金,需要借鉴其他国家的相关经验,需要吸引国外企业利用北方海航道和参与能源开发项目。仅凭俄罗斯一家之力,很难在短时间内取得巨大成绩,俄罗斯需要更进一步向相关国家敞开北方海航道国际合作大门,需要联合各方力量来共同讨论北极发展、北极原住民生活、航道利用、资源开发等问题。中俄共建"冰上丝绸之路"等国际合作开发北方海航道,以及北方海航道沿岸的合作开发项目潜力巨大,前景广阔。

　　第三,提出北方海航道立体开发新模式。我们结合相关专业理论,参照北方海航道开发历史经验,基于北方海航道开发现实,提出以重点项目为牵引,以基础设施为支撑,以吸引外资为手段,以国际合作为途径,形成以点布局,以轴串联的北方海航道立体开发新模式。

参考文献

一、中文参考文献

[1] 巴兰尼科娃 A O,程红泽.俄中在北极地区的协作:问题与前景 [J].西伯利亚研究,2015(01):3-5.

[2] 白佳玉.船舶北极航行法律问题研究 [M].北京:人民出版社,2016.

[3] 白佳玉.北方海航道沿岸国航道管理法律规制变迁研究——从北方海航道及所在水域法律地位之争谈起 [J].社会科学,2014(08):8-12.

[4] 曹升生,郭飞飞.瑞典的北极战略 [J].江南社会学院学报,2014(04):10-14.

[5] 车德福.经略北极:大国新战场 [M].北京:航空工业出版社,2014.

[6] 陈君,王立国.俄罗斯破冰船队建设与北极地区开发:现状与挑战 [J].通化师范学院学报,2018(03):6-8.

[7] 丛晓男.俄罗斯北方海航道发展战略演进:从单边管控到国际合作 [J].欧亚经济,2019(04):9-14.

[8] 邓贝西,张侠.试析北极安全态势发展与安全机制构建 [J].太平洋学报,2016(12):5-8.

[9] 费帆.探析中俄共建"冰上丝绸之路"的现实需要与实现路径 [J].理论月刊,2018(7):12-14.

[10] 冯源.《2020 年前俄罗斯联邦北极地区发展与国家安全保障战略》俄语文本汉译翻译报告 [D].黑龙江大学,2016.

[11] 傅梦孜.析美国北极战略大转向 [N].中国海洋报,2019(02).

[12] 高洪深.区域经济学 [M].北京:中国人民大学出版社,2013.

[13] 管清蕾.北方海航道的政治与法律研究 [D].中国海洋大学,2010.

[14] 郭培清,曹圆.俄罗斯联邦北极政策的基本原则分析 [J].中国海洋大学学

报（社会科学版），2016（02）：10-12.

[15] 郭培清.北极航道的国际问题研究［M］.北京：海洋出版社，2009.

[16] 郭俊广，管硕，柏锁柱，赵刚.俄罗斯北极海域合作开发现状［J］.国际石油经济，2017（03）：6-9.

[17] 胡新浒.地缘政治学视角下的俄罗斯北极战略［D］.山东大学，2016.

[18] 黄登学.俄罗斯与美国对抗根源的几点思考［J］.东北亚论坛，2016（05）：4-6.

[19] 孔烽.提升气象防灾减灾能力 助力共建"冰上丝绸之路"［J］.中国减灾，2018（2）：7-10.

[20] 匡增军.俄罗斯的北极战略［M］.北京：社会科学文献出版社，2017.

[21] 李浩梅.北极航运的多层治理［M］.北京：海洋出版社，2017.

[22] 李建民.浅析中俄北极合作：框架背景、利益、政策与机遇［J］.欧亚经济，2019（04）：14-16.

[23] 李立凡.俄罗斯战略视野下的北方海航道开发［J］.世界经济与政治论坛，2015（06）：7-12.

[24] 李连祺.俄罗斯北极资源开发政策的新框架［J］.东北亚论坛，2012（04）：6-8.

[25] 李洒洒.浅析俄罗斯的北极战略［J］.吉林工程技术师范学院学报，2014（09）：4-8.

[26] 李伟.俄罗斯北方海航道法律管制问题研究［D］.中国海洋大学，2015.

[27] 李昕昕，李振福.俄罗斯北极政策的未来走向［J］.中国集体经济，2016（34）：4-6.

[28] 李振福，丁超君.中俄共建北方海航道研究［J］.俄罗斯学刊，2018（06）：10-12.

[29] 李振福，王文雅，米季科·瓦列里·布罗尼斯拉维奇.中俄北极合作走廊建设构想［J］.东北亚论坛，2017（01）：5-7.

[30] 李振福，谢宏飞.俄罗斯的泛北极权益政策实践及其对中国的启示［J］.俄罗斯东欧中亚研究，2016（02）：7-9.

[31] 李振福."冰上丝绸之路"与北极航线开发［J］.人民论坛·学术前沿，2018（6）：9-13.

[32] 李振福.丝绸之路北极航线战略研究［M］.大连：大连海事大学出版社，2016.

[33] 李振福.中俄如何开展北极航线合作[J].中国船检,2016(12):6-10.

[34] 莉扎(Elizaveta Oleinik).俄罗斯北极航线战略研究[D].大连海事大学,2015.

[35] 刘恩然,辛仁臣,何虎庄.俄罗斯北极地区中生代岩相古地理特征及油气资源潜力分析[J].桂林理工大学学报,2015(03):5-8.

[36] 刘恩然,辛仁臣.俄罗斯北极地区新生代岩相古地理特征[J].桂林理工大学学报,2015(02):4-7.

[37] 刘惠荣,李浩梅.北极航行管制的法理探讨[J].国际问题研究,2016(06):8-10.

[38] 刘益迎.北极航线经济性及海上突发事件应急响应复杂网络研究[D].大连海事大学,2016.

[39] 刘昱彤.奥巴马政府以来的美国北极战略研究[D].吉林大学,2017.

[40] 刘征鲁.伸向北极的熊爪——俄罗斯北极战略深度解析[J].坦克装甲车辆,2016(20):10-12.

[41] 刘峥.中国地缘政治的战略选项[M].北京:人民出版社,2014.

[42] 卢昌鸿.历史与现实:俄罗斯东进战略研究[D].上海外国语大学,2014.

[43] 卢广新.国际新形势下的俄罗斯北极战略研究[D].北京外国语大学,2016.

[44] 卢静.北极治理困境与协同治理路径探析[J].国际问题研究,2016(05):6-9.

[45] 卢泽元.俄罗斯北极战略研究[D].黑龙江大学,2014.

[46] 陆钢."冰上丝绸之路"的商用价值及其技术支撑[J].人民论坛•学术前沿,2018(6):6-8.

[47] 陆俊元.中国北极权益与政策研究[M].北京:时事出版社,2016.

[48] 陆俊元.近几年来俄罗斯北极战略举措分析[J].极地研究,2015(03):4-7.

[49] 马得懿.北极航道法律秩序的海洋叙事[J].社会科学战线,2018(08):8-14.

[50] 马娜娜.北方海航道法律问题研究[D].大连海事大学,2014.

[51] 孟德宾.北方海航道对全球贸易格局的影响研究[D].上海社会科学院,2015.

[52] 孟颖会.俄罗斯在北极地区的国际合作研究[D].黑龙江大学,2015.

[53] 密晨曦.北方海航道治理的法律问题研究[D].大连海事大学,2016.

[54] 潘敏.俄罗斯:在北极事务中扮演重要角色[N].中国海洋报,2016(04).

[55] 钱宗旗.俄罗斯北极战略与"冰上丝绸之路"[M].北京:时事出版社,2017.

[56] 钱宗旗.俄罗斯北极、远东开发——"北方海航道"建设与东北亚物流网络体系 [J].山东工商学院学报,2016(06).

[57] 钱宗旗.俄罗斯北极能源发展前景和中俄能源合作展望 [J].山东工商学院学报,2015(05):6-8.

[58] 阮建平.国际政治经济学视角下的"冰上丝绸之路"倡议 [J].海洋开发与管理,2017(12):5-7.

[59] 沈莉华,冯亚茹.乌克兰危机对俄罗斯北极政策的影响分析 [J].西伯利亚研究,2017(04):5-9.

[60] 宋太庆.二十一世纪白皮书 - 全球战略 [M].贵州:贵州民族出版社,1996.

[61] 本报驻莫斯科记者孙昌洪.俄罗斯北极战略将去向何处? [N].文汇报,2015(04).

[62] 孙凯,王晨光.国家利益视角下的中俄北极合作 [J].东北亚论坛,2014(06):3-6.

[63] 孙凯.从愿景到行动:推进"冰上丝绸之路"建设正当其时 [N].中国社会科学报,2018(2).

[64] 孙迁杰,马建光.论北极地缘政治博弈中俄罗斯的威慑战略 [J].上海交通大学学报(哲学社会科学版),2017(01):7-12.

[65] 孙兴伟.中国的北极参与战略研究 [D].中国海洋大学,2015.

[66] 孙迁杰,马建光.论北极地缘政治博弈中俄罗斯的威慑战略 [J].上海交通大学学报(哲学社会科学版),2017(01):10-14.

[67] 王欢."冰上丝绸之路"发展优势及前景分析 [J].边疆经济与文化,2018(2):1-2.

[68] 王欢.俄罗斯各界热议"冰上丝绸之路建设"——发挥互补优势 合作应对挑战 [N].中国社会科学报,2018(2).

[69] 王娟.北极问题与中国的政策选择 [D].南京师范大学,2015.

[70] 王淑玲,王铭晗,邵明娟,吴西顺,张炜,贾凌霄.俄罗斯大陆架地质调查及矿产资源开发利用现状 [J].中国矿业,2016(11):3-6.

[71] 王新和.推进北方海上丝绸之路 [M].北京:时事出版社,2017.

[72] 王旭熙.中俄北极能源合作研究 [D].上海师范大学,2016.

[73] 王泽林.北极航道法律地位研究 [M].上海:上海交通大学出版社,2014.

[74] 王志民,陈远航.中俄打造"冰上丝绸之路"的机遇与挑战 [J/OL].东北亚论坛,2018(02).

[75] 文焱峰.国家利益视阈下的中俄北极开发合作研究 [D].兰州大学,2016.

[76] 肖洋.安全与发展:俄罗斯北极战略再定位 [J].当代世界,2019(09):7-10.

[77] 肖洋.俄罗斯的北极战略与中俄北极合作 [J].当代世界,2015(11):6-8.

[78] 肖洋.中俄共建"北极能源走廊":战略支点与推进理路 [J].东北亚论坛,2016(05):8-12.

[79] 熊鸣子,颜汉.论北方海航道的法律地位 [J].知识经济,2014(07):10-12.

[80] 徐广淼.十月革命前俄国北方海航道开发历史探析 [J].俄罗斯研究,2017(5):14-18.

[81] 徐广淼.苏联北方海航道开发历史探析 [J].俄罗斯研究,2018(4):12-14.

[82] 徐晶.北极航线对中国的影响与应对研究 [D].延边大学,2016.

[83] 杨剑.北极治理新论 [M].北京:时事出版社,2014.

[84] 杨倩.关于北极争夺的实质及俄罗斯等国家的北极战略 [J].对外经贸,2015(04):12-18.

[85] 杨毅.北极地区人口与经济发展研究 [D].吉林大学,2017.

[86] 叶威.后金融危机时代俄罗斯北极战略探析 [D].辽宁大学,2014.

[87] 易鑫磊.俄罗斯北极战略及中俄北极合作 [J].西伯利亚研究,2015(05):10-12.

[88] 殷凤亭.新世纪俄罗斯海洋战略及其影响 [D].黑龙江大学,2015.

[89] 张丽.北方海航道法律地位研究 [D].西南政法大学,2018.

[90] 张朋飞.俄罗斯北极政策及其决策机制研究 [D].中国海洋大学,2015.

[91] 张耀.加拿大与俄罗斯北极政策比较及对我国的启示 [J].山东工商学院学报,2015(04):6-10.

[92] 张缘园.俄罗斯北极土著小民族文化多样性及保护研究 [D].中央民族大学,2016.

[93] 赵隆.北极治理范式研究 [M].北京:时事出版社,2014.

[94] 赵隆.共建"冰上丝绸之路"的背景、制约因素与可行路径 [J].俄罗斯东欧中亚研究,2018(4):10-14.

[95] 赵宁宁,欧开飞.全球视野下北极地缘政治态势再透视 [J].欧洲研究,2016(03):7-9.

[96] 赵宁宁.当前俄罗斯北方海航道的开发政策评析 [J].理论月刊,2016(08):8-10.

[97] 赵宁宁.小国家大格局:挪威北极战略评析 [J].世界经济与政治论坛,2017

（03）：4-6.

[98] 郑雷.北极东北航道：沿海国利益与航行自由 [J].国际论坛，2016（02）：6-9.

[99] 朱宝林.解读加拿大的北极战略——基于中等国家视角 [J].世界经济与政治论坛，2016（04）：7-10.

[100] 詹姆斯•多尔蒂，小罗伯特•普法尔茨格拉夫著，阎学通等译.争论中的国际关系理论 [M].世界知识出版社，2018，535.

[101] 邹鑫.试析日本北极战略新态势 [J].国际研究参考，2019（04）：8-10.

[102] 左凤荣.俄罗斯：走向新型现代化之路 [M].北京：商务印书馆，2014.

二、外文参考文献

[1] Michael Buers, International Law and the Arctic, Cambridge：Cambridge Univesity Press，2013.

[2] Rowe Elana, Policy Aims and Political Realities in the Russian North, in Rowe Elana ed., Russia and the North, Ottawa：University of Ottawa Press，2009，2.

[3] See Elizabeth C.Economy and Michael Levi, Bu All Means Necessary：How China's Resource Quest is Changing the Word.New York：Oxford University perss，2014.

[4] See Elizabeth C.Economy and Michael Levi, Bu All Means Necessary：How China's Resource Quest is Changing the Word.New York：Oxford University perss，2014.

[5] Белов В.П.Исследование влияния изменения климата на развитие и безопасность России [J].Москва，2014（5）：10-12.

[6] Брычков А.С.Арктика в системе угроз национальной и военной безопасности России[А].Проблемы общественной безопасности，2014（4）.

[7] Буч О.В.Развитие транспотртно-логистических маршрутов в Апктике[J].Логистика，2013（3）：3-8.

[8] Богоявленский В.И.Освоение месторождений нефти и газа в морях Арктики и других акваториях России[J].Наука，2015（5）：10-14.

[9] Веретеннков Н.П.Репльность и перспективы развития коммникаций Северного морского пути [J].Вестник МГТУ，2016（3）：8-14.

[10] Гайноченко Т.М.Северный морской путь как элемент межконтинентальных

коммуникаций: угрозы и возможности〔J〕.Экономика, 2014（2）: 12–16.

〔11〕 Глухарёва Е.К.Перспективы добычи и траспортировки нефтегазрвых ресурсов запада российской Арктики〔J〕.Высшая школа, 2012（1）: 8–10.

〔12〕 Диденко И.И. Оценка уровня освоения Арктики арктическими странами 〔J〕.Глобалистика, 2016（5）: 7–10.

〔13〕 Дякина С.П.Международные и стратенические аспекты освоения арктического пространства России〔J〕.Международные отношения, 2015（4）: 10–12.

〔14〕 Жуковский В.М.Россия.Курс на Арктику〔J〕.Москва, 2010（3）: 10–12.

〔15〕 Журавлёв П.С.Арктическая стратегия России: оценки, вопросы и проблемы реализации〔J〕.Научная жизнь, 2013（2）: 7–10.

〔16〕 Загорский А.Т.Международное сотрудничество в Арктике〔J〕. Международные отношения, 2015（4）: 10–16.

〔17〕 Загорский А.Т.Россия и Китай в Арктике: разногласие реальные или мнимые?〔J〕.Международные отношения, 2015（4）: 16–18.

〔18〕 Иванов Г.В.Национальная безопасность России в Апктике: проблемы и решения〔J〕.Москва, 2015（4）: 12–16.

〔19〕 Иванов С.М.Проблемы освоения Арктики и национальная безопасность России〔J〕.Ростов на Дону, 2013（3）: 6–15.

〔20〕 Истомин А.В.Углеводородные ресурсы шельфа западной Арктики России: проблемы, перспективы освоения〔J〕.Сырьевые ресурсы, 2007（2）: 8–16.

〔21〕 Казаков М.А.Национальные интересы России и Финляндии в Арктике: реальность перспектив сотрудничесива〔J〕.Политические науки и социология, 2014（5）: 8–14.

〔22〕 Калиников В.Т.Север и Арктика - зона стратегических интересов России 〔J〕.Обращение к читателям, 2010（6）: 6–14.

〔23〕 Кановалов А.М.Арктика: национальные интересы в условиях глобализации〔J〕.Стратегия развития экономики, 2011（3）: 10–12.

〔24〕 Колосов П.Ф.Надёжные помощники в освоении Арктики〔J〕.Наука в России, 2014（5）: 14–16.

〔25〕 Кононович И.А.Национальные интересы России в арктических морях〔J〕. Общественные и гуманитарные науки, 2008（5）: 7–10.

［26］ Конышев В.Н.Освоение природных ресурсов Арктики：пути сотрудничества России с Китаем в интересах будущего［J］.Приоритеты России, 2012（2）：9-16.

［27］ Красулина А.Ю.Потенциальнае угрозы безопасности России в Арктике［J］.Экономика и управление, 2016（4）：15-18.

［28］ Куватов В.И.Потенциал Северного морского пути Арктическрй зоны России.Факторы и стратегия развития［J］.Науковедение, 2014（6）：12-16.

［29］ Кулик С.В.М.В.Арктика история и современность［J］.Научно-технические науки ведомости СПБГПУ, 2017（4）：16-20.

［30］ Сергеев П.А.Проблемы эффективного использования ресурсного потенциала российской Арктики.［J］.Стратегия развития экономики, 2014（5）：17-20.

［31］ Тимошенко А.И.Арктика и Северный морской путь［J］.Научный вестник, 2017（4）：16-18.

［32］ Литвин Ю.Ю.Направления развития Северного Морского пути и инвестирования в инфраструктуру арктических портов［J］.Региональная экономика, 2014（1）：20-23.

［33］ Максимов В.Л.Арктика в 21 веке：интересы России и Китая ［J］. Владивосток, 1998（3）：12-18.

［34］ Малчалов В.П.Риски чрезвычайных ситуаций в арктической зоне Российской федерации［J］.Санкт-Петербург, 2011（1）：17-20.

［35］ Матвеев О.В.Северный морской путь как кластер российской экономики： история и политика［J］.Исторические науки и археллогия, 2019（2）：6-12.

［36］ Мастепанов М.А.Освоение углеводородных ресурсов Арктики：надо ли торопиться?［J］.2014（3）：4-9.

［37］ Медведева Л.М.Северный морской путь：опыи освоения и перспективы развития［J］.Ойкумена, 2014（4）：12-15.

［38］ Михайлов Д.А.О некоторых вопросах обеспечения комплексной безопасности Арктической зыны Российской Федерации ［J］.Защита населения, 2013（2）：12-17.

［39］ Николаева А.Б.Правовой статус Северного морского пути［J］. Инновационное развитие, 2019（2）：10-16.

[40] Николаева А.Б.Северный морской путь：проблемы и перспективы［J］. Языки славянской культуры, 2011（1）：15-17.

[41] Огородов С.А.М.В.Ломоносов и освоение Северного морского пути［J］.Об освоении севера, 2011（5）：12-18.

[42] Подсветова Т.В.Транспортная составляющая экономики Арктики ［J］. Вестник МГТУ, 2014（6）：16-19.

[43] Павлов К.В.Проблемы развития грузопотоков северного морского пути и методы их решения.Вестиник ВГУС, 2015（2）：12-17.

[44] Писаревская Д.Д.Этапы освоения русской Арктики：политикиэкономические аспекты［J］.История, 2016（2）：18-20.

[45] Савойский Г.А.Совместное освоение Арктики как возможность улучшений отношений между США и Россией ［J］.Вестник РУДН, 2012（4）：4-8.

[46] Сафин С.Г.Актуальная книга о природных ресурсах и проблемах освоения нефтяных месторождений западной части арктического шельфа［J］. Критика и библиография, 2016（6）：2-6.

[47] Серикова У.С.История освоения Арктики［J］.История науки и техники, 2016（4）：8-16.

[48] Тамицкий А.М.Государственная политика современной России в Арктике： этапы, приоритеты и некоторые итоги ［J］.Арктика и Север, 2002（4）：12-17.

[49] Тараканов М.А.Инновации в нормативно-правовом обеспечении Северного морского пути［J］.Инновационное развитие, 2019（2）：15-20.

[50] Храмчихин А.А.Военно-политическая обстановка в Арктике и возможные перспективы её развития ［J］.Вестник МГТУ, 2014（2）：20-26.

[51] Этапы освоения русской Арктики：политико-экономические аспекты［DB/ OL］.https：//school-science.ru, 2018-02-20.

[52] Ягья В.С.Арктика-новый регион внешней политики России ［J］. Дипломатия КНР, 2015（5）：12-16.